LE PRÉSIDENT QUI AIMAIT LES FEMMES

DU MÊME AUTEUR

Danielle, Bernadette, Françoise et les autres, Belfond, 1987
Les Égéries de la République, Payot, 1991

MARIE-THÉRÈSE GUICHARD

LE PRÉSIDENT QUI AIMAIT LES FEMMES

ROBERT LAFFONT

Ouvrage publié sous la direction d'Alexandre Wickham

Couverture : D. Simon/Gamma.

ISBN 2-221-07349-5

Introduction

Il y a des surnoms qui vous campent d'emblée un homme. « Le beau François », attribué à François Mitterrand à l'aube d'une prometteuse carrière politique, est de ceux-là. Tout à la fois déférente et ironique, cette appellation a marqué le personnage d'une empreinte indélébile.

Séducteur, ce Scorpion ascendant Balance l'est presque de naissance. Ce n'est pas un hasard s'il fut dans une famille de huit enfants le préféré de sa mère sans que ses frères et sœurs s'en offusquent outre mesure. D'un naturel timide, mais conscient de l'ascendant qu'il exerce sur les autres, les hommes comme les femmes, il a, si l'on peut dire, « réussi au charme ».

Assumant parfaitement sa part de féminité — il est aussi fidèle, exigeant, entier dans sa confiance qu'il peut être jaloux, susceptible et rancunier —, passionnément curieux de la vie d'autrui, il n'a de cesse de vouloir plaire et d'être aimé plutôt que de convaincre. Il n'est donc guère surprenant qu'il se soit particulièrement appuyé sur les femmes pour tester ses idées et se rassurer sur son pouvoir.

De cette dimension-là, psychologique et intimiste, on parle peu. Pourtant, elle révèle une personnalité complexe tout en éclairant d'une lumière nouvelle un itinéraire politique qui se confond étroitement avec l'évolution des femmes dans la société française.

A l'évidence, François Mitterrand doit beaucoup aux femmes : hôtesses bienveillantes qui l'ont aidé à se frayer un chemin dans les allées encombrées du pouvoir, subtiles médiatrices qui se sont habilement entremises avec des amis et néanmoins rivaux, groupies énamourées avec lesquelles il a vécu à chaque fois une sorte d'élection sentimentale partielle, égéries littéraires qui l'ont entraîné dans des sphères plus éthérées que celles des joutes électorales, nombreuses sont celles qui ont, à un moment ou un autre, marqué une étape de sa longue carrière.

Paradoxe : cet éternel séducteur aura tout de même mis quarante ans à conquérir les électrices. Il n'a pourtant pas ménagé sa peine. Premier homme politique à se battre lors de l'élection présidentielle de 1965 en faveur de la contraception — qui s'en souvient ? —, il a bataillé dans les années 70 pour imposer des femmes dans toutes les instances du parti socialiste. Parfois avec succès, souvent sans résultats apparents. Il lui faudra attendre, patiemment, que les femmes basculent à gauche, au moment où lui-même, mûri au fil des épreuves, recueillera les fruits de cette « force tranquille » qui sera, un temps, le symbole de sa victoire, un certain mois de mai 1981.

D'un tel président, il était normal d'espérer qu'il fît de la place aux femmes. Plus, en tous cas, que ses prédécesseurs. Le bilan dans ce domaine n'est pas négligeable, mais il est forcément ambigu dès lors que l'homme agit avec un népotisme affectif digne du monarque que ses opposants lui reprochent d'être. Car, bien qu'il s'en défende, François Mitterrand a toujours étroitement mêlé vie privée et vie publique, associant famille et amis tout au long de sa conquête acharnée du pouvoir. L'exercice de la fonction suprême — la présidence de la République — n'a rien changé à ses habitudes. A ceci près que, désormais, la vie privée devient affaire d'État à la charge des contribuables quand, par exemple, pour protéger son intimité d'éventuelles indiscrétions, une garde rapprochée, qui a compté jusqu'à cent deux fonctionnaires, est en permanence affectée à la sécurité rapprochée du président et de sa famille.

Le cas de François Mitterrand, particulièrement fascinant, est un « cas d'école ». Ayant quasiment fondé sa carrière et son destin sur l'adhésion à son charisme personnel — rayonnant tout à la fois d'humanisme et de cynisme —, ce « président qui aimait les femmes » ne laissera-t-il pas à la postérité l'étonnant portrait d'un chef d'État qui a su concilier d'une façon inimitable un art de vivre et un art de gouverner fondés sur la subtile gestion des sentiments ?

1.

« LE BEAU FRANÇOIS »

Qui, la première, l'a appelé « le beau François » ? D'où lui est venu ce surnom qui évoque davantage le marlou de guinguette que le jeune homme des quartiers huppés ? De la Nièvre, dit la rumeur, où « un beau ténébreux à la moue hautaine et aux paupières qui battent comme des tourterelles craintives [1] * » s'impose comme député du centre-droit en 1946 face à de vieux briscards sans grâce. Mais « le beau François » ne plaît pas seulement en province. Depuis qu'il est devenu en 1947 « le plus jeune ministre de France depuis l'Empire » — aux Anciens Combattants, appelé par Paul Ramadier —, il charme aussi la capitale.

Une femme, célèbre pour faire et défaire les réputations de sa plume acide, a détecté ce « benjamin qui secoue le cocotier des politiciens ». Rédactrice en chef du journal *Elle,* Françoise Giroud, la trentaine alerte, croque chaque semaine pour *France Dimanche* — le journal n'a alors qu'un lointain rapport avec ce qu'il est devenu — une personnalité du Tout-Paris. Ce 17 décembre 1950, elle jette son dévolu sur un certain François Mitterrand. Elle le connaît pour l'avoir croisé à plusieurs reprises chez des amis. La première fois, c'était en 1945, lors d'un dîner chez Christine Gouze-Renal, belle-sœur du futur ministre. A l'époque, il cherchait

* Les notes appelées par un chiffre sont reportées en fin de volume.

sa voie dans le journalisme à la direction de *Votre Beauté,* un magazine de luxe destiné aux femmes. Un confrère, en quelque sorte. Mais, depuis qu'il a été nommé ministre, Françoise Giroud suit l'ascension de ce jeune homme prometteur qui, en trois ans, a déjà épuisé dans cette IVe République papillonnante le ministère des Anciens Combattants, celui de l'Information, et s'active à celui de l'Outre-mer au moment où paraît son portrait.

Le ministre l'a reçue et a distillé sa légende naissante : le père cheminot, fils de cheminot, la famille Mitterrand, du « milieu des terres », et lui-même, imbattable joueur de ping-pong malgré une légère blessure de guerre, expert en Tour de France, féru d'histoire, personnage politique encore modeste, qui a refusé par fidélité à son parti, l'UDSR, de devenir ministre de l'Intérieur sous Robert Schuman.

La journaliste est fascinée par ce nouveau venu. « Tout en lui est net. La pensée, la poignée de main, le regard brun... » Ah ! le regard ! La portraitiste à la plume d'ordinaire plus acérée serait-elle, elle aussi, tombée sous le charme ? « Moi, je l'ai toujours connu beau », avoue-t-elle sans complexes en commentant en 1984 un album que le photographe allemand Konrad Muller et l'écrivain Michel Tournier ont consacré au président de la République [2]. A peine consent-elle à remarquer qu'une certaine ardeur, un certain appétit, perceptibles d'emblée au temps de sa jeunesse, s'en sont enfuis. Mais elle ne le jurerait pas, c'est peut-être la photo qui veut cela...

Françoise Giroud serait-elle de parti pris ? Jamais de la vie. La preuve, elle la publie sur les quatre pages de papier glacé parues en octobre 1951 dans *Elle.* Cette semaine-là, l'hebdomadaire féminin affiche la liste des dix hommes les plus beaux de France. C'est Pierre Lazareff, le patron de *France-Soir,* mari d'Hélène Gordon, fondatrice de *Elle,* qui en a eu l'idée. Pour changer de l'éternel classement des dix plus belles femmes de l'Hexagone. Ce n'est pas un sondage.

Plutôt un gag que s'amuse à réaliser toute l'équipe de *Elle* qui glane trois cents photos d'hommes connus et les classe deux par deux jusqu'à garder les quatorze plus beaux « spécimens ».

Parmi eux, François Mitterrand, qui se retrouve aux côtés de Maurice Druon, Louison Bobet, Hubert de Givenchy, Jacques Chaban-Delmas, Albert Camus... L'article n'amuse pas seulement les lectrices, il passionne aussi la classe politique où il provoque des remous. A preuve, Pierre Mendès France, qui est déjà l'une des figures montantes de la gauche non communiste, s'inquiète, mine de rien, auprès de Françoise Giroud pour savoir comment ces apollons ont été choisis. Celle-ci a beau lui expliquer que la sélection a été opérée d'après une méthode rigoureuse, il ne la croit pas. C'est tout juste si le leader du parti radical, qui pressent dans ce nouveau venu un futur rival, n'accuse pas les rédactrices de *Elle* de fausser le jeu politique en valorisant à l'excès son allure, critère bien dérisoire à ses yeux.

Rendons cette justice à Françoise Giroud : elle n'est pas la seule journaliste à souligner le physique avantageux du futur président de la République. Dans un de ses numéros de 1948, *L'Humanité Dimanche* ironise sur « ce sous-ministre aux airs de jeune premier ». De son côté, le journaliste Charles Moulin, un ami de Résistance, il est vrai, décrit le Mitterrand de 1945 comme « un homme très mince, vif et passionné, débordant de forces vitales, parfois tranchant, parfois primesautier, habile à charmer par ses propos et le velouté de ses yeux autoritaires, pétillants ou caressants. Il plaît en général, pourtant, certains le trouvent distant, un peu cassant et dédaigneux, trop sûr de lui, un jeune loup ambitieux[3]... ». Mais tout le monde s'accorde avec André Ribaud, du *Canard enchaîné,* le chroniqueur de « la Cour », qui ridiculisera plus tard les barons du gaullisme, pour lui trouver « une figure qui irrite avec plaisir les yeux des dames »...

Pudique et secret, détestant répondre aux questions trop personnelles, François Mitterrand a simplement admis, un jour, devant un de ses amis que, jeune homme, il se trouvait « pas mal ». Sans plus. Après tout, il n'est pas le seul de cette génération politique des années 50 à être doté d'un physique agréable. Au Palais-Bourbon, le gaulliste Jacques Chaban-Delmas, ou les radicaux Félix Gaillard, Edgar Faure et quelques autres passent pour être de sémillants députés. Mais surtout, bien plus que ses pairs, il va cultiver un prestige naturel dans lequel la séduction purement physique importe au fond relativement peu. « Fait affectif, suggestion, impression produite, sorte de sympathie inspirée aux autres, écrit le général de Gaulle dans *Le Fil de l'épée,* le prestige dépend d'abord d'un don élémentaire, d'une aptitude naturelle qui échappent à l'analyse. Le fait est que certains hommes répandent, pour ainsi dire de naissance, un fluide d'autorité dont on ne peut discerner au juste en quoi il consiste et dont même on s'étonne parfois tout en subissant ses effets. »

Cet ascendant qu'il exerce, suscitant naïve adoration ou au contraire farouche animosité, paralysant chez ses admirateurs toute analyse critique, devient rapidement une arme politique. Il affronte la IVe République, note Franz-Olivier Giesbert dans *Mitterrand ou la tentation de l'Histoire,* « sans doctrine, juste avec quelques intuitions nobles et ardentes. L'ancien chef du Mouvement national des prisonniers de guerre n'a pas de boussole idéologique. Il paraît imperméable à toute forme de raisonnement théorique, à toute forme d'analyse économique. Il avance donc au petit bonheur... ».

Mitterrand sait déjà, d'instinct, ce qui servira de fil conducteur à sa carrière : l'adhésion à sa personne, à son charisme personnel. Cela ne l'empêche pas, bien sûr, d'avoir des idées et quelques convictions. « Mais, pendant de nombreuses années, explique un proche, ça l'agaçait de justifier ses choix personnels. Il fallait croire en lui, c'est tout. La première génération des conventionnels * a fonctionné comme cela. Après, quand sont arrivés les Emmanuelli, les Joxe et les Jospin, il a été contraint à des débats plus intellectuels. » « En 1967, la première fois que je lui ai parlé, il est arrivé avec trois quarts d'heure de retard, a raconté Michel Rocard à Jean-François Bizot, d'*Actuel*. Sur une heure d'entretien, il s'en est arrogé cinquante minutes et m'en a laissé dix. A moi qui étais habitué aux discussions du PSU ! Pis, il me l'a fait au charme ! Qu'on prétende m'avoir au charme, moi, je le ressens comme une insulte. Je suis sorti furieux de cette prise de contact[4]... » De son côté, Yvonne Théobald, qui a travaillé sous la IVe République aux côtés de Paul Ramadier, puis s'est engagée au PS en 1969 avec Alain Savary, se souvient d'avoir vu débarquer dans le groupe parlementaire socialiste un François Mitterrand réservé et attentif. « Nous, nous étions comme une belle-famille qui voit arriver le futur gendre. Lui, je l'ai vu, semaine après semaine, conquérir littéralement le groupe, avec subtilité, déférence, courtoisie. Il les a tous séduits ! »

Qui mieux que les femmes peuvent permettre à un tel homme de tester sa capacité de séduction et de se rassurer en permanence ? Au-delà du jeu, du goût ou du plaisir, la compagnie des femmes devient une nécessité quasi existentielle. Ce n'est d'ailleurs pas un hasard s'il a découvert presque en même temps, sous la IVe République, en accédant aux fonctions ministérielles, le succès politique et les succès féminins. Les uns consolidant l'autre.

Pour une femme, il a toujours du temps, découvre assez vite un entourage qui doit s'accommoder de l'appétit de liberté d'un ministre qui aime à répéter que « la politique

---

* Conventionnels : appellation des premiers adhérents (Claude Estier, Roland Dumas, Charles Hernu...) de la Convention des institutions républicaines (CIR) créée en 1964 par François Mitterrand pour préparer les élections présidentielles de l'année suivante.

n'occupe pas la première place dans sa vie ». Celles qui l'approchent à ses débuts en politique apprécient certes sa vaste culture, son talent oratoire, son sens de la repartie, vive et brillante, mais elles devinent aussi un Casanova tout à la fois distant et proche, tendre et caustique, cynique et romantique. Doué d'une extraordinaire capacité d'écoute, et même curieux jusque dans le détail de la vie privée de ses interlocutrices, il se révèle exigeant et fidèle mais aussi ombrageux, susceptible et jaloux. Au point qu'un de ses proches assure en confidence qu'il a été privé de portefeuille ministériel en 1981 pour avoir courtisé la même femme que Mitterrand à la fin des années 50 ! Ce n'est sûrement pas la seule raison, mais le seul fait qu'il l'avance prouve combien sa vie privée et sa vie publique se sont mêlées dans ce curieux destin.

Un jeune homme mystique et sentimental

Jusqu'à ce qu'il goûte à la politique, François Mitterrand est, de l'aveu même de son fidèle ami Georges Dayan, décédé en 1978, « un jeune homme sage et rangé », sur lequel pèse le poids d'une éducation stricte. Adolescent, il est d'un naturel secret, indépendant, et même obstinément entêté. A Jarnac, en Charente, où les Mitterrand, catholiques fervents, l'élèvent avec ses sept frères et sœurs et deux cousins selon les vertueux principes d'une éducation chrétienne, le bruit et la fureur des « années folles », de ces années 20 qui succèdent aux privations de la Première Guerre mondiale, n'ont résonné qu'en échos assourdis. Ses sœurs fredonnent comme tout le monde le refrain à la mode : « Elles s' font toutes couper les cheveux », mais ce n'est qu'une chanson... Inutile de chercher dans la bibliothèque familiale *La Garçonne,* le livre de Victor Margueritte, publié en 1921, dont l'héroïne, une divorcée qui se lance dans le métier de décoratrice, revendique l'union libre. Un sujet qui provoquera à l'époque un véritable scandale ! La littérature « sentimentale » y est pourtant représentée, mais par des livres plus convenables, comme les romans un peu désuets de Paul Bourget, Marcel Prévost et René Bazin.

De toute façon, ce n'est pas le genre de littérature qu'affectionne Yvonne Lorrain, la mère de François Mitterrand. Elle préfère cultiver les penchants mystiques de son fils et lui inculquer le souci des préoccupations sociales. Politiquement, elle a épousé toute jeune les idées nationalistes de son père, Jules Lorrain, le patriarche du clan, et elle s'est emballée pour le général Boulanger dont toute la France croyait, dans les années 1880, qu'il allait faire un coup d'État. L'attente fut vaine et le général revint à sa maîtresse, la belle Marguerite de Bonnemain.

A Saint-Sébastien, en Espagne, Yvonne Lorrain a aussi rencontré Paul Déroulède, ancien député d'Angoulême et ténor du nationalisme renaissant. Bien des années après, son fils retrouvera le journal intime dans lequel cette jeune fille de dix-huit ans relatait ce voyage de 1898, en compagnie de son père, au cours duquel elle croise des patriotes exaltés et antisémites. « Ma mère, qui ne savait rien de tout cela (l'affaire Dreyfus), qui n'avait jamais rencontré un juif de sa vie, qui aurait peut-être été naturellement influencée, entendit des propos d'un si violent antisémitisme que, lorsqu'elle est arrivée à Angoulême, elle a dit : “ Je ne pourrai plus jamais rencontrer ces gens qui ne sont habités que par la méchanceté et par la haine de gens que moi je ne connais pas, mais qu'a priori je veux connaître. ” » Cette anecdote qui a tant frappé le jeune Mitterrand — candidat aux présidentielles de 1981, il l'a racontée au meeting organisé par le mouvement féministe Choisir — révèle en effet le caractère entier et indépendant d'une future « maîtresse femme ».

En fait, elle n'a de vraies convictions que religieuses,

qu'elle entretient dans la lecture de *L'Imitation de Jésus-Christ,* du *Jésus* du père Didon, grand prédicateur de l'époque, et de quelques morceaux choisis de saint Jean-de-la-Croix. Elle va à la messe chaque matin et, le soir, accompagne ses enfants dans leur chambre pour la prière en commun.

En bonne mère, Yvonne Lorrain se défend de préférer l'un de ses enfants, mais elle est, de l'aveu des autres frères et sœurs, fascinée par son fils François. Parce qu'il est de santé apparemment chétive, de nature émotive, et que son instinct maternel la pousse à le protéger ? Pas seulement. De tous, c'est le plus rebelle, mais aussi le plus enjôleur. Ses frères et sœurs n'en sont même pas jaloux puisque eux-mêmes sont assez ravis de le voir défier les interdits maternels. Les irritent tout de même sa propension, quand il daigne se mêler à leurs jeux, à vouloir s'attribuer d'autorité le rôle du metteur en scène et son acharnement à gagner toute compétition sportive !

Sur sa mère, il se confie peu. « Une mère admirable », a-t-il écrit. Aimée et redoutée. Car il supporte difficilement l'inépuisable énergie de cette parfaite chrétienne. « Ma mère avait un cœur grand comme ça, des générosités, une capacité de dévouement, mais un activisme un peu fatigant pour des enfants. Elle estimait tout le temps que les autres devaient aussi faire des choses. Et moi, pour dire la vérité, j'adorais ne rien faire, rester tranquille assis dans un coin[5]. »

Faut-il voir là l'explication de son refus obstiné de toute tutelle ? Rebelle à tout emploi du temps imposé, il entend régir seul sa vie et même imposer au temps ses propres limites. L'enfant rétif aux injonctions maternelles perce encore sous l'adulte célèbre pour ses retards incessants qu'il semble parfois cultiver avec une certaine jouissance. Cette réticence à toute autorité a-t-elle conditionné ses relations avec les femmes ? Difficile à affirmer. Parce qu'en même temps ce don Juan obstiné n'aura de cesse d'assumer ses fidélités successives avec un sens aigu des responsabilités.

Hardi en famille, le gamin est pourtant timide en public, au point d'en avoir loupé l'oral de son premier bac ! Extrêmement pudique, il ne se confie guère. Quand, l'examen obtenu, il se rend chez son parrain, Maurice Gaveau, un ami d'enfance de son père, courtier en laine à Tourcoing, qui a loué une villa dans une station belge de la mer du Nord, personne autour de lui ne soupçonne que le bachelier de dix-huit ans a cristallisé toute son attention sur une évanescente jeune fille.

Plus de cinquante ans plus tard, il passe aux aveux face à Catherine Alric, une séduisante actrice qui a entrepris de faire raconter « leur toute première fois » à une petite centaine de personnalités[6]. « Un après-midi, lui confie le président, tandis que nous jouions au tennis, une jeune fille que je ne connaissais pas se joignit à notre groupe, qu'elle quitta peu après en disant : " A bientôt ". Je ne la revis ni le lendemain ni le surlendemain. Mais je n'eus de cesse de savoir qui elle était et où elle habitait. J'appris que la villa de ses parents se trouvait de l'autre côté de la frontière, en France, sur la dune. Mes vacances prirent alors un autre tour. Je disparus chaque jour, du repas de midi à celui du soir... Aller et retour, mon étape quotidienne représentait une quarantaine de kilomètres... Arrivé à destination, j'attendais de longues heures à l'abri d'un repli de la dune. Une fois, j'aperçus une main soulever le rideau d'une fenêtre au premier étage. Je me crus découvert et partis précipitamment. Je revins les jours suivants sans davantage de succès. Mais, bientôt, cessant de regarder du côté de la villa ventrue et, pour dire vrai, plutôt laide, je lui tournais le dos et contemplais la mer, l'immense rivage gris, les grands ciels tourmentés, j'aspirais à pleins poumons le vent message du vaste monde, bonheur d'être. Puis, je variais les itinéraires, j'allais n'importe où par les villages, les chemins creux, à l'aventure. Les vacances terminées, je rentrai en Charente, amoureux fou. Des Flandres, évidemment. Je continue. »

Amoureux déçu, mais pas au point de s'appesantir sur un chagrin sans objet, il aborde la vie étudiante parisienne avec deux idées fixes : aller au Vél'd'Hiv', le temple des courses cyclistes sur piste, et approcher quelques écrivains. « Nous avions une morale qui nous éloignait des femmes, explique son condisciple du foyer d'étudiants du 104, rue de Vaugirard, François Dalle, qui deviendra plus tard P-DG de l'une des grandes multinationales françaises, L'Oréal, la plupart d'entre nous étaient puceaux. Nous sortions peu, dans les bals de l'X, de Saint-Cyr, où les mères amenaient leurs filles à marier. » « Il est probablement difficile de comprendre aujourd'hui ce qu'était à l'époque notre conception de la femme, rappelle Robert Mitterrand dans son livre *Frère de quelqu'un.* L'exemple de nos parents nous poussait à l'idéaliser, mais l'esprit libéral de notre formation et les multiples rencontres des dernières années nous mettaient à l'abri de toute inhibition... Mais, chaque fois que l'amour entrera en jeu, nous ne l'aborderons que dans la perspective d'un engagement définitif[7]. »

C'est ainsi que l'entend son frère François quand il tombe sous le charme, un soir de janvier 1938, au bal de Normale sup, d'une piquante jeune fille blonde, Marie-Louise Terrasse, que les téléspectateurs découvriront quelques années plus tard sous le nom de Catherine Langeais. Elle a quinze ans et suit les cours de 3ᵉ au lycée Buffon. La famille, catholique pratiquante, est d'un milieu presque identique au sien. Le père, normalien, est professeur d'université et secrétaire général d'un parti de centre droit, l'Alliance démocratique.

Six mois plus tard, la mère de la jeune fille, qui ignore tout de cette amitié naissante, n'est pas peu surprise de voir débarquer dans leur appartement proche du Luxembourg un jeune homme empesé dans un costume foncé, gants beurre frais à la main. Sans plus de précautions, celui-ci est venu demander la lycéenne en mariage ! Il a d'ailleurs mis Marie-Louise devant le fait accompli. Stupeur de la mère : « Mais elle n'a pas seize ans ! » Il en faudrait davantage pour émouvoir ce promis sûr de lui, qui fait valoir que deux de ses sœurs ont convolé à seize ans. L'argument ne touche guère Mme Terrasse, qui s'enquiert négligemment auprès de l'impétrant s'il a satisfait à ses obligations militaires... François Mitterrand, qui vient d'obtenir sa licence en droit et son diplôme de sciences politiques, ne se tient pas battu pour autant. « Qu'à cela ne tienne, je vais les faire[8] ! »

En même temps qu'il se prépare à accomplir son service militaire pour complaire à celle qu'il voit déjà comme sa future belle-mère, il s'inscrit à un certificat de morale et à un autre de sociologie qu'il a l'intention de préparer à la caserne. Cet étudiant zélé, piètre militaire, est un amoureux obstiné qui n'imagine pas que l'armée puisse être un obstacle à sa passion toute neuve. Déjà, au temps de la vie civile, il fixait des rendez-vous quotidiens et clandestins à sa dulcinée dans les jardins publics, les salons de thé, et même à l'église ! Aussi, dès qu'il le peut, il s'échappe du fort d'Ivry sur un vélomoteur emprunté à son ami du « 104 », François Dalle.

La « drôle de guerre », qui exile le soldat Mitterrand du côté de Sedan, va rompre brutalement cette vie paisible. A peine ont-ils le temps de se fiancer à Paris, le 3 mars 1940, lors d'une permission, qu'il doit rejoindre un front de plus en plus menaçant où il est blessé, puis envoyé prisonnier près de Cassel. Mais Marie-Louise Terrasse ne désespère pas de voir son héros triompher d'aussi mesquines embûches. « Mon fiancé est un être exceptionnel, explique-t-elle à un ami de captivité de son frère, qui vient de s'évader. Il exige de moi autant que de lui, il n'est pas religieux, il est mystique. Le sens qu'il a de Dieu et de la mission de chacun de nous le met hors du commun... Il s'évadera, parce que rien ne pourra jamais le tenir loin de moi, de l'action, du devenir[9]... »

Il s'évade en effet le 10 décembre 1941, mais Marie-Louise, si sûre de son fiancé, ne s'est peut-être pas assez méfiée d'elle-même et de ses propres sentiments. Le prisonnier, lui, dont la sensibilité est exacerbée par la séparation, a senti imperceptiblement, dans les lettres expédiées de Paris, un ton un peu plus léger, un peu moins passionné. Il s'en ouvre à son frère Robert. « Une fois encore, il me chargeait de la revoir et de tenter de retarder toute décision définitive. Il souhaitait que je me concerte avec le père de Marie-Louise, qui est, disait-il, un homme très juste et très bon. »

Mission impossible : la jeune Marie-Louise éprouve un tendre sentiment pour un comte polonais. Elle en divorcera pourtant en 1949 et épousera le journaliste de télévision Pierre Sabbagh. La légende veut que François Mitterrand ait rageusement jeté dans la Seine la bague de fiançailles qu'elle lui a rendue. Mais, à sa famille, il supplie, magnanime, de ne pas accabler l'infidèle. « Si elle vous paraît faible, insouciante du mal qu'elle me fait, sachez surtout qu'elle souffre intensément, avec une violence que vous ne pouvez deviner. Elle mérite beaucoup de compréhension et d'amitié... » Et de fidélité [10].

S'il a jeté la bague de fiançailles, il a conservé son portrait, peint par sa sœur, Marie-Josèphe, l'artiste de la famille. Il trône dans son nouveau logement, rue Nationale à Vichy, où il a trouvé, début 1942, un emploi au Commissariat général au reclassement des prisonniers de guerre, l'une des institutions officielles du régime de Pétain.

François Mitterrand n'est pas homme à effacer son passé et ceux qui le peuplent. La petite fiancée d'avant-guerre ne fait pas exception à la règle. Longtemps, chaque 3 mars, date anniversaire de leurs fiançailles, il lui a envoyé une rose rouge. Le président de la République, qui a décoré tous ses amis de jeunesse et de Résistance, n'oubliera pas celle qu'il confondait dans ses rêves avec la Béatrice de Dante. Le 28 avril 1987, Catherine Langeais reçoit dans les salons de l'Élysée les insignes de chevalier de la Légion d'honneur. Destinés, dit-il, à honorer « une femme cultivée, discrète, inspirant confiance, qui a su toucher le cœur des Français ». La présence de l'ancienne speakerine, détendue et souriante, appuyée sur une canne, son mari, Pierre Sabbagh, très ému à ses côtés, donne à cette cérémonie — deux résistants, un journaliste, un préfet et un conseiller giscardien sont également décorés ce jour-là — un petit air de fête familiale. Pourtant, elle a bien failli refuser cette distinction que rien, selon elle, ne justifiait...

Un moment de bonheur

« J'ai le souvenir de François Mitterrand qui, élu député le 10 novembre 1946, rayonnait de joie d'être si vite promu ministre des Anciens Combattants et victimes de guerre », se remémore le sénateur Édouard Bonnefous, son ancien complice de la IVe République, dans *Avant l'oubli*[11]. Lui-même, quand il se laisse aller à quelque confidence sur cette époque, parle d' « un moment de bonheur »... Il a trente ans, il est grisé et ébloui de cette soudaine notoriété.

Le pouvoir ne lui fait pas peur. Au contraire. Il a mesuré au stalag l'ascendant qu'il exerce sur les hommes. Il y a également découvert les codes d'un milieu extrêmement soudé. Lui-même parle, le jour où il décore de la Légion d'honneur l'abbé Delobre, un compagnon de captivité, des talents de couturier de ce dernier qui a eu l'occasion de s'exercer sur le costume d'évadé du futur président. Le fait est qu'on l'écoute, qu'on lui demande volontiers conseil et qu'on se soumet facilement à son commandement. Dans la Résistance, il a peaufiné un personnage de leader charismatique, s'autodésignant sans que personne ne proteste pour aller informer à Londres en novembre 1943 les représentants du général de Gaulle de l'existence de son réseau, avant de partir pour Alger rencontrer ce dernier.

Si le ministère des Anciens Combattants est, à la Libération, un poste clé, il n'en est pas moins un lieu de pouvoir austère. Ce n'est pas le cas du secrétariat d'État à l'Information qu'il occupe en 1949. Il a en charge la radio, le cinéma, la télévision et la presse. Autant de secteurs qui conduisent l'ambitieux ministre dans des endroits nettement plus gais qu'aux Anciens Combattants. Au festival de Cannes, par exemple, où il se rend cette année-là. Il n'y fait pourtant pas un séjour prolongé, puisque à peine son discours d'inauguration prononcé il laisse sur place sa doublure, son frère Robert.

Premier signe du système Mitterrand, qu'on verra à l'œuvre à une tout autre échelle trente ans plus tard : c'est en effet son frère qu'il a choisi pour être son directeur de cabinet, l'homme qui doit gérer les affaires quotidiennes du ministère, fonction qu'il a déjà occupée aux Anciens Combattants.

D'autres obligations appellent François Mitterrand ce jour-là à Paris, mais ce n'est que partie remise. En effet, grâce à la sœur de sa femme Danielle, une jeune résistante, épousée au lendemain de la Libération en octobre 1945, il a ses entrées dans les milieux du spectacle. Sa belle-sœur, Christine Gouze-Renal, est une jeune productrice de cinéma et elle le guide volontiers dans ces milieux artistiques encore inconnus pour lui mais qui l'amusent et le charment. Ce n'est d'ailleurs pas un hasard si les plus anciens amis du président se souviennent de la IVe République mitterrandienne comme de l' « époque des starlettes »...

Pour un homme politique, vaniteux par métier, la comédienne, la star, la danseuse offrent un faire-valoir idéal. Et vice versa. Chacun dans son domaine, adulé de son public, devient le miroir grossissant de l'autre. Parce qu'elles sont convoitées par d'autres, beaucoup d'autres, les actrices sont beaucoup plus précieuses que n'importe quelle femme.

« Le beau François » sait bien qu'en apparaissant à leur côté, ne serait-ce que le temps d'un dîner ou d'une photographie, il montre à sa manière qu'il peut se flatter, lui, ministre en vue, d'être l'ami d'une célébrité. Il se lie ainsi d'amitié, aux débuts de cette carrière festive, avec Danièle Delorme, l'adorable « Gigi » de 1948, dont il saura se souvenir en 1984 en la nommant au Conseil économique et social.

En mai 1956, le cinéma ne relève pas franchement de son département ministériel puisqu'il est garde des Sceaux. Mais un ministre, n'est-ce pas ? a ses entrées partout. Aussi le retrouve-t-on de nouveau à Cannes, en compagnie de sa chaleureuse et entreprenante belle-sœur. Celle-ci, qui vient de créer sa société de production, la Progefi, va se lancer avec *La mariée était trop belle,* dont la pulpeuse Brigitte Bardot est la vedette. Le soir du gala d'ouverture, la table d'honneur est particulièrement éblouissante. Michèle Morgan, que les festivaliers viennent d'applaudir à l'écran en Marie-Antoinette, scintille aux côtés de l'impérieuse Edwige Feuillère. Et l'Américaine Kim Novak, qui vient de débarquer sur la Croisette, sculpturale dans son long fourreau noir, rivalise de sex-appeal avec l'aguichante Brigitte Bardot venue en voisine de Saint-Tropez entre deux prises de vues de *Et Dieu créa la femme* de Roger Vadim.

Kim ou BB ? Le fringant ministre, galant, se garde bien de prendre parti. Mais faut-il que ces deux étoiles l'aient fasciné pour que vingt-cinq ans après il évoque encore leurs charmes avec une indicible nostalgie ? En effet, ceux qui sont attablés avec lui le 10 mai 1981 au restaurant du « Vieux Morvan » à Château-Chinon et qui feignent de ne pas écouter sa conversation avec son beau-frère Roger Hanin entendent les deux hommes, volubiles et lyriques, se lancer dans une comparaison étayée de l'anatomie des deux stars et de leurs tours de poitrine comparés !

Le mardi 16 octobre 1984, d'ailleurs, le président François Mitterrand conviera BB à déjeuner. Non pas, certes, pour évoquer de quelconques souvenirs cannois, mais pour parler de la seule cause chère à l'ex-star : celle des animaux.

A l'époque, il n'est encore que l'étoile montante d'un petit parti charnière de la IVe République, l'UDSR, qui, souvent, fait ou défait les ministères. Certes, ce n'est pas le seul homme politique à charmer la gent féminine. Il y a belle lurette qu'en France, peut-être plus qu'ailleurs, pouvoir et virilité sont étroitement associés. Mais ce brillant ministre, qui semble quasiment indispensable à chaque remaniement ministériel, acquiert plus vite que les autres une réputation de séducteur.

Comme si ses camarades avaient détecté d'instinct un maître dans ce domaine et qu'ils avaient senti que ce privilège-là était un atout supplémentaire dans la conquête du pouvoir. « Dans le manège politique, il était sans doute le plus désinvolte, le plus apte à séduire les femmes par un mélange de cynisme et de sincérité, d'esprit de jouissance et de gravité et aussi parce qu'il s'intéressait à elles, réellement », note Max Gallo, qui a signé en 1987 sous le pseudonyme de Plutarque un portrait d'une rare justesse [12]. « Face à une femme, sa voix change, il devient prévenant et curieux, assure l'écrivain Benoîte Groult, il se plaît sincèrement en compagnie des femmes, elles le sentent, et il n'a pas, comme d'autres, de comptes à régler avec elles. »

Et puis, issu d'une génération fortement éprouvée par la guerre qui entend alors vivre pleinement, n'a-t-il pas personnellement ressenti ces années-là comme une rupture avec une jeunesse trop protégée ? « Peut-être, analyse son ami Charles Moulin, en veut-il secrètement à ce système pour qui former, c'était modeler sans que puissent normalement s'exprimer la liberté et la spontanéité individuelles... Cela explique vraisemblablement ce besoin passionné qu'il va montrer ensuite de rompre toujours les liens et les barreaux, d'acquérir le droit de vivre malgré tous les obstacles selon lui-même, selon ses sentiments, sans aucun camouflage [13]. »

Mais ce pragmatique passionné ne cède pas pour autant à la confusion des sentiments. D'instinct, il a compris que le profit qu'il tirerait de ses multiples vies serait d'autant plus grand qu'il les vivrait toutes avec méthode, sang-froid et minutie. Comme le note le même « Plutarque », « la maîtrise avec laquelle il gérait ces affaires-là révélait — comme sa conduite politique — un réalisme lucide qui n'excluait ni initiative, ni plaisir, ni audace ». Ni muflerie même si, parfois, c'est le prix à payer pour sa tranquillité. A une amie qui s'inquiétait du désespoir d'une « groupie » qui menaçait rien de moins que de se suicider, il laissa tomber : « Ces jeunes filles sont si romantiques... »

Les réputations, même les plus flatteuses, sont lourdes à porter. « Le beau François » sait qu'il suscite envie et admiration, et cela ne le rassure pas pour autant. Il se sait, depuis les premières années, suspecté. Trop beau, trop habile, trop « arriviste », comme le disent ses ennemis, et ils sont de plus en plus nombreux... Même les élans les plus spontanés sont interprétés comme de vulgaires intrigues d'appareil. L'anecdote qu'a confiée Françoise Giroud à Catherine Nay, publiée dans *Le Noir et le Rouge,* est révélatrice à cet égard : « Alors que Lily Mendès, la première femme du président [Pierre Mendès France], était déjà très malade, celui-ci, que nous appelions entre nous " Augustin ", était parti en week-end avec des amis chez Marie-Claire de Ferrieu qui allait devenir sa seconde épouse. Et tout le monde de dire : Le pauvre Mendès! comme ce doit être dur pour lui ! Il est vraiment très malheureux. » Ce que François Mitterrand commentait ainsi : « Si je partais en week-end chez une amie pendant que ma femme se meurt, tout le monde dirait : Quel salaud [14] ! »

Cela se passait dans les années 60, à une époque où on

lui collait à la peau une réputation de « danseur de tango », ainsi que l'avait surnommé un jour l'un de ses intimes, le fameux Patrice Pelat. Une réputation qui l'encombrait autant qu'elle le servait, tout dépendait de l'âge, de la qualité et de l'intérêt du commentateur. Ainsi, le journaliste Jean Cau, pourtant peu amène à son égard dans ses « Croquis de mémoire », se souvient d'avoir éprouvé pour lui « cette sorte de considération mêlée d'un brin d'envie, que (ma) jeunesse accordait aux usagers des très belles personnes (...). Il était garde des Sceaux, en ce temps-là. Jeune et avec quelque chose d'avide et de chasseur de femmes, dans sa présence plantée sur le trottoir. On m'assura qu'il était chaud lapin, et avait, pour l'heure, les faveurs d'une danseuse célèbre. Comme j'admirais les danseuses en général, et celle-ci en particulier, mon regard qui, sans cela, eût glissé sur une silhouette gardienne de Sceaux — et donc sans intérêt — s'attarda sur l'homme aux cheveux noirs et au teint blanc qui patrouillait, cambré, devant le Royal ».

La traversée du désert qu'il s'était imposée à partir de 1958, lorsque de Gaulle arrive aux affaires et enterre la IVe République, avait-elle insensiblement modifié son image dans les esprits ? Le fringant séducteur avait-il mûri ? Il avait vieilli en tout cas. C'était presque un quinquagénaire à la calvitie naissante qui proposait aux Français de devenir leur président et défiait le Général aux élections présidentielles de 1965.

Sur ses affiches électorales, pourtant, nettement centrées sur sa personnalité et non sur un projet politique, sous le slogan « un président jeune pour une France moderne », on aperçoit le candidat portant tristement son uniforme passe-partout d'ancien ministre : costume marine, chemise blanche, cravate noire. Se moquerait-il de son apparence ? Certainement pas. Mais, sûr de lui, il déteste avoir l'air de recourir à des artifices jugés secondaires, voire méprisables. Il n'empêche qu'en accédant au poste de Premier secrétaire du parti socialiste en 1971, il s'adapte à son nouveau public, « adoptant des couleurs claires, des cols roulés, du velours côtelé, ces éléments d'uniforme de la vie enseignante ». Mais il admettra seulement à la fin des années 70 que « l'apparence, ça compte ». Se laissant habiller par Jacques et Sophie Séguéla de flanelle moelleuse, de poil de chameau couleur miel et de costumes marine impeccablement coupés. Il acceptera de sacrifier ses disgracieuses rouflaquettes — qui lui donnaient un air de bourgeois du second Empire — et de limer ses détestables canines. Mais il refusera de se séparer de son chapeau à large bord dont le premier exemplaire lui fut offert par Gaston Defferre à qui il avait confié ses inquiétudes à l'idée de devenir chauve.

Si, au fil des ans et des fonctions, son appétit de séduction reste intact, avec une nette attirance, fût-elle platonique, pour les femmes nimbées d'un air d'enfance, ex-jeunes filles en fleur un peu fanées par la vie, ou au contraire pour des ladies d'une autre époque, anticonformistes, littéraires et marginales, le regard des autres sur lui change insensiblement. Comme si cette constance dans la passion des femmes se devait d'être saluée non pas comme une banale performance, mais comme l'accomplissement d'un art de vivre. Ainsi fut ébloui l'écrivain Albert Cohen, en 1979, alors qu'il recevait à son domicile genevois le diplôme de docteur honoris causa de l'université de Jérusalem, en présence de François Mitterrand et d'une vingtaine d'amis. « La cérémonie s'achevait, raconta l'auteur de *Belle du seigneur*. Je l'ai vu alors remarquer une femme très belle. Mme B... qu'il ne connaissait pas. Il s'est approché d'elle et lui a dit seulement : " Vous êtes belle, madame ". Comme l'aurait fait un chevalier du Moyen Âge [15] !... »

Qu'aurait dit l'écrivain en voyant le président de la République, soucieux de se dégourdir les jambes avant une réunion internationale, à Venise, entraîner quelques conseillers élyséens le long des canaux et s'arrêter soudain face à une maison aux volets clos ? « A chaque fois que je passe ici, expliqua-t-il, fixant une fenêtre, les volets s'ouvrent, une femme apparaît et me sourit. » Las, le miracle ne se produisit pas ce matin-là, et les collaborateurs, aussi déçus que leur romanesque patron, attendirent un certain temps avant de lui emboîter le pas...

Du beau François à Tonton

Le 10 mai 1981, les Français savent-ils qu'ils ont élu un « président-séducteur » ? Cet aspect de sa personnalité n'est pas entré en ligne de compte dans les sondages. Il ne l'aurait sans doute pas desservi, l'état d'esprit des Français étant ce qu'il est. D'ailleurs, même aux États-Unis, pays encore imprégné d'un certain puritanisme, Bill Clinton l'a emporté malgré le débat public sur sa vie sentimentale tourmentée ! Sans doute n'est-il peut-être pas loin de penser, comme Jean Foyer, l'austère garde des Sceaux sous de Gaulle et Pompidou, que « la licence octroyée aux hommes politiques serait même en quelque sorte de droit divin, correspondant à la sacralisation de la fonction royale [16] ». Toutefois, ce nostalgique de Mme de Pompadour — « c'était une femme désintéressée, s'est-il épanché auprès d'une amie, qui a eu une bonne influence sur Louis XV » — n'est tout de même pas dupe de l'attrait irrésistible qu'exerce le pouvoir de la fonction elle-même.

Peu lui importe car, dans ce système clanique dont il est le patriarche, il sait pouvoir compter sur les femmes, d'autant plus qu'il ne les ressent jamais comme des rivales potentielles et qu'elles lui redonnent perpétuellement confiance en lui.

D'instinct, il a organisé la vie des siens, famille comme compagnons de route, amies de cœur comme groupies, selon un modèle monarchique qui l'aidera tout au long de sa patiente conquête du pouvoir à asseoir progressivement son autorité. Il a su faire graviter autour de lui plusieurs constellations sans que naissent entre elles de jalouses intrigues. Comme sous la monarchie, il existe autour de François Mitterrand une « complémentarité de la famille polygamique ». Étonnant système imité d'un Ancien Régime décodé par l'historien Guy Chaussinand-Nogaret dans *La Vie quotidienne des femmes du roi* où « chaque femme a sa vocation particulière, son capital de faveur, sa fonction spécifique qui excluent les antagonismes parce qu'il n'y a pas de conflit d'attribution, mais une distribution des partitions telle qu'aucune ne peut prendre la place de l'autre ».

D'une république l'autre, le ministre, puis le président, s'est ainsi attaché d'innombrables fidélités féminines dans la presse, la littérature, la politique bien sûr, bref autant de relais qui ont accepté de s'activer pour lui dès que le besoin s'en est fait sentir. Au centre de cette constellation d'étoiles demeure sa femme Danielle, épousée quand il avait vingt-huit ans. Une femme peu préparée au difficile métier d'épouse d'homme politique, mais qui, Scorpion comme lui, obstinée et fière, a appris à devenir indépendante pour ne pas encombrer ce mari complexe et narcissique. « Le problème d'un homme et d'une femme n'est pas celui de l'amour, mais celui du caractère, a confié le président à Violaine de Corbon, auteur d'un ouvrage sur les femmes en politique. Il me semble vrai que l'on doive attendre davantage du caractère, de l'intelligence, de la sensibilité, que de l'amour sous des impressions banales... Un couple tient si les caractères, les goûts, les ambitions s'accordent, et si une volonté de surmonter les difficultés, qui surviennent toujours à un moment ou à un autre, existe. Sans quoi, rien ne tient. Tout vient de l'esprit [17]. »

Il n'y a donc rien d'étonnant à ce qu'un homme qui affiche de tels propos confie volontiers en privé son hostilité au divorce. Non point en vertu d'une quelconque morale, mais parce que, assurent ses proches, il voit dans une telle rupture conjugale un gâchis d'énergie, un signe de faiblesse, voire un enfantillage ridicule, alors qu'il y a tant d'autres manières de s'accommoder de la vie à deux ! De plus, répugnant à enfreindre le conformisme ambiant — c'était encore plus vrai dans les années 60 qu'aujourd'hui —, redoutant les effets pervers d'un divorce lors d'une campagne présidentielle, il est toujours resté ferme sur ses positions.

Indépendant, individualiste, rebelle à tout commandement, ce chef de clan n'est pas pour autant un homme autoritaire. Beaucoup plus subtil, plus habile, voire plus machiavélique, il n'impose rien avec des diktats ou des oukases, mais tout s'ordonne autour de lui comme par magie. Jouant de sa séduction, il anesthésie tous ceux qui veulent bien être subjugués, et qui ne savent plus très bien, en fait, s'il faut applaudir ou mépriser les performances de l'artiste. Les vacances du « clan », qui ont longtemps rassemblé des fournées d'amies et de supporters, sont révélatrices de ce pouvoir d'attraction qu'il exerce sur son entourage. Ce n'est pas un hasard si, chaque fois, ce sont les femmes qui lui permettent d'exercer cette emprise.

Longtemps pendant l'été, la tribu mitterrandienne s'est déplacée à Latche dans les Landes. Famille et amis s'y retrouvaient dans d'anciennes bergeries patiemment rénovées. François Mitterrand peut s'isoler dans l'une d'elles, sobrement meublée : un grand lit, une table de travail sur tréteaux et une bibliothèque encastrée. Année après année, il y a amassé des photos, des portraits, des peintures, des objets familiers. Chacun est libre, bien sûr, de vivre ses vacances à sa guise, mais tous, en fait, se modèlent sur lui. Certains se découvrent une passion pour le golf, le sport préféré du maître de maison, quelques-uns potassent en cachette des ouvrages agricoles, espérant y trouver matière à réplique intelligente quand il les entraînera dans de bucoliques promenades, d'autres, enfin, peaufinent pendant la sieste des histoires drôles.

Tous ceux qui ont fréquenté Latche dans les années 60-70 se souviennent également qu'il ne dédaignait pas alors élargir le cercle de famille en conviant à l'occasion quelque amie complice. Celle-ci était rituellement accueillie à l'aéroport de Biarritz par un fidèle ami de Danielle, apprécié du maître de maison pour ses qualités domestiques (« quand les plombs sautent, il les répare très bien », confiait-il, amusé). Hôte courtois, soucieux de faire les honneurs de sa région d'adoption, l'ancien ministre ne manquait jamais d'entraîner l'amie de passage dans un périple parfaitement balisé. Si bien que les vacanciers habituels s'attendaient, au retour de la voyageuse rosissante et pleine de gratitude, à l'exclamation devenue une ritournelle : « Ah ! quel merveilleux coucher de soleil François m'a fait admirer ! »

Ces invitations-là, destinées à agrandir son fan-club, ne valaient généralement que pour une courte durée. Rares étaient d'ailleurs les amies qui auraient eu le mauvais goût de s'incruster. A moins que Danielle ne découvrît à l'une d'elles un talent culinaire et ne tienne à la conserver quelques jours de plus. Ce qu'appréciait, paraît-il, fort peu le maître de maison, considérant qu'il appartenait à lui seul de disposer de ses invités. Ainsi coulait la vie, l'été, à Latche, entre parties de golf, interminables déjeuners et balades en forêt. Paisibles vacances, mais durant lesquelles le « patriarche » oubliait rarement de réaffirmer son pouvoir par groupies interposées.

Quand, à soixante-cinq ans, il s'installe à l'Élysée, il n'entend pas changer ses habitudes et, surtout, fait en sorte de protéger sa « famille élargie » et sa vie privée à laquelle il est très attaché. Modifiant même, un an après son élection, le système de sécurité rapprochée jusqu'alors strictement dévolu aux policiers du ministère de l'Intérieur, il confie l'organisation de sa sécurité au commandant de gendarmerie

Christian Prouteau et approuve la création d'un « Groupe de sécurité de la présidence de la République » (GSPR). Parmi ses missions les plus sensibles : la protection de ses proches vingt-quatre heures sur vingt-quatre, par une douzaine de gardes du corps.

Malheureusement, ce souci, au départ légitime, a entraîné une véritable impunité des agissements d'une sorte de « cabinet noir », cellule restreinte constituée à l'Élysée par Christian Prouteau, en parallèle du GSPR. Cette cellule s'est lancée, entre autres actions secrètes, dans des missions antiterroristes sans aucun contrôle hiérarchique. Totalement impliquée dans la rocambolesque affaire des « Irlandais de Vincennes », dans laquelle il a été prouvé que des membres de cette curieuse cellule avaient apporté eux-mêmes des explosifs comme pièces à conviction pour mieux confondre ces présumés « terroristes », elle a également géré un certain nombre d'écoutes téléphoniques clandestines dont ont été victimes de nombreuses personnalités parmi lesquelles l'écrivain Jean-Edern Hallier, Edwy Plenel du *Monde* ou François Froment-Meurice, proche conseiller du président du CDS, Pierre Méhaignerie. Une actrice de renom, entre autres, aurait même fait l'objet d'une surveillance attentive de la part de cette fameuse cellule pendant trois semaines.

De la même manière, cette équipe apparemment au-dessus des lois s'est-elle permis à plusieurs reprises de consulter, dans les archives policières, tel ou tel dossier de journalistes ou de personnalités évoluant dans les cercles du pouvoir.

Que le président soit soucieux de préserver son intimité, quoi de plus normal ? Ce qui choque, en revanche, c'est que pendant six ans au moins (la cellule élyséenne a été définitivement dissoute en 1988) ces « gardes du cœur » improvisés se soient distingués dans l'illégalité en tout genre. Actuellement, le GSPR fonctionne sous la direction du commandant Fortemps, qui gère sans heurts le travail de quatre-vingt-dix gendarmes (un nombre tout de même impressionnant !) et d'une douzaine de policiers membres du service des voyages officiels. Tous assurent la protection de l'intimité du président et de plusieurs membres de sa famille, dont ses deux fils, ses deux frères et son beau-frère, l'acteur Roger Hanin, qui a longtemps disposé d'un garde du corps officiel. Dans un tel contexte, la vie privée de François Mitterrand a fini par devenir au long de deux septennats une affaire relevant des services de l'État et... des contribuables.

Un féministe à l'Élysée ?

La vie quotidienne au « Château » serait-elle si pesante pour cet homme qui n'aimait rien tant, avant 1981, que flâner au gré de son humeur, s'attardant même à deviser sans façons avec quelques jolies passantes que son œil exercé avait détectées ? « J'ai une vie très austère ! Oui, très austère ! dit-il, sans rire, à Ali Magoudi et Jean-Pierre Jouve qui écrivent sur lui en 1986 un *Portrait total*... Mes plaisirs pour l'instant consistent à marcher boulevard Saint-Germain, à entrer dans quelques librairies. Ailleurs, j'aime à regarder les arbres, le ciel, sentir le vent, être avec les gens que j'aime. J'ai l'air de vanter mon mode de vie, mais je ne sacrifie rien à la vie simple que je mène... »

Cette vie austère, il a tout de même réussi à la rendre plus agréable en féminisant l'Élysée plus qu'aucun autre de ses prédécesseurs. Retranché dans le palais présidentiel, il découvre en effet le plaisir de travailler avec des femmes presque toujours compétentes et, souvent, fort avenantes. Ses collaboratrices, bien sûr, ne demandent pas qu'on s'attarde sur leur physique et préfèrent qu'on souligne leurs capacités. Aucune de celles qui travaillent à ses côtés aux postes les plus importants n'ignore d'ailleurs les rumeurs de népotisme sentimental qui courent sur ce président à la réputation flatteuse ! « Il faut se cuirasser contre les articles venimeux comme j'ai pu en lire dans *Minute,* avoue Élisabeth Guigou, qui fut conseillère à l'Élysée avant de devenir ministre des Affaires européennes. Parce que vous êtes femme, on vous suspecte aussitôt d'avoir bénéficié de je ne sais quel trouble favoritisme ! J'en ai souffert pour moi et mes proches. »

N'y a-t-il tout de même pas un certain malentendu, complètement tabou, entre des collaboratrices acharnées à juste titre à faire reconnaître leurs seules qualités professionnelles et un patron, secrètement flatté, selon ses amis, qu'on lui prête autant de bonnes fortunes ? Il respecte en tout cas, de l'avis unanime, une stricte égalité de traitement entre ses collaborateurs féminins et masculins. « Nous ne bénéficions d'aucun favoritisme », assurent en chœur Anne Lauvergeon, secrétaire générale adjointe, et Muriel de Pierrebourg, responsable de son service de presse, confirmant les propos d'anciennes conseillères comme Laure Adler, Nathalie Duhamel ou Michèle Gendreau-Massaloux. Aussi avare de compliments à leur égard qu'à celui de leurs collègues masculins, aussi intraitable dans l'exercice quotidien de leurs fonctions, il ne se laisse, dit-on, pas davantage influencer par les unes que par les autres.

Mieux, cette totale absence de discrimination est saluée par toutes ces « élyséennes » comme une preuve de « féminisme tranquille », assez rare, soulignent-elles, pour un homme de sa génération, élevé dans les principes du XIXe siècle et confronté aux aspirations féminines du XXe. La plupart de ses collaboratrices, issues de la « génération Mitterrand », celle des années 80, ignorent qu'il n'en a pas toujours été ainsi et que, visiblement, cette mixité professionnelle a été pour lui une découverte. Yvette Roudy ne confiait-elle pas, en 1978, à Catherine Nay dans *F-Magazine* qu'il était difficile à cette époque de parler politique avec François Mitterrand, « à cause de sa galanterie instinctive » !

Les choses ont donc bien changé, à l'évidence sous la pression des femmes elles-mêmes, dont il apprécie en outre le comportement moins courtisan que celui de la plupart de ses conseillers.

« Il a, de tout temps, aimé les femmes qui griffent », ironise Yvonne Théobald qui fut une des plus proches collaboratrices de Gaston Defferre. Que les femmes « osent » dire ouvertement ce qu'elles pensent, surtout des autres, à la manière d'une Édith Cresson ou d'une Marie-Noëlle Lienemann, à laquelle il donnait, avant mars 1993, de plus en plus souvent la parole en Conseil des ministres, le surprend. En revanche, que cette liberté de ton s'exerce à son endroit l'amuse beaucoup moins. « Vous savez que vous parlez au président de la République ? » s'est-il exclamé un jour face à Laure Adler, ex-conseillère culturelle qui s'exprimait devant lui sur un ton qu'il ne jugeait sans doute pas assez déférent. Paule Dayan, l'actuelle secrétaire générale du Conseil supérieur de la magistrature, chargée depuis 1981 des dossiers Justice à l'Élysée, s'est fait ainsi vertement rabrouer au moment du débat sur l'enseignement libre. Persuadée d'avoir eu raison de lui avoir ménagé un rendez-vous avec Alain Poher, président du Sénat, qui voulait jouer les conciliateurs dans l'affaire, elle s'est entêtée à expliquer à François Mitterrand combien cet entretien inabouti aurait pu être positif s'il s'était montré moins intraitable. Excédé, le président s'emporta, et resta fâché avec elle plusieurs jours durant !

Le président et les papillons

L'a-t-il assez répété ? La vie professionnelle n'épuise pas tout son temps. Depuis qu'il s'est lancé dans la vie politique, cet érudit qui rabrouait même sous la IVe ses meilleurs amis pour leur « inculture » aime à connaître ceux — et surtout celles — que leur talent littéraire ou cinématographique propulse dans les médias. Une habitude prise bien avant son élection à la présidence qui l'a fait rencontrer bien des femmes attachantes, souvent anticonformistes. N'a-t-il pas été ainsi attiré en 1965 par Albertine Sarrazin, décédée en 1967, aventureuse et talentueuse héroïne de *La Cavale* et *L'Astragale* ? De la même manière, trente-cinq ans plus tard, il s'enquiert d'une jeune femme écrivain en tête des best-sellers, Sylvie Germain. Plus récemment encore, passionné par l'ouvrage de Catherine Rihoit sur Thérèse de Lisieux, il a convié son auteur à déjeuner pour s'entretenir avec elle du mysticisme de la sainte. Si beaucoup de ces entretiens sont organisés par le conseiller culturel du moment ou par l'infatigable Jack Lang, il n'est pas rare qu'il décroche lui-même son téléphone.

Certaines de ces rencontres ont été d'ailleurs à quelques reprises le prétexte d'une savoureuse comédie du pouvoir et de la séduction. Il est en effet arrivé qu'à l'issue de déjeuners réunissant des célébrités du moment le président, congédiant ses invités, se réserve ostensiblement un court tête-à-tête avec l'une des femmes présentes. « Vieille ruse de séducteur, s'amuse un proche, la discussion qui s'ensuit a beau être le plus souvent toute platonique, la cour jase et s'émerveille de cette conquête présidentielle ! »

Il arrive aussi que l'impétrante elle-même, tellement fière d'avoir été distinguée, s'empresse de semer le doute. C'est ainsi qu'une piquante quadragénaire, écrivain spécialiste du Tibet, laissait échapper, voici peu, dans les dîners en ville : « Comment ! Vous ne savez pas ! La rumeur dit que je suis la maîtresse du président. Tout cela parce que je dîne avec lui le jeudi soir !... »

D'un siècle à l'autre, de la royauté à la République, de François Ier à François Mitterrand, le désir de plaire et la volonté de posséder ne varient guère. Ce fantasme du Prince Charmant défie, même pour ceux qui en bénéficient, les lois qui régissent la vie et la vieillesse du commun des mortels. Ainsi Henri IV, qui n'avait rien d'un appétissant jeune homme, continua longtemps à susciter une étonnante dévotion féminine. « L'amour pouvait être feint, commente l'historien Guy Chaussinand-Nogaret, la fascination était bien réelle. C'était comme un éblouissement auquel les femmes se prenaient comme des papillons à la lumière [18]. »

De ce « pouvoir d'émerveillement du mythe », François Mitterrand aura largement bénéficié. Du « beau François » à Tonton, c'est certes toujours la même séduction, le même charme, le même charisme qui fonctionnent. Un peu moins naturel, un peu moins spontané, un peu plus calculé, un peu plus cultivé, mieux rodé. Mais à peine usé. Au point que même ses adversaires s'y laissent prendre. N'a-t-on pas vu, il y a peu, le professeur Bernard Debré, membre du RPR, subjugué, avouant qu'il « lui faudrait une quinzaine de jours avant de retrouver sa probité intellectuelle », après une conversation avec le président qui venait de subir dans son service de l'hôpital Cochin une opération de la prostate !

En confortant sa légitimité grâce à son appétit de séduction, François Mitterrand n'aura pas seulement accumulé un impressionnant palmarès de dévouements féminins — et masculins —, il aura également concilié d'une manière subtile et machiavélique à la fois un art de vivre et un art de gouverner à l'affectif.

2.

LA ROUTE DES SALONS

« J'ai approché pendant dix ans, dix ans de trop, ce milieu du Tout-Paris qui répète indéfiniment les mêmes choses sur le même ton sans se lasser de son ennui, persuadé qu'il exerce un gouvernement sur les mœurs alors qu'il n'inspire même plus les modes. J'étais séduit, eh oui, par ce qui maintenant m'exaspère, le cocktail des petites drogues que s'administre à longueur d'existence une société qui croit apaiser ses passions quand elle n'a que des besoins [1]. » Il aura fallu l'affaire de l'Observatoire pour que François Mitterrand, rageur, amer et dépité, mette un terme en 1959 à une certaine vie mondaine.

Suspecté d'avoir organisé un attentat bidon contre lui-même dans la nuit du 15 au 16 octobre 1959 dans les jardins de l'Observatoire, avec la complicité d'un ancien député gaulliste douteux passé à l'extrême droite, Robert Pesquet, il est lâché par la plupart de ses relations. Puis, sénateur fraîchement élu, il est franchement soupçonné par ses pairs qui votent le 18 novembre 1959, à une large majorité, la suspension de son immunité parlementaire, événement rarissime, comme chacun sait. Il enrage de s'être fait piéger, et voue aux gaullistes qu'il soupçonne — sans doute à juste titre — d'avoir armé le bras de Robert Pesquet une haine féroce qu'il étend à tous les bourgeois qui soutiennent le régime. Des bourgeois qu'il a pourtant fréquentés dans les salons de la IVe République et qu'il maudit désormais en bloc.

Des années après, il se défend toujours d'avoir été un « mondain » papillonnant d'un salon à l'autre. Certes, il n'est pas comme son alter ego de l'UDSR, Édouard Bonnefous, reçu sous la IVe dans les salons les plus huppés de la capitale, salons aristocratiques comme ceux de la comtesse de Castellane ou de la princesse de Faucigny-Lucinge, ou salons politico-littéraires comme ceux d'Edmée de La Rochefoucauld, de Louise Weiss ou de Mimi Pagezy. Le fils du vinaigrier de Jarnac n'a ni particule ni fortune en guise de laissez-passer dans ces maisons où le pedigree des invités est méticuleusement ausculté à l'aune de la hiérarchie mondaine et sociale du moment.

En ressent-il quelque frustration ? Jamais il ne l'avouera. Bien qu'élevé dans une famille bourgeoise aisée, il a tout de même eu à subir durant son adolescence charentaise quelques subtils affronts. « Ses parents étaient dans le vinaigre. Nous, nous étions dans les eaux-de-vie. Mes parents ne voyaient pas les siens. C'est juste par le collège, par des amies de ses sœurs que je l'ai connu. Lui et ses frères faisaient partie de notre bande en un sens, mais il n'est jamais venu à la maison, a raconté une contemporaine du président. Je l'ai retrouvé plus tard à Paris quand il était étudiant, et ma tante l'a alors invité deux ou trois fois à Paris. Mais, à Paris, n'est-ce pas[2]... »

Quand il débarque dans la capitale, justement, pour faire ses études — droit et Sciences politiques —, il aspire à une « vie de bohème romantique ». En fait de vie de bohème, c'est une vie plutôt sage et rustique qui l'attend. Au foyer d'étudiants dirigé par des pères religieux, 104, rue de Vaugirard, où ses parents lui ont réservé une chambre, le règlement intérieur n'est pas d'une sévérité excessive, mais il faut tout de même regagner chaque soir cette pension où l'on discute plus volontiers de théologie et de littérature que de potins mondains.

D'ailleurs, le jeune Mitterrand n'a guère d'argent (les parents ont huit enfants à élever) et il s'habille sans complexes de vêtements empruntés à son aîné, Robert, élève à Polytechnique. A ses camarades de faculté, il apparaît alors comme un jeune bourgeois provincial réservé, un peu gauche avec les filles, très juvénile d'allure avec ses knickerbockers et ses chaussettes blanches !

Sa vie n'est pourtant pas austère. Le nez au vent, il sillonne Paris à pied des après-midi entiers, un loisir peu onéreux, et il se laisse volontiers entraîner par son aîné au théâtre, au musée, au Cercle Interallié, à la patinoire de Molitor. Sommets mondains de cette vie estudiantine peu morose : les bals de l'X, de Normale sup, et même, une fois, celui de l'Élysée ! Les deux frères sont aussi reçus à des soirées amicales, chez des cousins, des amis d'amis, souvent fortunés, qui logent dans des hôtels particuliers où les accueillent des maîtres d'hôtel en gants blancs.

Chez l'une des filles de Louis Despas, négociant en cognac et ancien associé de son grand-père maternel, il a ainsi l'occasion d'écouter Paul Géraldy, un poète aujourd'hui bien oublié, lire ses vers à l'assistance, et le journaliste Gérard Bauer commenter Proust et Giraudoux. Approcher des écrivains, voilà ce qui le fait rêver... Que ne donnerait-il pour être admis dans le cénacle de quelques égéries littéraires, de ces salonnières cultivées et bienveillantes aux jeunes talents qui ne demandent qu'à s'épanouir ! Gertrude Stein, par exemple... Il a, bien sûr, dévoré en 1934 l'*Autobiographie d'Alice Toklas,* best-seller de l'année, écrit par cette imposante Américaine, amie de Picasso et de Matisse. Sa maison, au 27, rue de Fleurus, dans le VIe arrondissement, c'est « une adresse américaine à Paris, une sorte de syndicat d'initiative des arts et des lettres ».

Cette égérie littéraire du début du siècle est rapidement

devenue « un monument » qu'on visite comme la tour Eiffel. On l'admire pour son talent d'accoucheuse de peintres, on l'envie pour sa volonté farouche d'inventer un nouveau langage et on s'amuse de son immodestie. Elle se considère en effet, en toute simplicité, comme « un des plus grands écrivains du moment ».

Cette curiosité à l'égard d'une figure en vue du milieu littéraire de l'après-guerre, François Mitterrand ne pourra l'assouvir qu'en 1943. Une de ces occasions comme seule une période troublée peut en fournir. L'armistice de 1940 a surpris Gertrude Stein et sa compagne Alice Toklas dans leur maison de Bilinguin, dans le Bugey. Comme l'officier français qui leur loue la maison veut la reprendre, elles déménagent en 1941, non loin de là, à Culoz. C'est dans cette demeure que les rencontre le futur président du Mouvement des prisonniers de guerre, plus hardi que le jeune étudiant en droit. En effet, lors d'un passage clandestin, chez un ami, Pierre de Mouxy, après son évasion du camp de Boulay, en Moselle, il a appris leur présence dans la région.

Il décide alors de revenir, en 1943, « pour une heure ou deux avec ce personnage insolite, important... l'un des grands noms de la littérature contemporaine », explique-t-il le 18 juillet 1987, lors d'un pèlerinage-éclair à Culoz, en inaugurant le buste de Gertrude Stein décédée en 1946. En visitant, en compagnie de l'écrivain Marc Dachy, très érudit spécialiste de Gertrude Stein, l'exposition qui lui est consacrée, le président remonte le temps. « Il était étrange, confie-t-il, de venir la voir en ce lieu retiré, dix ans après, en temps de guerre, quand on avait en mémoire le climat de la rue de Fleurus[3]. »

Étrange, elle l'est de bout en bout, cette rencontre entre ce monstre sacré qu'était à l'époque Gertrude Stein, alors sexagénaire, et ce jeune homme « furieusement romantique ». Visite de courtoisie littéraire, admirative et pudique, visite d'un monument de souvenirs. L'évadé lettré a-t-il médité ce jour-là cette dernière phrase, provocante, de l'*Autobiographie* de l'hôtesse ? « Nous sommes allés quelque part et nous avons rencontré tout le monde, et j'aime toujours être une célébrité, écrit-elle, cela me plaît toujours, c'est une chose paisible que réussir... »

Aller à la rencontre d'une égérie littéraire d'avant-guerre, c'est respirer le parfum de la nostalgie d'une époque. « Une époque où la notion de plaisir restait une notion civilisatrice », comme l'a écrit Marguerite Yourcenar, écrivain amie de Mitterrand, à Natalie Barney, une autre de ces égéries qui ont fait rêver le jeune étudiant charentais.

L'étonnante poétesse américaine, surnommée « l'Amazone », célébrant le culte des femmes plus que celui des hommes, tient salon depuis 1909 au 20, rue Jacob dans une maison chargée d'histoire, édifiée par le maréchal de Saxe pour Adrienne Lecouvreur, et agrémentée d'un sous-bois où Racine et la Champmeslé venaient se promener. Et, caché dans une cour intérieure, un temple à quatre colonnes. « Temple de l'hymen pour les Parisiens qui y célébrèrent la fin de la Terreur, temple de l'Amour pour les romantiques, temple de l'Amitié pour Natalie qui en sera la vestale très entourée », écrit Jean Chalon qui a bien connu « ce coin de campagne à Paris[4] ».

Si François Mitterrand n'a jamais rencontré Natalie Barney, il s'émeut, semble-t-il, du sort qu'en 1968 les nouveaux propriétaires, la famille Debré, réservent à leur locataire. Ceux-ci voudraient bien récupérer leur bien et y entreprendre des travaux. Prétextant la vétusté, réelle, des lieux, ils obtiennent le droit d'établir des étais dans toutes les pièces du pavillon. La poétesse de quatre-vingt-quatorze ans se sent brutalement dépossédée de ce lieu chargé d'atmosphère. Une campagne de presse s'organise en sa faveur. « Mon salon est un monument de la littérature contemporaine, personne n'a le droit de le modifier. J'ai fait le serment de rendre l'âme là où l'esprit a régné », déclare-t-elle à

France-Soir le 12 octobre 1968. Les nouveaux propriétaires l'emportent finalement par défaut : Natalie Barney quitte son pavillon en juillet 1970 sans savoir que c'est pour toujours. Sa fidèle gouvernante, Berthe, victime d'une péritonite, est emmenée en clinique et la richissime vieille dame s'installe à l'hôtel Meurice, où elle meurt le 2 février 1972.

Un « gratte-ciel » au salon

Quand le jeune ministre François Mitterrand se lance, au lendemain de la guerre, dans la vie politique tourmentée qui est celle de la IVe République, les salons ne sont déjà plus ces lieux d'influence, ces antichambres des carrières qu'ils ont été sous la République précédente. Néanmoins, ce sont encore d'utiles lieux de rencontre où cohabitent des dirigeants de toutes opinions, des relais où circule l'information et dont il sera l'un des derniers politiciens de cette génération à profiter. Car, même s'il ne veut devoir sa carrière qu'à lui seul — à la différence de son collègue Félix Gaillard qui accepte avec reconnaissance l'influent parrainage de l'égérie du parti radical, Suzanne Schreiber-Crémieux —, il ne dédaigne tout de même pas les invitations des hôtesses en vue. Même si, assure Françoise Giroud en 1950, « il n'est pas mondain, n'appartient à aucune coterie parisienne, se rend avec simplicité (mais rarement à l'heure !) là où on l'invite, il détonne toujours un peu dans les salons comme un gratte-ciel dans un village moyenâgeux ».

Si son orgueil et le mépris qu'il affiche à l'égard des conventions dites bourgeoises le retiennent de se couler complètement dans le moule policé des bonnes manières, ce ministre caustique fait tout de même face à ses obligations mondaines sans déplaisir apparent. On le voit en 1952 au bal des petits lits blancs, très chic dans un impeccable smoking, charmer Lady Ashley, l'épouse de l'ambassadeur de Grande-Bretagne. De même représente-t-il avec aisance le gouvernement en 1956 au mariage de Grace Kelly et du prince Rainier. Cette année-là, pour permettre à la presse internationale de couvrir à Monaco la cérémonie de ce mariage tant attendu, le festival de Cannes a retardé sa soirée d'ouverture.

Ainsi le garde des Sceaux, bien introduit dans le monde du cinéma par sa belle-sœur, Christine Gouze-Renal, peut-il lui aussi participer aux festivités, tout en s'abstenant de prendre position sur le problème qui agite alors la Croisette. En effet, le documentaire *Nuit et brouillard* d'Alain Resnais, consacré aux camps de concentration et qui a pourtant été sélectionné, a été retiré de la compétition, sur ordre supérieur, comme « portant atteinte au sentiment national d'une nation participante » (la RFA). Mais cela est du ressort de son collègue, le secrétaire d'État à l'Information. Lui se contente de courtiser les actrices, et les photographes mitraillent un galant ministre en train de faire le baisemain à la blondissante Michèle Morgan, ou de converser avec Brigitte Bardot, couvée par l'omniprésente Christine Gouze-Renal.

Mais ce n'est pas sur la Croisette qu'un ambitieux a les meilleures chances de rencontrer celles qui peuvent vous propulser « dans la carrière ». Sur la route des salons de la IVe République, plusieurs haltes s'imposent. François Mitterrand n'en manquera aucune. Leurs hôtesses ne perpétuent pas vraiment la tradition des salonnières de la IIIe République qui faisaient et défaisaient les ministères. Elles n'en font pas un métier à plein temps et ont désormais une vie à elles. Il n'empêche : le Tout-Paris de la politique et des lettres se croise chez elles.

Ainsi se bouscule-t-on dans les locaux de la revue *La Nef,* « Revue sans frontières pour effacer l'accumulation des frontières », créée à Alger en 1943 par Lucie Faure. Indépendante d'esprit, cet écrivain défend des idées plus à gauche que son mari Edgar, un radical qui saura plus tard se reconvertir sous le gaullisme. Fidèle à François Mitterrand après la terrible affaire de l'Observatoire, elle ouvre à l'opposant qu'il est devenu les colonnes de sa revue. Au fil des années, elle a appris à mieux connaître cet homme « ondoyant, mais dur aussi, voire autoritaire s'il convient, libre, indépendant, fantasque, mais acceptant d'obéir si la nécessité s'impose ». « Il y a ce qu'il est, décrit la romancière dans *Le Monde* du 24 mars 1977, mais aussi ce qu'il veut paraître. Le personnage qu'il compose et celui qui se compose à son insu. L'homme se montre méfiant et, soudain, il étonne par une spontanéité dont il ne semble plus maître. »

Jacqueline Thome-Patenôtre, sénateur radical et maire de Rambouillet, est un autre bon génie accueillant pour François Mitterrand. Dans son somptueux appartement de l'avenue Foch, elle organise des déjeuners politiques qui sont, selon elle, autant d'occasions de « contribuer à l'assouplissement des relations entre les différents partis ». Un objectif auquel ne peut que souscrire cette étoile montante de la République qui se rend avec autant d'empressement aux invitations du couple Lazareff. Dans leur propriété de Louveciennes, Hélène, la fondatrice du magazine féminin *Elle,* et Pierre, le patron de *France-Soir,* accueillent le week-end, dans une ambiance bon enfant, les grands noms de la littérature, du journalisme et du show-biz.

Pourtant, c'est sans doute avec Évelyne Baylet qu'il se sent le plus d'affinités. Celle-ci reçoit volontiers aux côtés du « roi Jean », son mari, le successeur des frères Sarrault à *La Dépêche du Midi,* qui contribue, dans ses salons et par ses articles, à la formation des ministères de la IVe. A la mort de Jean Baylet, en 1958, Évelyne devient la directrice du journal. Secondée par René Bousquet, nommé administrateur du quodidien en 1962 (ses fonctions de secrétaire général de la police sous Vichy lui vaudront, vingt ans plus tard, une inculpation de « crimes contre l'humanité », et le dossier n'est toujours pas clos), elle fait habilement fructifier l'héritage conjugal destiné en fait à son fils adoré, Jean-Michel. Celui-ci n'aura à se plaindre ni de sa mère ni de François Mitterrand. La première lui a légué une baronnie politique et journalistique en bonne santé. Le second l'a promu successivement secrétaire d'État aux Relations extérieures en 1988, puis ministre du Tourisme. Car le président est un homme fidèle en amour comme en amitié, fût-ce par enfant interposé.

« *Un hôte susceptible* »

« Dites à la maîtresse de maison qu'on ne relègue pas ainsi un ancien garde des Sceaux. » Ce mercredi-là, François Mitterrand n'est pas content d'avoir été placé en bout de table au dîner hebdomadaire que donne Renée Abrami, l'égérie du MRP, le mouvement des républicains populaires, de sensibilité démocrate-chrétienne, et farouchement pro-européenne... Et il demande à un ami de le faire savoir à qui de droit.

Car, s'il ne fait pas partie des habitués, il accepte à l'occasion les invitations de cette personnalité du Tout-Paris d'un autre temps, veuve d'un célèbre professeur de médecine, qui a décidé, au lendemain de la Libération, de donner des réceptions politico-mondaines. D'une convivialité intrigante, elle gagne assez vite ses galons d'hôtesse de bonne compagnie. A tel point que le gouvernement français réquisitionne sa présence et son vaste appartement de la place des États-Unis pour accueillir les réunions avec les Américains du plan Marshall ! Chaque mercredi soir, elle convie à dîner un véritable panel d'hommes politiques. Le MRP, le parti sur lequel elle a jeté son dévolu, domine largement, mais tous ceux qui communient avec elle dans l'antigaullisme sont chaleureusement reçus.

Exubérante, invariablement habillée de tenues pastel, d'une blondeur éternelle, elle n'est pas réputée pour sa table. En revanche, on y boit sec, car elle ne rationne pas le champagne. Ses invités apprécient surtout ce club feutré qui stimule l'esprit et permet de rencontrer des adversaires politiques ailleurs qu'en campagne électorale.

Véritable « trombinoscope » à elle seule, Renée Abrami, qui ne manque aucune séance importante au Palais-Bourbon, connaît son personnel politique par cœur. Aussi, à l'ami de François Mitterrand qui s'acquitte de sa délicate mission, elle rétorque, de sa voix inimitable qui roule les « r » comme sa compatriote Elvire Popesco : « J'avais douze ministres à table et M. Mitterrand n'est même plus député... » C'était au tout début de la Vᵉ République, et l'ex-ministre, ex-député, fait alors l'apprentissage d'une longue traversée du désert. L'invité à l'orgueil blessé se fâcha avec l'hôtesse si soucieuse de ses plans de table. Sans le savoir, elle lui rend service. N'est-il pas plus facile de dédaigner ce qu'on vous refuse ?

Violet Trefusis, une amie édouardienne

En dépit de sa volonté, après l'affaire de l'Observatoire, de rompre avec les « bourgeois », François Mitterrand ne déserte pas tout à fait les salons. S'il ne reste qu'une hôtesse à visiter, ce sera cette Anglaise excentrique, fortunée et anticonformiste qu'il a rencontrée en 1956 dans une réception parisienne, guidé par son ami et collègue Édouard Bonnefous. Propriétaire d'une somptueuse demeure à Florence, l'Ombrellino, Violet Trefusis séduit d'emblée le politicien, écrivain rentré qui a justement en chantier un livre sur les Médicis de la deuxième moitié du xvᵉ siècle.

« Elle m'a tout de suite invité à Florence, écrit le président de la République dans sa préface à la biographie de Cécile Wajsbrot. Violet, qui prétendait descendre des Médicis, m'emmenait dans les bibliothèques. Elle savait beaucoup de choses dans les domaines qui l'intéressaient, c'est-à-dire la littérature et l'histoire. Elle m'a présenté à la famille Ruccelai, parente des Médicis, et m'a fait rencontrer des personnes descendant des propriétaires dont Machiavel était le locataire, et qui possédaient encore des papiers, des quittances de l'époque. J'allais à Florence plusieurs fois par an, je passais des vacances de cinq à six jours à l'Ombrellino. Quand Violet venait à Paris, elle me faisait signe. Je suis allé quelquefois dans sa propriété de Saint-Loup[5]... » Mais c'est l'Ombrellino qu'il préfère, « un endroit hors du temps, un des derniers lieux où une société proche du XVIIIe siècle pouvait se rassembler. Deux siècles plus tard, on y parlait toutes les langues de l'Europe. La conversation, toujours d'ordre littéraire et esthétique, était raffinée ».

Quand François Mitterrand rencontre Violet, celle-ci a dépassé la soixantaine. La vieillesse lui fait peur et, surtout, l'inévitable dégradation physique qui l'accompagne, mais son inépuisable vitalité, une insatiable curiosité, et son éternel appétit de séduction, fût-il désormais platonique, l'emportent encore. Jusqu'à la fin de sa vie, elle ne cessera d'ailleurs d'élargir le cercle de ses connaissances. Le milieu politique l'a toujours attirée, non pour ce qu'il incarne — la politique elle-même l'ennuie — mais pour le prestige. Winston Churchill fréquentait l'Ombrellino avant guerre et Gaston Bergery, l'antifasciste devenu « collaborateur » sous Vichy, lui est resté fidèle. Tout comme le gaulliste Gaston Palewski, qui amène à Saint-Loup-de-Naud l'ancien président du Conseil, Paul Reynaud.

Elle accueille le jeune François Mitterrand avec la même générosité, persuadée d'avoir détecté, dans ce brillant quadragénaire, un homme au destin prometteur. De son côté, il est fasciné par cette hôtesse charmeuse et possessive, déclassée et inclassable, superficielle et, en même temps, comme meurtrie. Car, si au ministre curieux des Médicis — et flatté de rencontrer des parents même lointains de l'illustre dynastie — elle ne fait pas plus de confidences qu'à la petite cour qui s'agite autour d'elle à l'Ombrellino, celui-ci la sait tout de même auréolée d'une triple légende.

La première tient à sa naissance qu'on dit mystérieuse ou plutôt qu'elle tente de faire croire comme telle. En effet, sa mère, Alice Keppel, issue d'une vieille famille écossaise, a été, à partir de 1898, la maîtresse quasi officielle du prince de Galles, qui devint ensuite le roi Édouard VII. Violet a beau être née en 1894, toute sa vie elle laissera entendre que sa filiation est peut-être royale. Un portrait d'Édouard VII est accroché au-dessus de son lit dans sa maison de Saint-Loup... Cela fait partie du personnage qui aime enjoliver, embellir, et rêver sa vie. « Terriblement complexée par une mère aussi éclatante et aussi distinguée, assure l'écrivain Marcel Schneider, elle a choisi d'exister par l'extravagance et jouait délibérément l'anticonformisme alors qu'elle aurait pu dire, comme Byron : “ J'ai dans ma famille assez de sang noble pour faire trente kilos de boudin ! ” »

La deuxième légende, plus sulfureuse, remonte aux années 20. Elle évoque des amours saphiques et passionnées avec l'aristocratique Vita Sackville-West, qui fut ensuite l'amie intime de l'écrivain Virginia Woolf. Comme la plupart des amis de Violet Keppel, devenue Trefusis par son mariage avec un capitaine de l'armée anglaise, François Mitterrand ignore ce qu'elle a réellement vécu. Il le découvre en 1973, l'année suivant sa mort, quand Nigel Nicholson, le fils de Vita et Harold Nicholson, publie *Portrait d'un mariage*. On y lit, au travers du journal intime de Vita, retrouvé par son fils, une passion orageuse qui fit scandale dans les années 20 en Angleterre et qui inspira Virginia Woolf dans son roman *Orlando*.

La troisième légende appartient à une Violet — relativement — assagie dans sa vie privée, mais plus exaltée dans sa vie mondaine. Grâce à la princesse de Polignac, richissime héritière des machines à coudre Singer, mécène, entre autres, de Stravinski et du groupe des Six, elle se lance, dans les années 20, dans le Tout-Paris littéraire, musical et mondain. Colette, Anna de Noailles et Jean Cocteau sont ses amis. Elle aussi devient une de ces hôtesses en vogue, partageant son temps entre Paris, Florence et Saint-Loup-de-Naud, près de Provins, où elle a acquis en 1927 un logis lui aussi chargé d'histoire.

Ces lieux — Florence et Saint-Loup — ne peuvent que séduire François Mitterrand. La villa de l'Ombrellino n'est pas seulement un endroit magique qui embrasse Florence du sommet de la colline de Bellosguardo, c'est aussi le refuge d'une société mondaine, cosmopolite, un rien décadente, qui vit là ses ultimes moments. Violet Trefusis est en effet l'une des dernières descendantes d'une race en voie de disparition — les édouardiens — qui vivent depuis les années 30 dans le souvenir du roi Édouard VII et d'un certain style de vie, jouisseur, épicurien et raffiné.

Comment cette approche de la vie ne fascinerait-il pas un ministre brillant, avide de réussir ? D'autant que, si le plaisir et l'argent sont les piliers de cette société « édouardienne », on sait y respecter le sens des convenances. « Tout est permis, note Cécile Wajsbrot, la biographe de Violet, à condition de maintenir une façade exemplaire de respectabilité. » Après guerre, cette microsociété anglo-florentine, composée de duchesses exilées, d'esthètes cultivés ou de gloires peu ou prou déchues, continue, tant bien que mal, au milieu d'une Europe qui se modernise, à se recevoir d'un palais l'autre, et à rivaliser de faste. Leurs positions sociales s'effritent, mais sur celui qui a été un jeune provincial ambitieux, fasciné, bien qu'il s'en défende, par le luxe, ces vestiges aristocratiques exercent encore une indéniable séduction.

Car, dans cette société-là, le raffinement des mots et de la conversation vaut au moins celui des mets. « Le spectacle des dîners de Violet était apprécié des connaisseurs de la société, comme le comte Giovanni Tadini-Bunsegni, qui me confia avec nostalgie qu'il prenait souvent des notes après les repas de l'Ombrellino, sentant qu'il assistait aux derniers feux d'un monde qui allait disparaître, le monde évoqué par *Le Guépard* de Lampedusa », écrit John Philips, un universitaire américain qui a fait la connaissance de Violet en 1960 [6]. François Mitterrand a assisté, lui aussi, à quelques-uns de ces dîners, minutieusement réglés par Violet, dont les plans de table sont l'objet d'intenses réflexions... Lui aussi éprouve une indicible nostalgie pour cette société à la recherche d'un temps perdu.

Au milieu des convives assidus de l'Ombrellino, la présence de François Mitterrand intrigue. Tous connaissent le penchant de Violet pour la politique ou, plutôt, pour le prestige qu'elle confère. Elle n'y entend, en effet, pas grand-chose mais, d'emblée, elle a distingué chez ce ministre un peu trop arrogant pour ne pas cacher une vraie timidité une intelligence caustique et un anticonformisme propre à la séduire. Persuadée qu'un destin national l'attend, elle lui prédit, à court terme, un poste de président du Conseil — l'appellation du Premier ministre sous la IVe République —, auquel lui-même rêve avec insistance. Et elle se met également en tête, alors qu'il est déjà marié, de le fiancer à une comtesse de ses jeunes amies ! Comme il n'est pas question de contrarier Violet, les invités sont priés de garder leur avis sur Mitterrand par-devers eux. Quelques duchesses acariâtres n'en pensent pas moins, mais il sait, lors de ses apparitions à l'Ombrellino, faire ce qu'il faut pour captiver son auditoire.

Le duc d'Harcourt se souvient ainsi d'un retour de

Chine en 1961 où l'ancien ministre a longuement raconté sa rencontre avec Mao Tsé-toung. « C'était un homme jeune, bien fait avec une figure agréable, fort galant et fort magnifique, respectueux et fort obligeant, écrit le duc d'Harcourt dans une sorte de pastiche à la manière de Saint-Simon. Il avait beaucoup d'esprit et facile au travail et fertile en expédients de toute sorte. Les grands emplois qu'il occupa n'affectaient en rien sa simplicité[7]... »

A Saint-Loup-de-Naud, le livre d'or de Violet Trefusis se remplit lui aussi, de cocktail en dîner, d'illustres signatures. Beaucoup plus « parisiennes », celles-là. Des personnalités confirmées comme les écrivains André Maurois ou François Mauriac, la célèbre mécène Florence Gould, côtoient de jeunes espoirs comme Françoise Sagan, qui vient de connaître le succès de son premier roman *Bonjour tristesse*, écrit à dix-neuf ans, le critique Mathieu Galey ou Edmonde Charles-Roux, la biographe de Coco Chanel, qui va devenir l'épouse de Gaston Defferre.

Mais les forces de la flamboyante Violet Trefusis déclinent dans les années 60. Quand son protégé se présente en 1965 à l'élection présidentielle, elle vient de se fracturer la hanche pour la seconde fois. Pourtant, l'hôtesse vieillissante — elle a soixante-seize ans en 1970 — « s'accroche », comme elle dit, et n'entend pas renoncer à ses dîners où, hiératique et outrageusement fardée, elle trône tout en maudissant sa solitude. « Très peu de temps avant sa mort, se souvient Édouard Bonnefous, je l'avais invitée à déjeuner avec des amis à mon domicile parisien. John Philips, qui l'accompagnait, est monté seul chez moi. Violet était restée dans la voiture et me demandait de descendre. " Je suis trop fatiguée, mon petit Édouard. Mais je voulais être là, près de vous tous. " »

A l'automne 1970, elle se sent perdue et demande à revoir quelques amis, dont François Mitterrand. Celui-ci accourt à l'Ombrellino. « Un lord anglais m'a accueilli sur le perron, vieil ami de Violet qui m'attendait dans sa chambre, en robe de chambre, très coquette. On a déjeuné là. Elle est restée assise sur son lit et nous deux, de part et d'autre d'une petite table, en face. Quand je suis arrivé, elle m'a offert une cravate (elle offrait toujours un cadeau à ses visiteurs), déplorant de n'avoir pas deviné la couleur du costume que je portais ce jour-là. La conversation a duré une heure et demie puis le vieux lord m'a fait signe qu'elle était fatiguée. Elle s'est levée, m'a embrassé et m'a dit : “ Je ne vous dis pas au revoir, mais adieu. ” Elle avait beaucoup de maîtrise, une grande dignité. Ses traits s'étaient un peu masculinisés avec l'âge mais elle gardait un beau teint. A l'époque de Vita, elle devait avoir un éclat[8] ! »

De Paris, il lui envoie un petit mot, le 11 janvier 1971 : « Bien chère Violet, j'ai aimé vous revoir, dans votre maison. Le temps était beau et pur. Les souvenirs intacts. Et vous, malgré votre fatigue, indomptable. Fasse le ciel qu'il me soit donné de revenir à l'Ombrellino ! Je ferai tout pour cela et vous en préviendrai. Dès que vous serez de nouveau victorieuse, vous viendrez, je l'espère, à Paris. Ne manquez pas de m'en informer. J'irai avec joie rue du Cherche-Midi. Bonne année donc, chère Violet, à ceux que vous aimez, à tout ce que vous aimez. Fidèlement vôtre[9]. »

Violet va survivre une année encore, jusqu'au 27 février 1972, où elle sombre dans le coma. Le 2 mars 1972, le lendemain de sa mort, François Mitterrand évoque le souvenir de sa dernière visite dans son journal : « Violet allait mourir. Avec ses angles nets et ses couleurs passées, Florence, sous nos yeux, semblait composer l'arrière-plan d'un tableau dont le personnage central attendait d'être peint. Quand la porte se referma sur l'Ombrellino, je savais qu'une époque s'achevait ou plutôt que s'effaçait la trace d'un temps partout ailleurs perdu, protégée ici par la main ferme de Violet[10]. »

John Philips, le confident des dernières années, promu

exécuteur testamentaire, hérite de Saint-Loup. Il propose à François Mitterrand, qui a reçu en souvenir une collection de tabatières, de racheter la propriété. Il n'en a pas les moyens, lui dit-il. Quelques années durant, Saint-Loup est quasiment à l'abandon. Son nouveau propriétaire, l'architecte Jacques Couelle, ne peut assumer ses ambitieux projets. C'est Thierry de Beaucé, ancien collaborateur de Jacques Chaban-Delmas et écrivain, qui lui rachète la célèbre Tour. De Violet Trefusis, qu'il a entr'aperçue chez une amie en 1970, il ne sait presque rien. Mais la mémoire des lieux, dit-il, l'enchante. Et la découverte de l'amitié entre le Premier secrétaire du PS et l'excentrique hôtesse le ravit peut-être encore plus.

Il accueille aussitôt François Mitterrand en pèlerinage. Le 26 novembre 1977, celui-ci note brièvement en dédicace sur le nouveau livre d'or : « L'âme des choses, le reflet du temps »... Comme le président lui a signalé qu'un jeune homme, un admirateur de Violet, gardait autrefois la maison abandonnée, Thierry de Beaucé s'empresse de le retrouver — celui-ci travaille aux Eaux et forêts — et il l'embauche comme gardien.

Trait d'union entre le chef de l'État et Thierry de Beaucé, Violet Trefusis n'est peut-être pas responsable, à elle seule, de la nouvelle carrière de l'ancien gaulliste, mais nul doute qu'elle y a indirectement contribué. En février 1986, il est nommé directeur des affaires culturelles au Quai d'Orsay, puis il est promu, en 1988, secrétaire d'État chargé des Relations culturelles dans le gouvernement Rocard. Thierry de Beaucé, qui sait le président attaché à ses souvenirs et donc à Saint-Loup, lui a, à plusieurs reprises, ménagé dans la Tour des rencontres avec, entre autres, des amis écrivains, l'Espagnol Jorge Semprun, le Roumain Cioran ou l'Italien Alberto Moravia.

Violet bénéficierait-elle à retardement de l'illustre protection présidentielle ? Quand Christian Bourgois réédite un de ses ouvrages en 1986, *Broderie anglaise*, l'histoire transposée de ses amours contrariées avec Vita Sackville-West, il réunit pour un déjeuner-souvenir François Mitterrand et Françoise Sagan. Les éditions Stock redécouvrent à leur tour cette « spécialiste des amours interdites », comme ils présentent Violet en publiant les *Lettres à Vita* (1991) puis *Il court, il court* (1992), un roman de 1937. De son côté, Christian de Bartillat publie, en février 1992, *Instants de mémoire*, une autobiographie de l'amie du président. Vingt ans après sa mort, Violet redevient donc à la mode, auréolée de ce présidentiel parrainage.

Grâce à John Philips, conservateur de la mémoire de Violet Trefusis, François Mitterrand est régulièrement informé de tout ce qui paraît sur elle. Cet universitaire qui vit désormais en Suisse, à Vevey, vient déjeuner une fois l'an à l'Élysée et s'entretient avec le président du regain d'intérêt que suscite ce personnage à la fois scandaleux et suranné.

Le fantôme de cette « aristocrate cosmopolissonne », comme la définit l'écrivain Jean Chalon, rôde d'ailleurs en permanence autour de l'Élysée. Avec Laure Adler, conseillère culturelle de 1990 à 1992, ou Anne Lauvergeon, la jeune secrétaire générale adjointe de l'Élysée, il arrive à François Mitterrand de s'épancher sur Violet Trefusis. De même en parle-t-il souvent avec Michèle Gendreau-Massaloux, ancien porte-parole de la présidence et recteur de l'Académie de Paris, qui projette d'installer un centre culturel dans une villa proche de l'Ombrellino, legs à la Sorbonne du banquier anglais Horace Finaly.

Intriguées par cette femme d'influence à l'aura sulfureuse qui fascina tellement François Mitterrand — au point qu'il porte encore avec coquetterie la cravate donnée par Violet lors de sa dernière visite ! —, ces modernes femmes de pouvoir cautionnent elles aussi, à leur manière, attentive et intéressée, la nostalgie présidentielle des « années Violet ».

3.

LES BONNES FÉES

Qu'y a-t-il de commun entre Maya Baron, libraire d'un petit village de Moselle pendant l'Occupation, Joséphine Baker, la célèbre meneuse de revues de music-hall, Geneviève Delachenal, sœur cadette du président, et Nicole Questiaux, l'ancien ministre des Affaires sociales du premier septennat ? Toutes ont joué, un jour ou l'autre, le même rôle auprès de François Mitterrand, celui de « *bonne fée* », le tirant d'un mauvais pas, lui témoignant un soutien opportun ou lui aplanissant quelques irritantes difficultés.

Cette série de complicités, il ne les a pas toutes recherchées. Il n'a jamais été homme à solliciter avec empressement une influence féminine. On ne lui connaît pas d'égérie à la manière de Marie-France Garaud, l'influente conseillère de Georges Pompidou. Le hasard, dans cette succession de coups de main, de conseils et d'aides, a largement compté. Mais il se répète avec parfois tant d'insistance qu'il finit par tisser un curieux destin. Destin qui doit plus aux femmes que son héros ne le soupçonne peut-être lui-même.

Bien sûr, c'est pure coïncidence si, le 10 décembre 1941, le sergent-chef François Mitterrand, prisonnier de guerre au camp de Boulay, en Moselle, en territoire occupé par les Allemands, s'évade grâce à une filière féminine. Cette troisième évasion sera la bonne. Après une course éperdue, a-t-il raconté, avec les Allemands à ses trousses, il atterrit chez une jeune fille qu'on lui a signalée, Maya Baron. Cette libraire de vingt-trois ans fait partie depuis le début de l'année 1941 d'un réseau d'évasions organisé par sœur Hélène, une religieuse de l'hôpital Saint-Nicolas de Metz. Mais elle ne peut, pour des raisons de sécurité, garder l'évadé chez elle. Alors, elle le confie à deux voisines, les demoiselles Stenger. Puis, elle l'accompagne elle-même à Metz pour, dit-elle, « lui donner toutes les chances ». Opération réussie : deux jours plus tard, elle reçoit une carte à la fois sibylline et très explicite de Nancy : « Colis bien arrivé. »

Quand l'ancien prisonnier de guerre débarque à Vichy en mai 1942 pour y trouver du travail, de qui se recommande-t-il ? De sa mère. Yvonne Lorrain, décédée en 1936 quand il avait dix-neuf ans, a laissé à son fils d'utiles relations. Un de ses amis, le colonel Le Corbeiller, lui procure un emploi au Commissariat du reclassement des prisonniers de guerre. Les amitiés maternelles serviront une seconde fois, fin 1943. François Mitterrand, qui, entretemps, s'est engagé dans la Résistance sous le nom de « Morland », est parti à Londres faire connaître son réseau. De là, il a gagné Alger où il doit rencontrer le général de Gaulle. L'entrevue s'est mal passée, aussi « Morland » n'a-t-il guère envie de s'y attarder car il devine que le chef de la France libre n'a pas l'intention de lui faciliter son retour en France. Heureuse coïncidence : un ami de sa mère, le commandant de La Chennelière, qui se trouve être membre du cabinet du général Giraud, rival dans la Résistance de De Gaulle, lui procure une place dans un avion de transport militaire pour Marrakech.

De là, il lui faut trouver un moyen pour gagner Londres. Là encore, les bonnes fées sont au rendez-vous. L'une d'elles est même auréolée d'une gloire internationale. En effet, le jeune résistant réussit, grâce à des amis, eux aussi proches de

Giraud, à se faire héberger chez le pacha Si Mohamed Menebhi. Celui-ci loge une invitée de marque : Joséphine Baker.

François Mitterrand est trop jeune pour avoir connu la « déesse noire » en pleine ascension — tandis qu'elle triomphait en 1925 dans la *Revue nègre,* il faisait sa première communion à Jarnac —, mais il est assez vieux pour avoir vibré en 1937 en l'écoutant susurrer langoureusement : « J'ai deux amours... » Peu de Français savent alors que la chanteuse s'est engagée dès le premier jour de la guerre. Mobilisée par la Croix-Rouge comme infirmière pilote des services sanitaires, elle a été affectée à la réception des réfugiés belges.

Quelque temps plus tard, elle est recrutée par le capitaine Jacques Atbey, alias Jacques-François Hébert, ou le capitaine Fox, du Deuxième Bureau de l'état-major général de l'armée. Sous couvert d'une tournée de music-hall, on l'envoie en Espagne puis au Maroc. Après de longs mois de maladie, elle reprend les galas bénévoles aux armées en Tunisie, en Syrie, en Égypte et au Liban. Joséphine Baker a pour mission de chanter le soir et de sonder le jour l'état d'esprit des populations arabes.

C'est entre deux tournées qu'elle se repose chez son ami Si Mohamed Menebhi. Patios croulant sous des lianes en fleur, fontaines et jets d'eau qui chantent sur les feuilles de nénuphars, le palais du pacha marocain est aussi accueillant au « Frenchie » Mitterrand qu'à l'Américaine. Toujours prête à rendre service, connaissant pour y avoir été mêlée malgré elle les différends des équipes Giraud-de Gaulle, elle prend Morland en amitié et l'aide à regagner Londres. Cette aide, officiellement confirmée par Jean Védrine, un ami de François Mitterrand, chargé en 1981 par le président d'établir un dossier sur les prisonniers de guerre, fait encore aujourd'hui rêver certains amis du président, jaloux de cette fugitive mais illustre « marraine de guerre ».

Mais le beau capitaine Morland s'est également assuré le concours d'une hôtesse de l'air militaire, en poste à l'aéroport de Marrakech, Mlle de Geoffre. Elle lui signale, raconte son frère Robert, « un avion dont l'occupant accepte de l'emmener en Angleterre ». Il s'agit, en toute simplicité, du prestigieux maréchal Montgomery, le vainqueur de Rommel, qui accepte de prendre en stop ce jeune Français aventureux. A Londres, son relais féminin s'appelle Reine Paris. La fille de Paul Claudel l'a mis en contact, via son mari, avec le colonel Passy, chef du BCRA, les services secrets gaullistes. Par son entremise, il s'embarque en février 1944 en Cournouailles pour les côtes bretonnes. De là, il regagne Paris et renoue avec la clandestinité.

Un mois plus tard, chez une des « boîtes aux lettres » de son réseau, Christine Gouze-Renal, une piquante jeune femme dont son ami, Roger-Patrice Pelat, est amoureux, il tombe en arrêt devant une photo. Une jolie brunette sourit dans son cadre. Christine a surpris le regard de Morland. « C'est ma sœur », lâche-t-elle. « Elle me plaît, je l'épouse », aurait-il alors rétorqué. Dès lors, l'entreprenante Christine n'aura de cesse de convaincre sa sœur cadette qu'elle lui a trouvé un fiancé. Mais cela est une autre histoire...

Georgette, envers et contre tous

Tout au long de la IVe République et des ministères qu'il occupe, François Mitterrand s'est entouré presque exclusivement de collaborateurs masculins, puisés le plus souvent dans un vivier familial et amical. Deux exceptions : Hélène Vinet, sa secrétaire qui le suit du ministère de l'Intérieur à celui de la Justice, et Jacqueline Lanier, qui tient un deuxième secrétariat au 116 *bis,* Champs-Élysées, dans un petit bureau que lui a prêté un ami.

Pourtant, quand, en 1958, opposant à de Gaulle, il échoue aux législatives et doit réintégrer la vie civile, c'est avec une femme qu'il va travailler. Mais il ne la choisit pas au hasard. Il s'associe en effet avec l'avocate Irène Dayan, l'épouse de Georges, le fidèle chef de cabinet de tous ses ministères, ancien avocat lui aussi. Soucieux de l'avenir de son ami, le garde des Sceaux Mitterrand l'avait d'ailleurs fait nommer conseiller d'État au tour extérieur.

Voilà donc l'ancien ministre avocat stagiaire, puisqu'il n'a quasiment jamais plaidé depuis son inscription au barreau en 1953. Choisit-il de faire ses débuts sous la férule d'une femme parce qu'il espère, plus ou moins consciemment, qu'elle sera plus indulgente qu'un homme ? « Il a choisi de travailler avec moi parce que nous étions ses amis intimes, il pouvait me faire confiance, se défend Irène Dayan. Il avait son bureau rue Guynemer, j'avais gardé le mien et j'allais chez lui avec les dossiers que je lui avais préparés. Nous lui avons prêté la robe d'avocat de mon mari qu'il a d'ailleurs fallu faire raccourcir de plusieurs bons centimètres à cause de leur différence de taille ! »

Le talentueux orateur de l'UDSR, dont les répliques font souvent mouche, n'a pas en vérité à redouter d'affronter un prétoire. Son ami et hagiographe, Charles Moulin, se souvient avec émotion d'une plaidoirie brillante pour défendre le metteur en scène Roger Vadim, mis en cause pour son adaptation des *Liaisons dangereuses*. Mais la tâche d'avocat nécessite un fastidieux travail sur dossiers, et il est tout de même plus commode de s'en remettre au dévouement d'une associée féminine…

« Je lui préparais ses dossiers de façon classique, sur les plans de la procédure, de l'établissement des faits et des références juridiques, je recevais les clients avec lui, raconte Irène Dayan. Il assimilait tout cela très vite mais il s'emportait de temps en temps. Le langage juridique un peu ampoulé que j'employais l'énervait. " Qu'est-ce que c'est que ce jargon ? Vous ne pouvez pas parler simplement ! " Moi, il m'impressionnait par son intelligence et sa vivacité. Les magistrats aussi, qui guettaient leur ancien garde des Sceaux et qui étaient étonnés par l'originalité de son style. »

Le barreau ne le retient pas longtemps puisque après avoir été élu maire de Château-Chinon, le 26 mars 1959, il se présente un mois plus tard aux élections sénatoriales. Mais sa carrière de sénateur est à peine ébauchée qu'éclate l'affaire de l'Observatoire. Bien plus que le récent changement de régime, elle lui sert de test définitif pour éprouver la fidélité de ses amis, les hommes comme les femmes. « Pendant les jours, les semaines, et même les mois qui ont suivi, a écrit Françoise Giroud, il a eu assez de doigts pour compter les amis. Ceux qui se sont mouillés, veux-je dire. » Et elle ajoute : « Je l'ai vu, un soir, pleurer. » Lui dira que c'est faux. Mais, alors que les sénateurs s'apprêtent à voter la levée de son immunité parlementaire, il est complètement abattu et va se réfugier chez Brigitte Gros, la sœur de Jean-Jacques Servan-Schreiber, qui lui a proposé l'hospitalité de sa maison près de Meulan.

Parmi les rares personnes qui se hasardent à le défendre, une jeune journaliste de vingt-huit ans, collaboratrice à *Paris-Presse,* Georgette Elgey. Elle ne connaît pas le sénateur de la Nièvre. Mieux, elle est réputée gaulliste. Si elle se trouve indirectement mêlée à l'affaire de l'Observatoire, c'est parce qu'elle a publié le 15 octobre 1959 à la une de son journal, la veille de l'attentat contre Mitterrand, une interview du député Lucien Neuwirth. Le droit de l'Algérie à l'autodétermination vient d'être proclamé et la rumeur d'un coup d'État gagne. Or, le député gaulliste a déclaré à Georgette Elgey : « Le drame peut être pour demain. Déjà, des commandos de tueurs ont passé la frontière espagnole. Les personnalités à abattre sont désignées. On espère ainsi suffisamment impressionner la population pour qu'elle n'intervienne pas. »

Quelques jours avant, un personnage trouble, qui a été aussi un temps député gaulliste, Robert Pesquet, a justement annoncé à Mitterrand, racontera ce dernier, qu'une vague d'attentats se prépare et qu'il est en tête de liste. Le 15 octobre, Pesquet, dit-il, revient à la charge et lui conseille de se réfugier dans le jardin de l'Observatoire s'il se sent suivi par une voiture en rentrant chez lui, rue Guynemer. L'interview de Lucien Neuwirth, parue le soir du 15 octobre, aurait achevé d'ébranler le sénateur de la Nièvre.

Georgette Elgey n'a fait que son travail de journaliste, mais elle est accusée, après l'attentat, par le député d'extrême droite, Me Tixier-Vignancour, d'être de mèche avec François Mitterrand pour lui avoir transmis, avant parution, l'interview du député gaulliste. Georgette Elgey, qui a un parfait alibi — elle se trouvait chez le patron de la SFIO, le socialiste Guy Mollet, avec un photographe au moment où Tixier-Vignancour la suspecte d'avoir rencontré l'ancien ministre —, commence alors à s'intéresser de près à l'affaire. Elle ne connaît pas Mitterrand, mais obtient son téléphone par son journal et demande à le rencontrer. Ils se voient à plusieurs reprises : les explications de la « victime », qui semblent opaques à beaucoup de ses amis, paraissent limpides à la jeune femme. « J'ai acquis la conviction qu'il était totalement innocent dans cette affaire, cette histoire reposait sur des lettres dont les cachets avaient été truqués. On était en pleine période OAS [1]. »

A une époque où peu de personnes se risquent à rencontrer François Mitterrand, la journaliste n'hésite pas à s'afficher dans les tribunes publiques du Sénat, le 18 novembre 1959, jour du vote de la levée de l'immunité parlementaire. Près d'elle, la garde rapprochée mitterrandienne : Georges Dayan, André Rousselet et Roger Hanin.

La journaliste de *Paris-Presse* ne s'en doute sûrement pas, mais, dès ce moment, elle peut compter sur la reconnaissance éternelle du réprouvé. C'est d'ailleurs à elle qu'il confie en 1977 l'édition de ses principaux écrits et discours politiques depuis 1938. La journaliste est devenue historienne, spécialiste de la IVe République, et elle travaille aussi comme directeur littéraire chez Fayard. Avec Laurence Soudet, une autre fidèle du président, elle s'acquitte consciencieusement de cette tâche. Deux ouvrages sont publiés : *Politique 1* en 1977 et *Politique 2* en 1981 — dont l'adaptation télévisée donne lieu à un incident mineur mais révélateur.

L'historienne de la IVe République, également productrice à la télévision, a en effet proposé de tirer une émission de ces textes. Le projet, refusé en 1977, est accepté en 1981. Miracle de l'alternance. « En quatre-vingt-dix minutes, avec des images d'époque et la lecture de textes par deux comédiens, l'émission retrace l'itinéraire politique de François Mitterrand avec le souci d'en souligner l'harmonieuse cohérence, écrit Pierre Billard dans *Le Point* du 26 juillet 1982. La complaisance — c'est le moins que l'on puisse dire — n'est pas absente. Mais le sujet ne manque pas d'intérêt. L'émission ne choquerait guère si elle ouvrait une série de portraits : après tout, les hommes politiques et publics qui ont dialogué avec l'histoire ne manquent pas... »

Non seulement l'émission ne choque pas le président de TF1 de l'époque, Jacques Boutet, futur président du Conseil supérieur de l'audiovisuel (CSA), mais il se démène pour en accélérer la programmation. Et il décide d'autorité de remplacer, le 20 juillet, une dramatique — *Sherlock Holmes* — par le documentaire au titre tristement officiel : *François Mitterrand. Écrits et discours. 1938-1981.* La presse renâcle. Furieux, François Mitterrand fait savoir qu'il souhaite le retour du détective britannique à l'antenne et déclare avoir « toujours maintenu une attitude de réserve à l'égard de tout ce qui pourrait servir de support à ses écrits ». Pourtant, informé du travail de l'historienne, il avait visionné des extraits de l'émission. Comprenne qui pourra. De toute façon, le dictatorial et pagailleux P-DG, qui n'a pas réussi à réunir son conseil d'administration pour cause de vacances, se convoque lui-même et décide de passer l'émission, qui enregistre un très faible taux d'écoute.

Le président, qui a gardé toute sa confiance à l'historienne, la charge un an plus tard, en août 1982, d'une mission d'importance : archiviste du règne. Chaque jour, elle épluche une masse de dossiers, de documents, de notes qui concernent toutes les décisions prises à l'Élysée. Mémorialiste du présent, elle recueille les témoignages des acteurs de telle ou telle décision, et rédige le récit de ce qui s'est passé. Le président lui confie ses notes personnelles, toutes les lettres et tous documents reçus et échangés, même les plus secrets. Royal cadeau : de cette œuvre-là, qui ne sera pas publiée (elle est versée aux Archives nationales), elle est l'unique lectrice.

« *Madame Unité* »

Si François Mitterrand est trop rebelle pour être soumis à une influence féminine à la manière d'un Gambetta ou d'un Paul Reynaud, il n'empêche qu'il apprécie chez les femmes les qualités que l'on attribuait aux égéries d'avant-guerre. Après tout, les hôtesses qu'il a fréquentées tout au long de la IVe République jouaient encore, à l'époque, ce rôle d'initiatrices sur le plan mondain des jeunes gens ambitieux. De même, cet homme qui a forgé en grande partie sa carrière dans les réseaux, forcément masculins, des anciens prisonniers de guerre n'a jamais répugné à utiliser, quand il le fallait, des talents féminins pour s'entremettre avec un rival, neutraliser un adversaire ou susciter des ralliements.

Quand, fin 1970, Georges Dayan, toujours à ses côtés, lui suggère de demander à l'une de ses collègues du Conseil d'État, Nicole Questiaux, de présider une « délégation nationale pour l'unité des socialistes », plus divisés que jamais, le futur secrétaire du PS acquiesce d'emblée. Il s'agit donc de mener à bien les travaux préparatoires d'un Congrès qui restera dans l'histoire comme le « Congrès d'Épinay » au cours duquel François Mitterrand a l'intention de prendre la tête de ce qui sera le nouveau parti socialiste. Qui mieux qu'une femme peut rassurer, coordonner et inciter à travailler ensemble les frères ennemis de la gauche socialiste ? Choix idéal. Nicole Questiaux, première femme du Conseil d'État à avoir été nommée en 1953 commissaire du gouvernement à trente-deux ans, est compétente sans être engagée dans les querelles internes de courant. « Je ne voyais pas le clivage qui séparait les conventionnels, les vieux SFIO et les non-engagés de gauche que j'étais[2]. » Et puis, pour elle, le PS c'était « trois pelés et quatre tondus »...

Pas pour François Mitterrand qui doit, dans un premier temps, « endormir » ses adversaires de la SFIO — le parti dirigé alors par Guy Mollet — tout en s'appuyant sur l'aile gauche représentée par Jean-Pierre Chevènement. Maternelle et rassurante, la « déléguée à l'unité » s'active consciencieusement, efficace, volontaire et simple. « Madame Unité », comme on l'appelle alors, convainc tout son monde de la nécessité de restructurer à gauche les forces politiques.

Elle a bien failli, pourtant, refuser cette mission. A cause de son mari, membre du cabinet du Premier ministre de l'époque, Jacques Chaban-Delmas, qu'elle craint d'exposer indirectement. Mais Georges Dayan a su faire taire ses scrupules. Elle n'aura pas à le regretter. Le nouveau Premier secrétaire du PS, qui a apprécié sa discrétion et son calme, se rend chez elle, au lendemain du congrès, pour la féliciter. Du coup, elle passe à droite pour être devenue « la Marie-France Garaud du leader socialiste ». En fait, elle travaille sagement le jour au Conseil d'État tout en militant discrètement le soir.

Modeste, elle pense qu'on a exagéré son rôle dans le congrès d'Épinay. Ce n'est pas l'avis de Mitterrand qui la nomme en 1973 au comité directeur et lui confie les problèmes de communication. Spécialiste des missions de bons offices, elle œuvre encore, mais très confidentiellement cette fois, pendant la campagne présidentielle de 1974 à un rapprochement — inabouti — entre Jacques Chaban-Delmas et François Mitterrand. Nouvelle promotion en 1975 : elle est nommée déléguée du PS aux Communautés européennes. Mais elle penche de plus en plus du côté du CERES de Chevènement, et abandonne son poste en 1979.

Quand il est élu en mai 1981 à l'Élysée, le président ne lui en tient pourtant pas rigueur : il la convoque à son domicile, rue de Bièvre, pour lui annoncer qu'elle sera ministre des Affaires sociales. Seulement voilà, elle réussit moins bien à démêler les complications financières de la Sécurité sociale qu'elle n'avait géré les divergences des courants socialistes. Inamovible militante, elle refuse d'être le « ministre des comptes », et s'enferre dans une bagarre sans fin avec René Lucet, le directeur de la Sécurité sociale de Marseille, qui finit par se suicider. Elle est limogée sans ménagements excessifs en juin 1982 par un Mitterrand qui s'agace, dit-on, de cette « bonne sœur en éternelle prière », et fera deux ans de purgatoire — tout relatif — au Conseil d'État. Elle en sort, en 1984, pour devenir présidente d'un organisme prestigieux mais sans réels pouvoirs, le CERC (Centre d'études des revenus et des coûts).

Des passerelles entre l'Élysée et Matignon

Nicole Questiaux, de toute façon, n'est pas un cas unique. D'autres femmes s'activent en coulisse, à tisser des liens entre Mitterrand et ses grands barons.

Quand, en 1981, Pierre Mauroy arrive à Matignon, il

n'est pas si dépaysé que beaucoup le pensent au PS comme dans les médias. Bien sûr, il n'a guère eu jusque-là l'occasion de fréquenter les lieux. Mais sa fidèle collaboratrice, Marie-Jo Pontillon, elle, connaît les moindres recoins de l'hôtel particulier de la rue de Varenne. En effet, l'épouse du sénateur socialiste des Hauts-de-Seine Robert Pontillon a été, vingt-cinq ans auparavant, l'attachée de presse du président du Conseil, Guy Mollet. Elle est donc précieuse pour l'équipe qui débarque dans un milieu dont elle ne connaît guère les us et coutumes.

Comme du temps du président du Conseil, elle occupe le bureau voisin de celui du nouveau Premier ministre. Pas seulement parce que c'est plus pratique. « Majo », comme l'appellent ses amis, est bien plus que la secrétaire particulière de Pierre Mauroy. Membre du bureau exécutif du PS de 1971 à 1979, elle est l'un des piliers du courant Mauroy. Même si elle ne se prend guère au sérieux, c'est une conseillère écoutée, dépositaire de bien des secrets, appréciée à Matignon comme... à l'Élysée. Issue des milieux catholiques de gauche, elle peut se vanter d'être aussi l'amie depuis de nombreuses années de François Mitterrand. Mais jamais elle n'en parle.

Pourtant, on sait bien, dans l'entourage de Pierre Mauroy, que si, après le congrès de Metz en 1979, les relations se sont distendues entre lui et Mitterrand — le premier avait pris ses distances vis-à-vis du second — jamais les deux hommes n'ont été réellement coupés l'un de l'autre. « C'est durant cette période de relative séparation que François Mitterrand confie à Majo Pontillon ses projets d'avenir, raconte Thierry Pfister dans *La Vie quotidienne à Matignon au temps de la gauche*. Que faire d'autre dans l'opposition sinon évoquer le jour où la chance tournera et où il deviendra enfin possible de façonner la réalité à pleines mains ? Usant d'une de ces références bibliques qu'il affectionne, Mitterrand l'interroge un jour : « Pour construire son Église, le Christ n'a fait appel ni au plus brillant ni au plus fidèle de ses disciples, n'est-ce pas ? » Majo Pontillon répond, sans malice : « Oui. Il a fait appel à Pierre. — C'est vous qui l'avez dit », laisse tomber, goguenard, son interlocuteur[3].

Grâce à Marie-Jo, discrète, toujours prête à calmer le jeu plutôt qu'à jeter de l'huile sur le feu entre l'Élysée et Matignon, Pierre Mauroy décode plus aisément les messages mitterrandiens. De même, pour faciliter la tâche du Premier ministre et préserver le dialogue entre les deux hommes, elle fait jouer ses amis du « Château ». En témoignage de reconnaissance, François Mitterrand la nomme, après le départ de Mauroy, au Conseil économique et social, où elle aurait dû, si elle n'avait été emportée par un cancer, faire partie de cet étonnant club des amitiés présidentielles.

En nommant Laurent Fabius comme successeur de Pierre Mauroy, François Mitterrand sait qu'il peut encore compter sur une autre femme d'une indéfectible loyauté elle aussi, bien plus empressée que l'amicale « Majo » à devancer ses moindres désirs.

En effet, l'épouse du nouveau Premier ministre que le président appelle toujours de son nom de jeune fille, Françoise Castro, lui est entièrement dévouée. Elle bénéficie d'ailleurs par rapport à Laurent Fabius d'une prime d'ancienneté dans l'affection présidentielle. N'a-t-elle pas été, bien avant lui, une militante de gauche active et convaincue ? Psychosociologue de formation, spécialisée dans les problèmes de communication, elle a organisé, après 1974, à la demande du Premier secrétaire du PS, plusieurs colloques dont l'un, remarqué, sur la social-démocratie. Puis elle a dirigé la très confidentielle *Nouvelle Revue socialiste.*

Tout ce que lui demande Mitterrand est accepté d'avance. Ainsi, de méchantes langues susurrent que le président lui a personnellement suggéré, en 1980, de renoncer à une union libre qui aurait pu choquer les bonnes âmes.

C'est donc une union en bonne et due forme qui fut célébrée en vue du jour où la gauche accéderait enfin au pouvoir. Version donnée à l'époque par le couple Fabius : « Si on s'est mariés, c'est en prévision des enfants. »

Ceux qui s'imaginent, après mai 1981, qu'elle va mettre ses talents médiatiques au service de son ministre de mari se trompent. La groupie du président n'a pas l'intention de changer de fan-club. Toujours disponible, comme par le passé, elle continue à travailler en prise directe avec lui. Après un passage chez le ministre de la Communication, Georges Fillioud, elle crée, dans la foulée des municipales de 1983, « Espaces 89 », un club destiné à rallier des intellectuels, des hauts fonctionnaires et des responsables qui ont envie d'aborder la politique sans engagement militant trop compromettant. François Mitterrand encourage une telle initiative qui lui rappelle les clubs de sa jeunesse. C'est d'ailleurs au cours d'une réunion de travail avec lui que Françoise Castro comprend qu'un destin politique de premier plan attend son mari. « Je me demande ce qu'on va faire de votre mari », lui lance-t-il négligemment, le vendredi qui précède la démission de Pierre Mauroy. Une seconde de silence. « Premier ministre ? » Le mardi suivant, le téléphone sonne à 16 heures à La Baule où elle prolonge son week-end avec ses enfants. « Il est possible que je sois nommé à Matignon », lui annonce Laurent Fabius.

Françoise Castro n'a aucune idée de ce qui l'attend. Mais à peine a-t-elle débarqué rue de Varenne pour assister à la passation de pouvoirs entre Pierre Mauroy et son mari qu'elle réalise qu'elle, la spécialiste en communication, a fait une belle gaffe. Son arrivée très peu discrète en 2 CV Charleston est commentée dès le lendemain en termes peu amènes. Pourtant, elle est bien décidée à n'en faire qu'à sa tête, et n'a pas l'intention d'abandonner ses multiples activités. Plus que jamais, elle s'enthousiasme pour la quarantaine de clubs qui sont nés dans la foulée d'« Espaces 89 » et qu'elle coordonne d'une main ferme. La « patronne », comme on l'appelle, entend bien concilier son métier d'épouse de Premier ministre avec celui de militante. Elle multiplie les colloques, sur l'insécurité (octobre 1985), la sécurité extérieure (janvier 1985), l'identité française (mars 1985) et « l'entreprise France en questions » (juin 1985).

Réunis en une coordination baptisée, en hommage au président, « Ici et maintenant » (c'est le titre d'un ouvrage de François Mitterrand paru, avec l'aide du journaliste Guy Claisse, en octobre 1980 au moment où il annonce sa candidature), les clubs s'offrent même deux fêtes. La première, en novembre 1985, dure douze heures à la Mutualité. Mi-foire, mi-colloque, on y disserte doctement entre BCBG de gauche, dans un climat folklorique, à des années-lumière d'un orthodoxe congrès du PS. La seconde, sorte de grand show gouvernemental, réunit fin février 1986, avant les législatives, vingt et un ministres, invités par l'épouse de Laurent Fabius à se prononcer sur la mesure qu'ils jugent la plus importante de la législature écoulée. Politesse conjugale oblige, le Premier ministre s'est rendu lui aussi à l'invitation de Mme Castro.

Pourtant, il n'apprécie guère l'ardeur militante de son épouse. « Ça a dérangé Laurent que je continue à militer, confie-t-elle à *La Croix*. Mais il est très compréhensif et extraordinairement généreux. Il m'a laissé faire, car il savait que ça n'était pas drôle pour moi de devenir la femme du Premier ministre. Intellectuellement, il y avait pour moi un risque d'appauvrissement. »

En famille, le sujet est presque tabou. « Un jour, je lui ai posé une question sur les clubs. Il n'a pas répondu et j'ai compris que je ne devais pas insister. » Il est vrai que Françoise Castro ne manque pas une occasion de rappeler que ces « laboratoires d'idées » roulent pour Mitterrand et qu'ils ne sont en rien destinés à donner un coup de main à son mari ! Lionel Jospin, alors Premier secrétaire du PS, prodigieusement agacé par cet activisme, n'en croit rien. Il faudra que le président en personne lui explique que Françoise Castro travaille bel et bien pour lui, à sa demande, pour que son irritation s'apaise.

Comme elle est plus militante, plus entière et plus intransigeante que son mari, il arrive aussi qu'elle se heurte à un Premier ministre plus consensuel par fonction. Ainsi, à propos de l'immigration. « Sur cette question, Laurent Fabius a toujours été très circonspect. Il lui est d'ailleurs arrivé de faire des scènes à sa femme Françoise qui, sur la question, a toujours pris des positions en flèche. Chaque fois, elle proteste avec importance : « J'ai l'aval de Mitterrand[4]. »

Il n'empêche que ce lien privilégié va aussi être utile à Laurent Fabius. Quand celui-ci avoue, le 4 décembre 1985, à l'Assemblée nationale, qu'il a été « troublé » par la décision du président de recevoir le chef de l'État polonais, le général Jaruzelski, Mitterrand est furieux. Et Françoise Castro désespérée. Elle se met alors en tête de réconcilier les deux hommes. Mission accomplie au cours d'un dîner à l'Élysée, le 9 décembre, où la médiatrice arbitre adroitement une trêve durable.

Peut-être, ce soir-là, se remémore-t-elle un autre dîner, deux ans plus tôt, où elle n'a trouvé personne pour la défendre. Cela se passait après les élections municipales de 1983, et le président lui avait demandé ce qu'elle avait pensé de sa dernière prestation télévisée. « Pas très bonne », lui avait-elle crânement répondu. Courroucé, son interlocuteur l'avait alors plantée là, lui tournant le dos le reste du repas, au milieu des convives qui regardaient ailleurs... Et la fâcherie avait duré six mois.

« Si François Mitterrand ne se présente pas à l'élection présidentielle, nous dissoudrons les clubs », jurait-elle en 1986, désespérée. Il s'est représenté et les clubs se sont pratiquement dissous d'eux-mêmes, dans l'indifférence générale. « Françoise » n'avait-elle plus le cœur à s'activer pour son héros ? « Elle a préféré se mobiliser pour sa vie privée et consacrer son temps libre à ses deux garçons », confie un ami du couple. Après un passage aux éditions Nathan, elle travaille désormais dans la société du producteur de télévision, Serge Moati, un temps mentor télévisuel du président, où elle réussit brillamment dans le secteur des films d'entreprise. Elle roule pour elle-même, ayant abandonné toute ambition politique, fût-elle par procuration. Sans doute a-t-elle fait les frais, par ricochet, du relâchement des relations du tandem Mitterrand-Fabius.

Signe qui ne trompe pas les mitterrandologues avertis : les Fabius ne sont plus conviés aux sacro-saints dîners du dimanche soir, rue de Bièvre, au domicile présidentiel. Pis, ils n'ont pas l'air d'en souffrir. En revanche, le couple a, dit-on, difficilement encaissé l'attitude du président lors de l'affaire du sang contaminé. Surtout lorsque celui-ci a « lâché » son ancien Premier ministre devant des millions de téléspectateurs, en considérant, sans un mot de sympathie pour lui, que la Haute Cour était encore la juridiction la plus qualifiée pour traiter de son cas.

L'ambassadrice des bons pères

Comme il l'a confié lui-même à la revue *Autrement,* François Mitterrand est attaché au « clan » qu'il a constitué au fil des années. Dans cet entourage, sa fratrie joue un rôle discret mais qui a été crucial à certains moments. L'une de ses sœurs, Geneviève Delachenal, a ainsi joué un rôle important dans l'affaire de l'enseignement privé, et continue à assurer une discrète liaison entre l'Élysée et l'épiscopat. Elle est d'ailleurs la seule avec son frère Robert, conseiller officieux en matière de commerce extérieur, à s'intéresser aux affaires de l'État. Si celui-ci prend très ponctuellement chaque mercredi matin son petit déjeuner avec son cadet, Geneviève Delachenal n'hésite pas à venir à l'Élysée pour entretenir le président de sujets qui lui tiennent à cœur, comme, par exemple, les conditions de vie dans les prisons.

Cette intimité entre eux remonte sans doute à leur petite enfance. Tous deux sont les favoris de leur grand-mère maternelle, Eugénie Faure, chez qui on les envoie régulièrement se refaire une santé. Et puis ils ont, enfants, un autre point commun : leur mysticisme. La « petite » Geneviève — elle est sa cadette de trois ans —, la dernière des filles Mitterrand, a hérité du comportement très chrétien de sa mère. Très tôt, elle milite à l'Action catholique et devient catéchiste.

De son côté, son frère, étudiant à Paris, lui écrit des lettres dans lesquelles il l'entretient de ses lectures religieuses, participe à la conférence de Saint-Vincent-de-Paul, assiste aux messes dominicales et aux processions de la Fête-Dieu à une époque où certains de ses camarades de faculté ne manquent aucune manifestation du Front populaire. Il admire également le dévouement de sa cadette qui, à seize ans, à la mort de leur mère, a repris la direction de la maison. Et, tout comme ses frères et sœurs, il se réjouit de son mariage avec Eugène Delachenal, un ami de Polytechnique de Robert. Un mariage très chrétien, souligne celui-ci. « Cette union s'accordait à la conception du mariage qui était celle de nos parents. Les deux fiancés partageaient le même idéal et la même ambition de transmettre à de larges cercles leur conviction profonde[5]. »

Mais, contrairement à son frère François qui a pris après guerre ses distances avec la religion de son enfance, Geneviève Delachenal est demeurée une chrétienne convaincue et militante. Avant que le président ne la fasse nommer au Conseil économique et social en 1985 (pour deux ans), elle a longtemps travaillé au groupe catholique Bayard-Presse.

Elle en était d'ailleurs la déléguée aux relations extérieures quand l'affaire de l'enseignement privé éclata en juillet 1984. Une première alerte avait été donnée en décembre 1982 avec l'annonce par Alain Savary, ministre de l'Éducation nationale, qu'un grand service laïc, public et unifié allait voir le jour. La sœur du président n'eut pas besoin d'intervenir : on apprit, le 2 janvier 1983, en direct de Latche, la résidence landaise des Mitterrand, que le dossier était enterré. Provisoirement, puisque Alain Savary remettait en chantier son projet au printemps. La hiérarchie catholique multiplie alors les pressions sur les députés sommés par le gouvernement d'en terminer au plus vite. Ceux-ci finissent, sous la pression notamment d'André Laignel et de Pierre Joxe, alors président du groupe socialiste à l'Assemblée, par se mettre d'accord début 1984 sur un projet de loi qui a pour effet, à terme, de nationaliser l'enseignement privé et donc les écoles catholiques.

C'était compter sans le puissant lobby familial. En effet, Geneviève Delachenal, qui n'avait d'ailleurs pas besoin d'être mandatée pour cela, exhorta son frère à plusieurs reprises à retirer cette loi « scélérate ». Le souvenir des bons pères d'Angoulême et l'évocation de l'éducation de ses propres fils, Gilbert et Jean-Christophe (successivement envoyés au cours Bossuet puis à l'école Alsacienne, école privée très demandée et fréquentée par les milieux les plus aisés), n'ont sûrement pas suffi, à eux seuls, à faire reculer François Mitterrand. La manifestation monstre de juin 1984 et les interventions publiques de l'épiscopat ont sans aucun doute contribué également à refroidir l'ardeur présidentielle. Mais les recommandations de Geneviève Delachenal, qui a maintenu un contact étroit tout au long des événements avec Mgr Lustiger, plaidant pour qu'on ne rallume pas l'ancestrale querelle entre laïcs et catholiques, n'ont, à l'évidence, pas laissé insensible l'ancien élève de Saint-Paul d'Angoulême.

Les groupies du président

Dans le courrier quotidiennement adressé à la présidence de la République, on trouve invariablement quelques lettres d'admiratrices exaltées, ni plus ni moins énamourées que celles qui se pressent autour des vedettes du show-biz. François Mitterrand, qui ne dédaigne pas lire attentivement quelques-unes de ces missives triées par ses secrétaires, s'en amuse. S'en flatte-t-il ? Il faut le croire puisqu'il n'est, paraît-il, pas totalement insensible à quelques-unes de ces lettres et qu'il demande à l'occasion à rencontrer leurs auteurs.

Ces admiratrices-là, dont l'entourage se gausse, sont pourtant bien plus discrètes que d'autres, franchement voyantes, celles-là, qui célèbrent les mérites de leur héros. L'hagiographie est parfois si excessive qu'on se demande si elle ne finit pas par desservir celui qu'elle est censée conforter.

Ainsi, Edmonde Charles-Roux, la veuve de Gaston Defferre, qui voulut mettre son talent littéraire de prix Goncourt au service du Prince, et commit en 1981 dans un numéro spécial du *Matin de Paris,* un portrait d'une rare outrance dans l'éloge : « Sous l'auvent noir des sourcils, écrit-elle, ce qui se fait jour est l'iris, couleur de châtaigne ou bien de café fort, et l'on serait tenté de qualifier ce regard d'indocile, qui se dérobe, et se dérobera toujours, au jeu moderne du clin d'œil aux médias. François Mitterrand ignore tranquillement les complicités trompeuses, les bourrades faussement amicales, l'amabilité stéréotypée, la gentillesse de commande. » Quant au présidentiel front, il paraît « assuré contre tout péril. C'est un édifice quelque peu encombrant, qu'il lui faut porter comme une couronne, sans ployer, comme un lieu de patience et de longue mémoire, un mur, support actif de ses rêveries, une sorte de place forte naturelle, dans laquelle vit tout ce à quoi il tient le plus : sa famille, son clan, son rayonnement face aux membres de son parti et cette capacité qu'il a, si rare, cette force d'amitié, solide comme le bronze ».

De son côté, l'écrivain Françoise Mallet-Jorris, active signataire de tous ses comités de soutien depuis 1974, n'hésite pas à le comparer à « Louis XI en plus beau, plus subtil, plus intelligent »... Quant à Hélène Parmelin, plus réaliste, elle souligne sa « courtoisie naturelle et peut-être aussi volontairement accentuée, un petit côté grand siècle »...

Beaucoup moins convenu, beaucoup plus surprenant est le cas de Marguerite Duras qui a su, elle, véritablement mettre en scène une ancienne amitié.

Fidèle, forcément fidèle, la célébrissime auteur de *L'Amant* n'est pas une banale groupie. Elle a sur toutes les autres admiratrices du président l'avantage de pouvoir remonter le temps avec lui. Ne se sont-ils pas connus dans les années 1935-1936 à la faculté de droit parisienne de la rue d'Assas ? Certes, « la petite Donnadieu », comme l'appelaient ses camarades (de son nom de jeune fille), un ravissant Tanagra, ne fréquentait pas la même bande d'amis que l'étudiant charentais Mitterrand. Encerclée de soupirants, dont le Bayonnais Jean Lagrelet, son fiancé du moment, et le Corse Robert Antelme, son futur mari, elle découvrait elle aussi la capitale, s'enivrant des mêmes spectacles que le pensionnaire des frères maristes, notamment ceux des Pitoëff au théâtre des Mathurins. « Nous avons vraiment connu Mitterrand au moment de la manifestation de soutien au professeur Jèze, qui s'était déclaré hostile à l'invasion de l'Éthiopie par l'Italie fasciste, explique Georges Beauchamp, également ami intime de Robert Antelme, décédé en 1990. François n'était pas très politisé, mais cette histoire l'avait révolté, et il nous a soutenus, nous les étudiants socialistes. »

Ce n'est pas cette fugitive rencontre qui a marqué François Mitterrand et Marguerite Duras, mais un épisode autrement douloureux. Ils se sont en effet retrouvés, par hasard en 1943, dans le même mouvement de Résistance que cornaquait « Morland ».

La « petite Donnadieu » traverse pourtant les premières années de la guerre en une sorte d'inconscience passive : employée au Cercle de la librairie, où elle gère la distribution de papier, contingenté par les Allemands, elle ne prend pas parti, davantage tenaillée par la passion de l'écriture. En 1943, elle publie son premier roman, *Les Imprudents,* sous l'identité de Marguerite Duras, du nom d'un village du Lot-et-Garonne. Mais son mari, Robert Antelme, employé comme rédacteur au ministère de l'Intérieur, l'a entraînée dans ces réunions clandestines où elle retrouve sous les traits de « Morland », leur chef, le jeune étudiant de la faculté de droit.

Seulement voilà, il y a un traître dans leur petit groupe (qui sera démasqué à la Libération) et, le 1er juin 1944, la Gestapo arrête plusieurs membres du réseau, dont Robert Antelme, qui est déporté à Dachau. A la suite d'un incroyable concours de circonstances, François Mitterrand, ayant été désigné pour accompagner le général américain Lewis pour l'ouverture de certains camps de concentration, retrouve par miracle son camarade Robert Antelme, à Dachau, dans une sorte de mouroir.

« D'un tas de ces corps apparemment inertes, une voix faible s'est élevée qui m'a appelé par mon prénom, a-t-il raconté à Marguerite Duras lors d'entretiens publiés par *L'Autre Journal* en 1986. On a cherché et, quand on a trouvé que c'était lui, on ne l'a pas reconnu (...). Méconnaissable... Méconnaissable... Je suis allé voir Lewis, je lui ai dit : " Il me faut ramener ce soir à Paris un des déportés. " On s'est concerté, on a discuté, comment enfreindre cette interdiction absolue ? Il y avait le typhus et personne ne pouvait sortir avant d'avoir été examiné par un médecin. Je suis rentré tout de suite à Paris, j'ai vu Mascolo, Benet, Beauchamp (tous amis d'Antelme). Nous avons fabriqué immédiatement, dans une imprimerie, des faux papiers identiques à ceux qui m'avaient permis de rentrer dans le camp et, munis de cela, Mascolo et Beauchamp ont pris une voiture et, à marche forcée, ils sont allés à Dachau (...). Ils l'ont habillé d'un uniforme de soldat américain pour donner le change et ils l'ont transporté comme un homme ivre. Personne ne les a arrêtés à la sortie. Ils l'ont enfourné dans la voiture, et de nouveau, à toute allure, direction Paris (...). Quand ils sont arrivés, j'étais avec vous dans l'escalier de votre immeuble. On était assis sur des marches face à l'entrée. Quand vous avez vu apparaître le petit cortège qui le portait, toujours méconnaissable, vous n'avez pas bougé, vous étiez totalement pétrifiée... et puis vous vous êtes sauvée. »

Il a fallu, quarante ans plus tard, en 1985, que l'écrivain retrouve dans ses armoires deux vieux carnets jaunis, un journal tenu dans ces moments-là, pour que resurgisse ce passé commun à l'écrivain et à l'homme politique. Dans les années d'immédiate d'après-guerre, Marguerite Duras qui se sépare de Robert Antelme, mais reste amie avec lui, évolue dans un milieu intellectuel proche du PC à des années-lumière des couloirs ministériels de la IVe que fréquente le talentueux ministre. Après la première candidature de François Mitterrand en 1965, qu'elle soutient publiquement, ils se revoient de loin en loin, mais sans jamais réellement évoquer, excepté une fois à Hyères, en compagnie d'une amie commune, l'actrice Bulle Ogier, ces années tragiques. Mais l'ancien ministre connaît tous les livres de la romancière, et, quand en 1985 paraît *La Douleur,* « récit d'une des choses les plus importantes de ma vie », dit-elle, il accepte la proposition de Michel Butel, rédacteur en chef de *L'Autre Journal,* de s'entretenir avec elle — de cette époque et d'autres sujets.

Entretiens étonnants réalisés entre juillet 1985 et avril 1986 entre deux « monstres sacrés ». A la fois émouvants par les souvenirs échangés et tout de même surréalistes dès que l'écrivain devise à bâtons rompus de l'actualité.

Évoquant pêle-mêle un crime raciste qui vient d'être jugé, « une petite fille qui a le chromosome de l'incendiaire » (*sic*), l'affaire Dreyfus, la hausse du prix de la morue qui a chassé les Portugais des bidonvilles (re-*sic*), le sous-marin *Richelieu* (en fait, il s'agit d'un porte-avions), la guerre des étoiles, le père du président, etc., Marguerite Duras n'hésite pas, dans un style très peu hagiographique, à interpeller son interlocuteur d'un ton abrupt. Ainsi, parlant du dernier air pur de la planète enfermé dans un musée, dans une bouteille scellée (!), elle lui lance, péremptoire, devant son air incrédule et ironique : « Je ne comprends pas comment vous pouvez ignorer des choses aussi importantes ! » De même quand François Mitterrand relance l'entretien sur les Gaulois, un de ses sujets favoris, la romancière s'énerve : « Vous allez recommencer avec les Gaulois ! D'ailleurs, pourquoi vous dites les Gaulois ? C'est les Celtes... »

Mais, visiblement, l'impertinence de sa contemporaine Marguerite réjouirait plutôt le président, accoutumé aux propos empesés et compassés de technocrates courtisans. Insensible aux réticences de certains de ses compagnons, qui persiflent sur ce retour de flamme durassien, opportunément médiatisé, il a, au contraire, resserré ses liens avec l'écrivain, et lui a demandé de poursuivre ses entretiens en vue d'une publication aux éditions Gallimard.

Si l'auteur de *L'Amant* ne peut que se réjouir d'avoir apporté son appui indéfectible à la cause mitterrandienne, celui de *Bonjour tristesse*, en revanche, semble éprouver une certaine amertume. A en croire Françoise Sagan, soutenir François Mitterrand ne serait pas une activité de tout repos !

Inquiétée à plusieurs reprises depuis le 10 mai 1981 pour usage de stupéfiants — ses derniers ennuis datent de janvier 1993 —, elle assure, excédée, que ses démêlés avec la justice proviennent de ses liens avec le président de la République.

« J'avais toujours refusé de voir le moindre rapport entre les élections de ce pays et mes propres démêlés avec la loi. Cela me semblait même de la paranoïa. Seulement, aujourd'hui, ce n'est pas la première fois que ma mise en cause intervient deux mois avant les élections ni que les médias s'y étendent, c'est la quatrième, s'insurge-t-elle dans *Le Monde* du 9 janvier 1993. Mon amitié et mon estime pour François Mitterrand ne se sont jamais transformées en fanatisme ni en intolérance. Je n'ai jamais moi-même hérité d'une de ces sinécures, fonctions, prébendes, passe-droits qui auraient pu léser quelqu'un (...). Je dirai même que depuis dix ans, entre les saisies, les amendes, les fouilles, les redressements fiscaux, les contrôles et les inculpations, je n'ai pas beaucoup profité de l'ère socialiste. Est-ce mon influence morale, mon exemple qui justifient l'entêtement de mes tourmenteurs ? Je rappellerai que, si j'ai admis connaître ces toxiques, je n'en ai jamais vanté les charmes — et encore moins prôné l'usage à qui que ce soit —, que j'ai même publiquement dénié les pouvoirs créatifs attribués par d'autres à la cocaïne et que, si j'ai revendiqué et revendique encore le droit de me détruire comme je l'entends, si je l'entends, ce n'est pas un exemple bien entraînant. »

Victime de sa notoriété (d'autres noms de vedettes du show-biz également impliquées ne sont pas sortis dans la presse), est-elle vraiment victime d'une « manœuvre politique », comme elle l'affirmait déjà en 1986, à la veille des législatives, et à nouveau en 1988, juste avant les présidentielles, en tenant peu ou prou les mêmes propos qu'en janvier 1993 ? A l'Élysée, en tout cas, où l'on a peu apprécié qu'elle se plaigne cette fois à mots couverts de ses amis socialistes, on se défend, expliquant que, bien au contraire, soucieux de protéger l'amie du président, ses conseillers ont veillé plusieurs fois à ce qu'elle ne soit pas inquiétée.

Mais Françoise Sagan n'est ni mesquine ni rancunière. « Tout cela ne fait que fortifier mes convictions », assurait-elle en 1988. Ces affaires-là n'ont pas brouillé l'amitié de la romancière et du président, « un invité charmant, toujours de bonne humeur, qui vient déjeuner chez moi tous les quatre-cinq mois[6] ».

L'époque est bel et bien révolue où elle se méfiait de lui, lui préférant même publiquement son vieil ennemi, le général de Gaulle, « un homme de gauche », pendant la campagne présidentielle de 1965. Dans *Paris Match,* elle se heurtait même à Marguerite Duras à l'occasion d'un étonnant dialogue :

Françoise Sagan : « Ça me paraît logique de voter pour de Gaulle. Le choix est net. Entre de Gaulle et Mitterrand, s'ils ont les mêmes pouvoirs, j'ai plus confiance dans l'esprit de gauche qu'en celui de Mitterrand... surtout pour sept ans. Je l'ai vu à la télévision, c'est grotesque. Il invoquait ses frères, ses sœurs. Pour un peu, on sentait qu'il aurait invoqué son origine aryenne... " Mon père, mon grand-père du même village... le terroir ", c'est dégoûtant... »

Marguerite Duras : « Et quand de Gaulle parle de Jeanne d'Arc ? »

Françoise Sagan : « Au moins, c'est de la folie, mais ce n'est pas dégoûtant. C'est cinglé, quoi... le discours de Mitterrand est paroissial... »

Marguerite Duras : « Quand toute la jeunesse française a pris violemment parti contre la guerre d'Algérie, il y avait à ce moment-là un militantisme vrai. »

Françoise Sagan : « A Paris, oui. C'était surtout une réaction contre les morts, les matraques, l'arbitraire. Mais de Gaulle a arrêté tout ça (...). Il y a une chose scandaleuse. Mitterrand a proposé 500 000 HLM de plus et s'est attaqué à de Gaulle sur un point précis : " Il y a trop de constructions chères et pas assez de HLM. " Quand on sait ce que sont les HLM, le bruit, la promiscuité, et que Mitterrand veut en donner encore plus au peuple... La gauche n'a pas le droit d'attaquer de Gaulle sur une politique où elle n'a pas fait mieux, car les HLM datent d'avant de Gaulle... Enfin, pour vous, de Gaulle, c'est le marchand de sable. Il a endormi la France et c'est fini. » (...)

Marguerite Duras : « Il en reste une montagne [de sable], qui va encore nous étouffer pendant sept ans. Nous sommes donc d'accord sur ce point. Mais vous verrez ce qui arrivera, ça je vous le prédis : si de Gaulle a encore les pleins pouvoirs pendant sept ans et s'il y a une opposition de gauche qui se forme, qui est embryonnaire, maintenant... vous verrez s'étaler l'anticonformisme, la réaction. »

Françoise Sagan : « A ce moment-là, nous ferons les barricades ensemble comme dans *Viva Maria...* Ce sera extrêmement drôle... »

Vision prémonitoire : elles se retrouveront côte à côte, non pas sur les barricades de Mai 68, mais sur les mêmes pétitions en faveur du candidat de la gauche unie, en 1974. « Je suis fatiguée de ne pouvoir ouvrir un journal depuis des années sans tomber sur un scandale financier immobilier ou autre, qui frappe toujours les petites gens et dont on ne trouve jamais les responsables », se plaint Sagan dans un vibrant plaidoyer intitulé « Coup de balai », que *Le Figaro* a imprudemment publié pendant la campagne présidentielle, au grand mécontentement de ses lecteurs. « Je suis fatiguée, poursuit-elle, d'entendre louer le brillant et la précision de notre ministre des Finances, M. Giscard d'Estaing (...). Je suis fatiguée de m'entendre menacer des communistes et des tanks russes qui franchissent sans doute gaiement l'Allemagne, l'Italie, la Suisse et la Belgique, et viendraient braquer leurs tourelles sur l'Arc de triomphe. »

Ce glissement progressif vers la gauche qu'elle a rejoint, dit-elle, « par instinct », depuis la fin des années 60 se confirme encore plus nettement lors d'une première rencontre avec François Mitterrand, en 1979. Elle tombe sous le charme, le trouve « génial » et se range définitivement sous sa bannière. De son côté, il apprécie la compagnie de cette femme anticonformiste que tous ses amis décrivent généreuse et lucide, et qui converse tranquillement avec lui dans le calme de son appartement comme l'aurait fait une de ces égéries littéraires du XIXe siècle. Pas plus que de Marguerite Duras d'ailleurs, il n'attend de Françoise Sagan qu'elle l'entraîne trop loin dans des conversations politiques. Et il y a même fort à parier qu'il apprécie davantage leur talent dans leurs écrits romanesques que dans leurs professions de foi politiques parfois exaltées.

Les fées musicales

En fredonnant à la fin des années 50 *L'Odeur des roses,* ou encore *Des roses pour Anna,* la chanteuse Michèle Arnaud, admiratrice éblouie d'un brillant politicien, ne se doutait guère que sa fleur préférée deviendrait l'emblème du parti socialiste. La mode n'est pas encore aux « comités de soutien », regroupant des artistes en tout genre. Mais, s'il en existait, nul doute qu'en cette sombre année 1959, celle de l'affaire de l'Observatoire, l'interprète de Brassens et de Gainsbourg en ferait partie. Alors que beaucoup de ses amis se détournent de celui que la droite suspecte d'avoir fomenté un « attentat bidon », elle demeure parmi les fidèles d'entre les fidèles. Cette intellectuelle issue d'une famille bourgeoise — elle a fait son droit, Sciences-po, et décroché une licence de philosophie — chante même à l'époque une chanson, dont se souviennent encore quelques vieux amis du président, qui parle d'un homme étrangement ressemblant au « beau François ».

Pourtant, la chanteuse, devenue en 1964 productrice de télévision (entre autres, de l'émission de variétés « Les raisins verts », réalisée par Jean-Christophe Averty), ne se manifestera jamais publiquement en sa faveur. Sans doute cette femme intelligente, cultivée et autoritaire, tient-elle farouchement à son indépendance dans une ORTF où les réussites sont vite jalousées. Comme on écrit en 1965 qu'elle et son nouveau mari, un haut responsable de la Banque de Suez, sont liés au couple Pompidou — ce qu'elle dément alors —, elle entend se débrouiller seule, sans attaches politiques, pour imposer ses idées d'émissions, dont la plupart restent attachées au souvenir de la « belle époque » de la télévision.

Bien que François Mitterrand prise davantage la compagnie des écrivains, il n'a jamais dédaigné celle des artistes. D'emblée, il a accepté leur présence lors de ses meetings de la campagne électorale de 1974. Cette année-là marque en effet un tournant dans la mobilisation des écrivains et des artistes en faveur du candidat de la gauche. « Du 10 au 17 mai, écrit Thierry Pfister, deux équipes comprenant des écrivains, des artistes, des chanteurs, sont parties sur les routes. Chaque équipe disposait d'un minibus et d'une sonorisation portative[7]. » Ces caravanes militantes, organisées par l'écrivain Bernard Pingaud, transportent ainsi, entre autres artistes, deux « fans » du candidat, Catherine Ribeiro et Catherine Sauvage. C'est d'ailleurs avec cette dernière qu'il se promenait dans les rues pendant l'effervescent mois de mai 68.

Dans les comités de soutien, aucune chanteuse « de gauche » ne lui fait défaut. Isabelle Aubret, qu'il aime aller applaudir à Bobino, Hélène Martin, Monique Morelli, Francesca Solleville, qui s'étaient déjà déclarées en sa faveur en 1965, lui sont toujours fidèles pour sa deuxième campagne présidentielle.

Lors de chaque meeting, une vedette le précède : à Nancy, c'est Juliette Gréco qui fait fredonner *Les Feuilles mortes* aux milliers de sympathisants. A Toulouse, Dalida chante sous la pluie dans le stade municipal face à une foule qui attend patiemment l'arrivée de l'avion du candidat.

Curieusement, la chanteuse à la voix langoureuse, qui a accepté de chanter *Gigi l'amoroso* et tant d'autres succès devant un public acquis au candidat de la gauche, ne veut pourtant pas qu'il soit dit qu'elle est une de ses plus fidèles groupies. A preuve : elle demande en référé le 7 mai 1974 la saisie du précédent numéro de *Paris Match.* Le journaliste Jean Cau l'a épinglée assez méchamment tout en lui reprochant d'être parmi les signataires du manifeste des artistes et des intellectuels en faveur de François Mitterrand.

L'avocat de Dalida explique alors que la vie privée de sa cliente est mise en cause du fait qu'elle n'a nullement signé ce manifeste. C'est d'ailleurs la stricte vérité mais, en revanche, ses sentiments pour Mitterrand sont connus : ils se sont rencontrés à Marseille en 1971 où le premier tenait meeting et la seconde chantait en tournée. Elle a assisté le dimanche 8 octobre 1972 à Château-Chinon à la célébration des vingt ans de vie parlementaire du Premier secrétaire du PS en compagnie d'une foule d'amis. Elle a même, pour le plus grand plaisir des Morvandiaux, poussé la chansonnette, et ses couplets sirupeux ont eu, contrairement à ce qu'en pense Mitterrand, beaucoup plus de succès, assurent des témoins de la fête, que les mélopées grecques de Mikis Theodorakis, le chanteur officiel, à l'époque, du PS.

Dalida redoute-t-elle qu'un label de « chanteuse de gauche » ne vienne brouiller son immense popularité auprès du grand public ? Elle n'ira toutefois pas jusqu'au bout de sa vindicte et renonce à la saisie de l'hebdomadaire. Ironie du sort : le conseil juridique de *Paris Match* auquel s'en prend Dalida est Robert Badinter, l'ami de François Mitterrand ! Concédant qu'« il ne peut approuver les termes acerbes et venimeux de l'article réactionnaire litigieux », il réussit toutefois à calmer la partie adverse.

Lors de la campagne de mai 1981, la chanteuse de *Bambino* passe enfin aux aveux : elle prend clairement position pour François Mitterrand. « Moi, explique-t-elle dans *Le Matin de Paris,* à son parolier Pascal Sevran, autre fidèle du Premier secrétaire, je vote pour un homme que je connais et dont j'apprécie la sagesse intérieure et les qualités humaines et intellectuelles. Un homme au-dessus de tout soupçon, qui inspire de l'admiration au plus grand nombre d'écrivains, de philosophes et de savants du monde entier. » C'est donc sans ambiguïté, cette fois, qu'elle « ouvre » à Lille le grand meeting du candidat socialiste.

Celui-ci est ravi de ce soutien affiché : si seulement les nombreux admirateurs de la pulpeuse artiste pouvaient suivre ses conseils politiques ! Et puis lui n'a jamais boudé, comme certains de ses amis « intellos », cette chanteuse populaire, tellement avide de se cultiver et qui avoue être « à la recherche d'un père ».

Au lendemain de l'élection du nouveau président, elle est au premier rang, lors de la cérémonie du Panthéon, au coude à coude avec Gaston Defferre. Pourtant, l'arrivée de la gauche ne lui porte pas chance. La « fée musicale » du nouveau président, pourtant un de ses meilleurs relais populaires, se lamente d'être moins sollicitée qu'hier à la télévision. La place serait prise par les « intellectuelles » de la chanson française. Un comble ! « Pleins feux sur Catherine Ribeiro. Exit Dalida », écrit son ami Jean-François Josselin dans *Le Nouvel Observateur*.

Pauvre Bambina ! Le fait est que l'arrivée de la gauche ne lui profite guère. Elle n'en tient pourtant pas rancune à François Mitterrand, qu'elle décrit avec une passion intacte comme « un être merveilleux, toujours disponible, que ses fonctions n'ont pas changé ». En revanche, elle discerne assez vite autour de lui « ceux qui veulent bien être en cour et font du zèle ». Il faudra d'ailleurs toute la diplomatie de Pascal Sevran, producteur de « La chance aux chansons », émission de variétés rétro, pour la réconcilier, début 1985, avec Jack Lang. Trop tard. La chanteuse, « généreuse et malheureuse » selon François Mitterrand, de tempérament dépressif (elle se suicidera en mai 1987), ne s'intéresse plus du tout à la politique. Convaincue, assure-t-elle alors, que son seul parti, c'est le public.

Rebelles

Militantes bienveillantes, écrivains hagiographes, chanteuses reconverties en groupies : n'y aurait-il donc que des inconditionnelles dans « la famille Tonton » ? « Béni des femmes », François Mitterrand paraît en effet entouré de « bonnes fées » qui ne demandent qu'à se dévouer pour lui. Témoin cette catégorie singulière d'épouses du « clan » qui s'ingénient à lui épargner les petits soucis quotidiens.

Ainsi l'infatigable et vibrionnante Monique Lang, épouse admirative de « Djack », maîtresse de maison accueillante aux artistes qui désirent rencontrer le président, ne méprise pas à l'occasion des tâches plus triviales. Ne l'a-t-on pas vue en 1989 faire les courses du président, mandatée au Vieux Campeur, rue des Écoles à Paris, pour acheter une paire de brodequins neufs, nécessaire à la rituelle escalade de Pentecôte de la roche de Solutré ! *Le Point* (n° 1029, 6 juin 1992), qui rapporte l'anecdote, souligne que « par trois fois le pied présidentiel repoussa les prétendantes ». Mais c'était méconnaître l'obstinée Monique : expédiant au fabricant les vieux godillots préférés du président, elle réussit à obtenir la même paire alors que la machine était depuis longtemps au clou. Celle-ci fut restaurée, on rappela les ouvriers qui étaient à la retraite et qui savaient s'en servir. Dame, il n'était pas question pour Monique Lang de faillir à sa réputation d'organisatrice hors pair !

Plus discrète, l'écrivain Élisabeth Badinter sait elle aussi rendre service quand il le faut. Ne s'est-elle pas entremise discrètement auprès d'un prestigieux lycée parisien pour y faire admettre la fille d'une amie de Mitterrand ? Celui-ci lui sait d'ailleurs gré, à elle et à son mari Robert, président du

Conseil constitutionnel, de l'accompagner en famille pendant les week-ends dans quelque escapade improvisée. Tout aussi réservée, Laurence Soudet, une femme vive et chaleureuse, peut néanmoins se vanter — ce n'est toutefois pas son genre — d'être « la mémoire du président ». Veuve de Pierre Soudet, un conseiller d'État proche de Mendès France et de Mitterrand, cette ancienne libraire joue un rôle clé dans la vie du chef de l'État.

Si l'on regarde attentivement la photo de la conférence de presse d'octobre 1965 donnée par François Mitterrand à l'hôtel Lutétia, pour annoncer sa candidature à la présidence, on aperçoit dans l'ombre portée du candidat une silhouette menue et effacée. L'indispensable Laurence est déjà présente. Elle travaille, depuis 1954, avec Pierre Mendès France. Le leader du parti radical l'a recrutée jeune étudiante à Sciences-po pour répondre à son courrier. Assez vite, elle dirige la revue mendésiste *Les Cahiers de la République* et, tout naturellement, au moment de la campagne de 1965, elle met la petite équipe de rédaction au service du candidat Mitterrand. En 1967, celui-ci lui demande d'être candidate aux législatives, mais elle refuse obstinément.

Jamais elle ne se met en avant. Femme des missions de confiance — pendant la campagne de 1965, elle participe aux « quêtes » électorales, avec André Rousselet et Georges Dayan —, elle pioche dans le réseau des abonnés des *Cahiers de la République* (dix mille environ), contacte des intellectuels, des industriels, des journalistes, qui vont tisser autant de liens avec le futur leader de la gauche. Connaissant à merveille le monde de la haute fonction publique, franche, conviviale et pas sectaire, elle sera précieuse après 1981 pour orienter des nominations, faciliter les relations avec les parlementaires ou répondre aux interventions. Officiellement chargée à l'Élysée des relations avec l'édition — et notamment de gérer les écrits politiques de Mitterrand —, elle est bien plus que cela. Recours pour les rocardiens et les centristes en quête d'une médiatrice, exégète de la pensée mitterrandienne, elle est aussi intendante des affaires privées du président, gérant, par exemple, une de ses maisons de vacances, à Gordes, une bergerie achetée il y a fort longtemps et reconvertie en société civile immobilière. Cette incontournable bonne fée est également une adepte du « parler vrai ». Néanmoins fidèle envers et contre tout, elle n'est sûrement pas prête à rejoindre le camp iconoclaste des « déçues du président ».

Les rebelles, certes, sont rares, mais il en existe tout de même. Parmi... les épouses de ses amis et néanmoins rivaux. Celles-là n'ont pas oublié ni pardonné soit ses volte-face idéologiques, soit un affront plus personnel infligé à leur mari.

La plus discrète de ces femmes réfractaires au charme de François Mitterrand est sans doute l'épouse d'Alain Savary, ancien ministre de l'Éducation nationale, lâché par le président après l'affaire de l'école privée et moralement contraint de démissionner. Elle sait combien son mari a été affecté par cette disgrâce. Pas plus qu'elle n'ignore le contentieux qui a persisté entre les deux hommes depuis le jour où l'ancien membre du PSU a refusé avec plus de véhémence que d'autres l'adhésion au PSU du futur leader de la gauche. Elle a également suivi, par procuration, toutes les péripéties du congrès d'Épinay en 1971 où son conjoint s'est fait littéralement souffler la tête du « nouveau parti socialiste » qu'il avait pourtant puissamment contribué à fonder à la place de l'ancienne SFIO. Comptable minutieuse de ces blessures à répétition, elle n'a rien oublié. Et si, à la mort de son mari en 1988, elle ne peut interdire au président de la République d'assister à ses obsèques, ses proches savent combien cette présence lui pèse.

La réprobation muette n'était pas, en revanche, dans le style de Michèle Rocard. Douée d'un solide sens politique et d'une grande rigueur intellectuelle, elle ne modérait guère ses critiques, quand elle partageait la vie de Michel Rocard, à l'égard d'un homme politique qu'elle jugeait trop accommodant avec les principes socialistes.

Directe et sans détour, intransigeante, Marie-Claire Mendès France n'a pas la mémoire qui flanche dès qu'il s'agit d'évoquer les relations mouvementées de François Mitterrand et du très populaire Pierre Mendès France, PMF pour ses amis. Dans son livre de Mémoires, *L'Esprit de liberté,* elle évoque « ce coup de Jarnac » porté par le premier au second en mai 1968. Annonçant spectaculairement sa candidature aux élections présidentielles, Mitterrand propose alors PMF comme Premier ministre... sans le prévenir. Vingt-cinq ans après, Marie-Claire Mendès France raconte cette « folie » comme si c'était hier. Mais la fêlure la plus grave à ses yeux s'est visiblement produite au lendemain de mai 1981.

L'ancien président du Conseil sait depuis 1972, alors qu'il est hospitalisé quelque temps pour un accident neurologique, qu'il n'exercera plus le pouvoir. Mais, quand la gauche remporte l'élection présidentielle, il espère tout de même secrètement qu'on viendra quérir ses conseils. Or, il n'en est rien. Il assiste en spectateur impuissant aux débuts chaotiques de cette prise de pouvoir dangereusement euphorisante, particulièrement dans le domaine économique. Mais jamais il n'évoquera devant quiconque son amertume d'être ainsi mis à l'écart.

Après sa mort, le 18 octobre 1982, François Mitterrand réconforte son épouse Marie-Claire :

« Sachez que vous ne serez pas seule, lui dit-il. Vous viendrez souvent dîner chez nous.

— Merci, monsieur le Président, lui répond-elle sans se démonter, mais cela ne sera pas possible. Vous n'avez pas trouvé le temps de voir Pierre Mendès France en particulier une seule fois depuis mai 1981.

— Comment, rétorque-t-il, il avait des choses à me dire ?

— Bien sûr, monsieur le Président.

— Vous auriez dû me prévenir !

— Ce n'était pas à moi de le faire [8]. »

Depuis ce dialogue sans concession, le président de la République a inauguré l'Institut Pierre-Mendès-France, est allé rendre visite à l'intraitable Marie-Claire dans sa propriété du Gard et l'a invitée à participer à un voyage officiel en Tunisie (où elle lui a d'ailleurs quasiment volé la vedette tant le souvenir de Mendès y est resté vivace).

Mais celle-ci n'est toujours pas prête pour autant à rendre les armes. « L'arrivée de la gauche au pouvoir après vingt-trois ans d'opposition fut un jour de gloire et d'espérance, écrit-elle en conclusion de son livre. Aujourd'hui, il est clair que, malgré d'importants acquis, la gauche aurait pu mieux faire, notamment dans le domaine de l'éducation, du chômage, du logement, des naturalisations. D'un gouvernement socialiste, on était en droit d'attendre une réduction des inégalités sociales. Il n'en a rien été, au contraire. » Le constat de cette militante fidèle à ses convictions n'a sans doute guère ébranlé François Mitterrand. Mais sa franchise lui aura certainement plu : son entourage n'assure-t-il pas qu'il apprécie les femmes qui lui tiennent tête ?

4.

LES FEMMES VOTENT AUSSI !

« Pardonnez-moi, chère amie, nous allons parler de choses ennuyeuses. » L'écrivain et « chère amie », Benoîte Groult, se remémore, amusée, l'époque où François Mitterrand s'excusait de parler politique devant les dames. Né à la politique dans les années 30 en un temps où les femmes n'avaient pas le droit de vote, il traverse la IVe République parfaitement indifférent à la participation du « sexe faible » à la vie publique. Il trouve, paraît-il, même incongru qu'une femme puisse se passionner pour cela. « Mais pourquoi, demande-t-il alors à ses amis, une personne aussi jolie et aussi sympathique que Gisèle Halimi tient-elle tant à parler de politique ? »

L'avocate est apparemment une énigme pour lui. Il la connaît depuis ce jour d'automne 1956 où elle est venue l'entretenir du recours en grâce d'Algériens condamnés à mort. Farouche militante de l'indépendance algérienne, elle assure, dans cette période troublée, la défense de plusieurs nationalistes algériens. Garde des Sceaux, François Mitterrand intervient seulement dans ces recours en grâce à titre consultatif, mais son avis pèse lourd dans la balance. Me Halimi se retrouve donc dans le bureau ministériel dont les fenêtres donnent sur la place Vendôme. « Il se fait tout velours. Le regard, la voix, le geste. Chez lui, la séduction naît de la volonté de séduire. Et d'une intelligence étonnante par l'impression d'harmonie, de cohérence tranquille. Un homme comme lui ne peut se résigner à envoyer à la guillotine des patriotes, fussent-ils algériens[1]. »

Voilà ce que pense tout bas la jeune avocate, intimidée par ce ministre qui ne prend pas de notes et ne pose pas de questions sur les dossiers qu'elle est venue défendre, mais qui l'interroge sur Tunis, sa ville d'origine, sur ses études, sur ce choix professionnel et militant qui l'amène à fréquenter les tribunaux d'exception. Obstinée, elle plaide pour ses clients, pour une Algérie indépendante...

Le ministre, lui, si soucieux des aspirations personnelles de son interlocutrice, semble plus lointain dès qu'elle s'inquiète de l'engrenage de la guerre. Il promet d'étudier le dossier, de la revoir. Il la revoit donc. Sans résultat pour ses protégés qui seront exécutés. Mais, avec le temps, ils deviennent amis.

Elle découvre, dit-elle, un homme efficace, discret et fidèle. Ainsi, le 5 février 1957, arrivant au petit matin de Rome où elle vient de rencontrer Mohammed V, le roi du Maroc, pour l'informer des projets de Messali Hadj, le fondateur du Mouvement des nationalistes algériens, elle est contrainte de s'aliter. Elle n'a pas supporté la dépressurisation de l'avion et risque la phlébite.

Catastrophe : ses enfants doivent arriver de Tunis le lendemain. « Sonnerie du téléphone. Le fil très long m'avait permis de le déposer sur le parquet, près de moi. François Mitterrand : “ Comment allez-vous ? ” Voix enjôleuse des grands jours. Je ne m'y attarde pas. Je vais mal. Je craque. Je suis seule, mes enfants à Orly demain, mes jambes monstrueuses. Peut-être ai-je même pleurniché dans l'appareil. J'oublie mes dossiers, le ministre, les missions... “ Ne vous inquiétez pas, je vais arranger tout ça. ” Très calme, Mitterrand me demande les noms de mes fils, le numéro du vol. Il doit noter mes réponses, puisque je ne l'entends plus au bout du fil. “ Mon chauffeur ira les prendre à Orly, je téléphonerai demain pour avoir de vos nouvelles[2]. ” »

L'ami et l'homme politique se côtoient mais ne se mélangent pas. Le premier est toujours prêt à rendre service à la mère de famille désemparée mais le second éprouve encore une sourde réticence à ferrailler avec la pasionaria de l'indépendance algérienne. « C'est un misogyne », assure-t-elle avec véhémence aujourd'hui. Il oubliera pourtant ses préventions, dix ans plus tard, en 1967, en la parrainant pour les législatives. Dans une circonscription perdue d'avance, il est vrai...

Mais, sous la IVe République, il n'a pas encore pris, loin de là, l'habitude de travailler avec des femmes. Il n'est pas non plus une exception, et il reflète, somme toute assez bien, un certain machisme ambiant. Après tout, des sociologues d'un autre âge ne se demandent-ils pas alors avec gravité si les femmes qui s'intéressent à la politique ne seraient pas, par hasard, des « frustrées sexuelles » ? Peu d'élues influent sur la vie politique de la IVe, même si de Gaulle a accordé le droit de vote aux femmes le 21 avril 1944, avec la bénédiction des communistes, et si tous les partis s'obligent en 1945 à réserver des places à quelques femmes, issues de la Résistance de préférence.

Le PC, avec 20 % de candidates aux législatives de novembre 1946, est le plus généreux, les deux autres poids lourds, la SFIO et le MRP, se contentant respectivement de 9 et 13 %. Le Rassemblement des gauches républicaines, coalition électorale hétéroclite sous le label duquel François Mitterrand est élu cette année-là, présente seulement vingt-neuf candidates dont aucune n'a de chances d'être élue.

En 1951, l'UDSR, sa nouvelle bannière, n'est guère plus féministe — huit candidates, aucune élue — tandis qu'en 1956 une seule candidate, non élue bien sûr, a survécu à l'épreuve des investitures. En fait, l'UDSR est un petit parti, et, cette année-là, six députés métropolitains seulement siègent sous cette étiquette au Palais-Bourbon... Les places étant plus chères qu'ailleurs, la cause est perdue d'avance, même pour des candidates kamikazes.

Pourtant, l'UDSR compte une femme d'influence, mais elle n'a guère de sympathie pour François Mitterrand. En effet, Jeanne Sicard, inconnue des Français mais collaboratrice très écoutée de René Pleven, président de ce parti charnière qui fait et défait les ministères de la IVe, s'est, d'emblée, méfiée de l'ambitieux député. Cette brillante agrégée de lettres (elle a été reçue deuxième en 1941), native d'Oran, amie d'Albert Camus, a été recrutée par René Pleven en 1943 à Alger.

Tous les parlementaires connaissent l'influence décisive de cette jeune célibataire à l'allure austère qu'ils ont surnommée affectueusement « Plevenskaïa ». A Matignon, en 1950, promue chef de cabinet, elle occupe un bureau voisin de celui du nouveau président du Conseil, et la porte de communication est toujours ouverte. Le 4 février 1951, le journal américain *Sunday News* consacre un très long article à « The most powerful woman in France », venue préparer la rencontre de son patron avec le président Truman.

René Pleven, qui l'appelle avec déférence « Mademoiselle Sicard », reconnaît avec franchise que cette précieuse collaboratrice (accidentellement décédée en 1962) lui était devenue indispensable. « Elle avait une culture extraordinaire, rédigeait admirablement bien. Nous discutions souvent : quand Vincent Auriol m'a demandé de me présenter devant l'Assemblée, elle m'a encouragé. " Il faut accepter, me disait-elle, je vais vous aider à rédiger votre déclaration ministérielle. " De la même manière, elle m'a aidé à organiser la Fédération de l'UDSR[3]. »

En revanche, elle ne réussit pas à enrayer l'irrésistible ascension que le « beau François » est en train de réaliser dans le parti. En l'écartant de son gouvernement en août 1951, René Pleven et, avec lui, Jeanne Sicard croient affaiblir son influence grandissante au sein de l'UDSR. Ils se trompent. Et il ne leur reste qu'à remâcher ensemble leur amertume quand François Mitterrand prend le pouvoir au sein du petit parti en 1953, limitant du coup les responsabilités du premier et l'influence de la seconde.

Dans sa conquête de l'UDSR — qui préfigure la manière dont il s'y prendra au parti socialiste —, Mitterrand s'appuie largement sur ses réseaux d'anciens prisonniers de guerre sur lesquels il a soigneusement veillé lors de son passage au ministère des Anciens Combattants en leur accordant de substantiels avantages. Or, pour des raisons évidentes, ces réseaux ne comptent pas de femmes. Il puise ses collaborateurs dans un vivier familial et amical exclusivement masculin. Mais cela n'a rien d'extraordinaire pour l'époque : dans les cabinets ministériels, on compte sur les doigts de la main les femmes qui s'y activent : outre Jeanne Sicard auprès de René Pleven, Marie-Josèphe Pontillon chez Guy Mollet, Yvonne Théobald-Paoli aux côtés des ministres socialistes Le Troquer, Tixier et Depreux.

Encore plus exclusif, le Conseil des ministres est un club quasiment fermé aux femmes. Trois étoiles filantes — la socialiste Andrée Viennot, sous-secrétaire d'État à la Jeunesse et aux Sports, la MRP Germaine Poinso-Chapuis, ministre de la Santé publique, et la radicale Jacqueline Thome-Patenôtre, sous-secrétaire d'État à la Reconstruction et au Logement — y feront un stage éphémère qui n'excédera jamais huit mois ! A titre de comparaison, leur collègue Mitterrand testera, lui, douze ministères en onze ans.

Les femmes répugnent, de surcroît, à se présenter au concours de l'École nationale d'administration, qui, peu à peu, deviendra la nouvelle agence de l'emploi du personnel politique. Bien que Michel Debré, son fondateur, ait d'emblée ouvert l'ENA aux femmes, en dépit de l'hostilité de l'administration, aucune ne se présente au concours d'entrée de la première promotion (France combattante 1946-1947).

Il est vrai que, lorsqu'elles se hasardent dans ce club très fermé de l'aristocratie administrative, on les décourage. Exemple : l'inspection des Finances ne les a admises qu'en 1975.

Dans ce contexte, François Mitterrand s'aligne sur le plus petit dénominateur commun du « machisme » ordinaire. Certaines, à l'époque, le suspectent même de penser comme le général de Gaulle que « toutes les femmes qui font de la politique sont des dindes ». Dans les années 50, « le beau François » ne saisit pas vraiment l'enjeu que représentent les électrices. Mais il est vrai que, sous la IVe République, on n'élit pas encore le chef de l'État au suffrage universel.

Il est d'ailleurs franchement hostile à ce mode d'élection, contrairement au général de Gaulle qui propose en 1962 aux Français de trancher cette question par référendum. La réponse est positive. Et elle sert de déclic, en dépit de ses réticences, au futur président de la République. « Depuis 1962, écrit-il dans *Ma part de vérité,* c'est-à-dire depuis qu'il a été décidé que l'élection du président aurait lieu au suffrage universel, j'ai su que je serais candidat. Quand ? Comment ? Je ne pouvais le prévoir, j'étais seul. Je ne disposais de l'appui ni d'un parti, ni d'une Église, ni d'une contre-Église, ni d'un journal, ni d'un courant d'opinion. Je n'avais pas d'argent et je n'avais pas à en attendre des sources de distribution aussi classiques que discrètes que tout le monde connaît... Autant de raisons pour ne pas être candidat. A moins que ce ne fussent autant de raisons de l'être. »

Dans cette stratégie présidentielle, les femmes, électrices à part entière au même titre que les hommes, représentent une cible qu'il faut ménager. Les exemples étrangers sont là pour le lui prouver. En Amérique, n'ont-elles pas contribué à l'élection du séduisant, pugnace et charismatique John Kennedy ? En Allemagne, ce sont elles, également, qui ont assuré en partie le succès du massif chancelier Erhard. Et si le PC italien a gagné un million de voix, c'est bien parce que les électrices se sont senties dédouanées par l'encyclique de Jean XXIII sur le dialogue avec les marxistes. En France, le PC, au contraire, fait grise mine, persuadé que de Gaulle, qui a « donné » le droit de vote aux femmes, va récolter leurs voix.

Ce pressentiment est conforté, en cette année 1965, par les sondages qui précèdent l'élection présidentielle. Sur cent femmes interviewées, quarante-cinq se déclarent prêtes à voter pour l'homme de la « France libre », tandis que seulement neuf penchent pour Mitterrand qui se présente comme « le candidat des républicains »... Leurs autres voix se répartissent entre le centriste Jean Lecanuet, l'indépendant Pierre Marcilhacy et l'avocat d'extrême droite Jean-Louis Tixier-Vignancour. Et puis il y a celles qui hésitent encore, attendent de juger sur pièces.

« La majorité soutient le mari-président contre l'amant-candidat qui cherche à se glisser dans la place, commente Henri Marque dans *Le Nouveau Candide* du 18 octobre 1965. Willy Brandt (battu par Erhard) avait de la séduction, mais il était enfant naturel et, surtout, son programme n'avait pas du tout la caution rassurante du miracle économique signé par le Chancelier. L'opposition, pour beaucoup d'électrices, c'est un peu l'escapade du cinq à sept. L'heure du choix venu, on rentre à la maison. »

Touché par la « grâce » féministe ?

Mitterrand, l'opposant acharné du Général, serait-il cet « amant-candidat de cinq à sept » ? Comment atténuer ce côté inquiétant du personnage et trouver une parade ? D'emblée, il se positionne comme le candidat le plus féministe. Calcul opportuniste ? « Ce qui l'anime à ce moment-là, analyse la journaliste Kathleen Evin, c'est autant un calcul politique qu'un sentiment d'injustice vis-à-vis de la condition faite alors aux femmes. »

En effet, au moment où s'ouvre la campagne électorale, la femme doit encore demander l'autorisation de son mari pour exercer une profession. Et ce n'est que depuis le 13 juillet 1965, après de longues discussions et de nombreux sondages d'opinion, qu'une loi accorde aux femmes, dans le cadre du nouveau régime matrimonial de la communauté réduite aux acquêts, le droit d'administrer leurs biens propres. De même, elles viennent tout juste d'obtenir de passer seules tout contrat qui concerne l'entretien du ménage et d'ouvrir un compte bancaire personnel. Mais les épouses-mères de famille ne sont toujours pas « émancipées », puisque seul le chef de famille détient l'autorité sur les enfants mineurs. Qu'il s'agisse de signer une décharge pour une intervention chirurgicale, un formulaire pour une demande de bourse ou une autorisation pour un voyage à l'étranger, seul l'imprimatur paternel a de la valeur.

Si, en matière scolaire, les filles ont les mêmes droits que les garçons, dans les faits, la discrimination est flagrante : on inscrit encore les filles au CAP de « couture floue », sans avenir, ou dans d'autres secteurs encombrés, non qualifiés, dans lesquels toute perspective de promotion est illusoire.

Comment les femmes pourraient-elles faire aboutir leurs revendications ? La brèche qui s'était entrouverte dans le milieu politique à la Libération s'est brutalement refermée au début de la Ve République en 1958. Comme le nouveau régime gaulliste recrute en priorité le personnel politique dans les grands corps et les grandes écoles, les femmes sont ultra-minoritaires. De plus, l'instauration en 1956 du scrutin uninominal majoritaire pour l'élection des députés entraîne une baisse considérable des candidatures féminines (elles chutent de 10 % à 2 %). Personnalisées à l'extrême, les législatives consacrent désormais les notabilités investies par des apparatchiks profondément « machos ».

Marginalisées au Palais-Bourbon, les femmes le sont également en Conseil des ministres. Une seule femme est nommée, au titre, modeste, de secrétaire d'État, pendant tout le premier septennat gaullien : la député d'Alger, Nafissa Sid-Cara, chargée des questions sociales en Algérie, rattachée de 1959 à 1962 aux services du Premier ministre Michel Debré.

Le futur candidat de la gauche est-il convaincu de la réalité de ces injustices ? Il semble en tout cas avoir parfaitement mesuré l'enjeu que représente le vote des femmes. Plaidant, en février 1965 — huit mois avant qu'il ne se déclare —, pour le regroupement des partis républicains en vue de l'échéance présidentielle devant le comité féminin d'Horizon 80, club de gauche fondé à l'origine pour soutenir la candidature de Gaston Defferre, il précise au passage que « la remise en question du statut de la femme constitue peut-être aujourd'hui le seul sujet authentiquement révolutionnaire... »

Bien sûr, derrière cette soudaine prise de conscience, il y a une femme, rencontrée dans un de ces clubs informels qui ont essaimé à gauche après 1956. Communiant dans le même antigaullisme primaire, ils rejettent en bloc les « combinards » de la SFIO et phosphorent sur les nouvelles attentes de la société.

Marie-Thérèse Eyquem, de trois ans son aînée, est la conscience féministe de ces clubs qui se cherchent un avenir et un leader. Celui qu'elle préside, le Mouvement démocratique féminin (MDF), un laboratoire d'idées encore confidentiel, insiste sur la nécessité pour les femmes d'être plus engagées dans l'action politique. Celles qui l'entourent sont pour la plupart des intellectuelles : l'écrivain Colette Audry, les avocates Colette Piat et Gisèle Halimi, la sociologue Évelyne Sullerot, Yvette Roudy, qui fait là ses premières armes de militante tout en traduisant la féministe américaine Betty Friedman...

La présidente du MDF, inspectrice générale de la Jeunesse et des Sports, au franc-parler, à la petite silhouette ronde et chaleureuse, cheveux rasés court, cigarillo aux lèvres, ne passe pas inaperçue. Bien qu'elle soit, physiquement et intellectuellement, à des années-lumière des jeunes femmes fort attrayantes qui papillonnent autour de l'ancien ministre, elle va se découvrir de véritables affinités électives avec lui. Affinités fondées sur des racines communes, une admiration dévouée de la part de la militante féministe, et une curiosité tout à la fois affectueuse et intéressée (elle lui apporte aussi ses contacts de catholique de gauche) de la part du candidat qui va affronter bientôt sa première campagne présidentielle.

Provinciaux tous les deux, ils ont baigné tout au long de leur jeunesse dans la même atmosphère mystique. Si l'étudiant Mitterrand milite à la conférence de Saint-Vincent-de-Paul, la sportive Marie-Thérèse Eyquem n'est pas en reste. A vingt-cinq ans, elle est secrétaire générale du Rayon sportif féminin, une association catholique qui regroupe 80 000 membres, dont Jeanne d'Arc est la « sainte patronne » et le président d'honneur Mgr Beaussart. Politiquement, ils ne sont finalement pas très différents l'un de l'autre. Quand la guerre éclate, ils font, sans se connaître, peu ou prou le même diagnostic sur la responsabilité qui incombe aux dirigeants de la IIIe République.

En juillet 1941, Marie-Thérèse Eyquem adresse l'éditorial de son bulletin mensuel « à la jeunesse », celle de la « régénération ». « Elle a souffert dans sa chair et dans sa fierté, écrit-elle. Elle qui a été mal conduite et qui paie des erreurs et des crimes qu'elle n'a pas commis. Ayons confiance en elle : elle est enfin amoureuse de sa patrie. » De son côté, le prisonnier Mitterrand exprime un thème voisin, celui de l'expiation des fautes commises par le régime précédent. « Si nous avons reçu la tâche amère de représenter devant l'Histoire la génération prodigue des biens et des trésors de siècles fastueux, lit-on dans *L'Éphémère* du 15 novembre 1941, un journal de prisonniers, qu'au moins notre patrie blessée qui souffre, et qui, malgré sa peine et ses angoisses, refuse de mourir, puisse compter sur le soutien de ses fils exilés. »

Si François Mitterrand défend des valeurs pétainistes par conformisme avec son milieu bourgeois d'origine, Marie-Thérèse Eyquem accepte de travailler avec Jean Borotra, le premier commissaire général à l'Éducation sportive nommé par le maréchal Pétain, par mimétisme avec un milieu catholique massivement acquis aux idées de la « Révolution nationale ». Son embauche s'est faite on ne peut plus simplement : parmi les rapports qui ont atterri sur le bureau de Jean Borotra dès sa nomination, un dossier a attiré son attention. « C'est ainsi qu'une jeune fille de France fut appelée au ministère pour servir son pays », écrit Paule Hutzler dans *Votre Beauté* de juillet 1941. Clin d'œil de l'histoire : c'est de ce même journal, le seul magazine consacré à la beauté des femmes à reparaître en zone nord en novembre 1940, financé par Eugène Schueller, fondateur de la société L'Oréal et sympathisant de la Cagoule, mouvement d'extrême droite d'avant-guerre, que François Mitterrand sera le directeur entre 1945 et 1947.

« Dès mon arrivée, rue de Tilsit, confie Marie-Thérèse Eyquem à la journaliste de *Votre Beauté,* j'ai constaté le manque de contact entre toutes les organisations féminines, le besoin d'initier les cadres inexistants à une doctrine unique, à une méthode nationale d'éducation générale (...), rien ou à peu près n'avait été fait officiellement pour la jeunesse féminine de France appelée à devenir une des causes principales de la régénération de notre race (...). Notre tâche est immense, nous aurons pour nous aider à la remplir l'amour de notre pays, la collaboration intelligente et désintéressée de tous les dirigeants, la foi en notre action, l'appui de notre jeune chef Jean Borotra, la confiance exaltante du maréchal Pétain. »

Cette « tâche immense » va pourtant être brutalement stoppée par le retour imposé par les Allemands de Pierre Laval à Vichy. Celui-ci renvoie Jean Borotra le 26 avril 1942. Le « Basque bondissant », ex-star du tennis français, adulé par les Français, fêté par Pétain qui l'invite presque chaque semaine à sa table, est toutefois farouchement antiallemand. Et il veut partir combattre en Afrique du Nord. Il est arrêté par les Allemands à Biarritz le 22 novembre 1942 alors qu'il s'apprête à passer en Espagne pour rejoindre Alger. Déporté en Allemagne, puis transféré au fort d'Itter où il retrouve, entre autres, Édouard Daladier, Paul Reynaud et le général Weygand, il est libéré par les Américains en 1945. Pendant ce temps-là, Marie-Thérèse Eyquem a réintégré son administration et traverse la guerre comme sous-chef de bureau au Commissariat général à l'éducation physique et aux sports. « Ce n'est pas une période dont je suis fière, mais je ne la renie pas », a-t-elle confié à des proches, des années après, en évoquant ce temps-là.

Quand l'ancien ministre de la IVe et le haut fonctionnaire (qui a acquis entre-temps une réputation internationale dans le milieu du sport féminin) se rencontrent au début des années 60, ils sont tous deux en rupture de ban avec leur milieu d'origine. François Mitterrand a rompu avec l'Église, Marie-Thérèse Eyquem est profondément croyante, mais elle défend l'école publique, et puis tous deux ont opté pour l'union de la gauche, cet épouvantail des familles bien-pensantes. François Mitterrand écoute donc avec attention cette célibataire un peu grandiloquente mais enthousiaste et courageuse — elle a dû travailler à l'âge de quatorze ans et a passé seule le bac et une licence de lettres — qui se bat pour qu'en politique on fasse une place aux femmes.

Si Marie-Thérèse Eyquem cumule beaucoup de qualités, elle en a une, particulièrement chère aux yeux de celui qui ne préside pour l'instant qu'une modeste Convention des institutions républicaines (CIR) : elle lui est complètement dévouée. « Elle ne pouvait pas s'empêcher de faire son éloge, se souvient une ancienne du MDF. Pour Mitterrand, c'était une femme sûre, la seule, à l'époque, sur laquelle il pouvait réellement compter. Colette Audry n'était pas assez inconditionnelle, Évelyne Sullerot trop apolitique et Gisèle Halimi trop personnelle. »

En retour, il accorde donc sa confiance à cette féministe intransigeante et l'intronise non seulement au bureau politique de la « Convention » en 1964 — elle rejoint ainsi les « conventionnels », amis de Mitterrand de la première heure —, mais, plus significatif, il l'admet dans l'équipe très restreinte qui va l'entourer pendant sa première campagne présidentielle. Elle fait ainsi partie des dix personnes à qui il annonce, fin juillet 1965, au cours d'un déjeuner dans un restaurant de Montparnasse, son intention d'être candidat. A tous, il demande de garder le secret jusqu'à la rentrée et, quand il se déclare, la militante féministe participe bien sûr aux nombreux conclaves qui se déroulent dans son appartement, rue Guynemer.

Le candidat de la pilule

« Vous devez avoir le droit, si bon vous semble, d'avoir un, deux, ou trois ou six enfants ou pas du tout. Le droit pour une femme de ne pas avoir d'enfants, vous devez l'avoir. Mais il faut que vous ayez aussi le droit d'en avoir, avec la possibilité de les élever convenablement, de les instruire et de leur donner un métier. » Celui qui s'affiche sur ses placards électoraux comme « un Président jeune pour une France moderne » a osé briser un tabou.

François Mitterrand tient ce 23 octobre 1965 sa première

réunion publique à Nevers, dans le cadre insolite des Halles du marché Saint-Alix. Certes, il n'a prononcé ni le mot *pilule* ni celui de *contrôle des naissances,* mais tout le monde a compris : le « candidat des républicains » s'est bel et bien prononcé pour la légalisation de la contraception. D'ailleurs, quelques jours plus tard, il fait connaître le texte d'une proposition de loi, visant à abroger les articles L 648 et L 649 du code de la Santé publique relatifs à l'interdiction de « la propagande anticonceptionnelle ».

Prudent, il a tout de même évité d'apparaître à Nevers comme un de ces « néo-malthusiens » que fustigeait le parti communiste, avant qu'il ne tourne casaque au moment de la campagne. Il a également soigneusement choisi ses propos, scandés sur le mode positif, de manière à heurter le moins possible son auditoire.

Longtemps, il a hésité avant d'engager d'emblée sa campagne électorale sur ce terrain-là. Pourtant, ses amies du Mouvement démocratique féminin (MDF), ainsi que le fidèle Charles Hernu, le journaliste Jacques Derogy qui a participé à la création du Planning familial et le docteur Daniel Benoist, un médecin nivernais, l'y poussent. « Je n'étais pas réticent du tout sur le principe, que je trouvais juste. Mais je ne pensais pas que cela pourrait devenir un fait politique », a-t-il reconnu plus tard avec une grande franchise. Sans doute redoute-t-il aussi, sans l'avouer, de violentes réactions. « Presque au même moment, rappelle la politologue Jeanine Mossuz-Lavau, on interdit la diffusion à la télévision d'une émission d'André Harris et d'Alain de Sédouy dans laquelle le docteur Suzanne Le Sueur-Capelle, gynécologue depuis vingt-cinq ans et catholique pratiquante, prend position pour cette légalisation[4]. » Claude Contamine, le P-DG de l'ORTF, a en effet décidé de censurer cette émission diffusée le 21 octobre, soit l'avant-veille du meeting de Nevers.

Les réactions ne se font guère attendre. Dans les

quarante-huit heures qui suivent la déclaration du candidat Mitterrand, son courrier double de volume et, sur 100 lettres, il y en aura, certains jours, 90 qui parleront de contraception ! Les électeurs et surtout les électrices, apparemment, apprécient qu'un homme politique aborde ce sujet jusque-là tabou. Même si les associations familiales catholiques lui reprochent de faire « une utilisation abusive du thème de la régulation des naissances dans l'espoir de s'attribuer les suffrages féminins, alors qu'il s'agit d'un grave problème qui ne relève que de la conscience des époux ». Pourtant, 57 % des Français s'étaient déjà déclarés favorables à la contraception dès 1962 lors d'un sondage de l'IFOP et, parmi ceux-ci, 67 % des 20-34 ans et 65 % des 35-49 ans.

Les autres candidats, eux, sont pris de court. L'avocat Jean-Louis Tixier-Vignancour est le premier à réagir le 25 octobre lors d'un meeting « féminin » à la Mutualité. « Les vieilles interdictions de la loi de 1922 ont fait leur temps », déclare-t-il. En fait, la fameuse loi qui interdit la contraception et sanctionne lourdement l'avortement date de 1920.

Le candidat centriste Jean Lecanuet maudit François Mitterrand de l'obliger à se prononcer, mais il ne peut éluder la question qui fuse le 26 octobre 1965 au cours de sa première conférence de presse. « Je suis pour la liberté », répond-il prudemment, tout en se réjouissant de « l'évolution actuelle de l'Église sur ces problèmes et des recherches qui tendent, dans ce domaine, à affirmer la dignité absolue de la femme ». Sa lecture de l'attitude épiscopale est étonnamment optimiste : en effet, le clergé vit alors sous le régime de l'encyclique « *Casti connubii* » de 1930 qui condamne sans équivoque toute contraception.

De leur côté, les ministres gaullistes ne sont pas moins désemparés. Il n'est en effet pas question que de Gaulle monte au créneau sur un problème qu'il tourne volontiers en dérision. « La pilule, c'est pour la distraction. La Sécurité sociale n'a pas plus de raison de rembourser la pilule que l'automobile. » Cette déclaration, qu'il fera en conclusion du Conseil des ministres du 9 juin 1967, résume bien l'opinion qu'il a depuis longtemps sur ce sujet. Et ce n'est certainement pas la pieuse Tante Yvonne qui le fera changer d'avis.

Pourtant, le 27 octobre, Raymond Marcellin, le ministre des Affaires sociales, annonce à l'Assemblée nationale qu'il a chargé une commission de quatorze spécialistes d'étudier les effets de la pilule (un an plus tard, cette commission la déclarera inoffensive). Cette annonce ne fait pas l'affaire du très nataliste Premier ministre, Michel Debré, qui s'inquiète : « Si la personne humaine a le droit de prendre conscience de sa responsabilité, la nation, elle, a le droit de faire prévaloir ses nécessités », explique-t-il à son tour au Palais-Bourbon. La presse, naturellement, embraye sur les prises de position des différents candidats et multiplie interviews et articles sur ce thème, tout au long du mois de novembre.

Pendant ce temps-là, François Mitterrand, tout de même surpris de l'écho qu'ont rencontré ses propos — « depuis le début de ma campagne, c'est la déclaration qui a suscité le plus d'intérêt, s'étonne-t-il devant les journalistes de *L'Express,* c'est incroyable ! » —, continue à développer ce thème à longueur de déclarations et de réunions électorales. « Pas un meeting désormais où il ne se taille un succès en sortant son couplet sur la libération de la femme, écrivent Jacques Derogy et Jean-François Kahn dans *Les Secrets du ballottage.* Un morceau de bravoure tantôt lyrique, tantôt nationaliste, tantôt sentimental[5]. »

Au fil des semaines, il s'enhardit, secrètement ravi d'avoir ainsi décroché son brevet de féminisme : « S'attaquer à un tel interdit constitue un acte franchement révolutionnaire », déclare-t-il, emphatique avec le zèle des nouveaux convertis. A sa deuxième conférence de presse, à l'hôtel Lutétia le 17 novembre, il fait de l'abrogation de la loi de

1920 la 25e proposition de son programme... C'est peut-être de ce jour que date la conviction de Mitterrand qui passe d'un machisme politique à peine voilé à une authentique sympathie pour la cause des femmes.

Le 29 novembre, il réunit d'ailleurs un auditoire exclusivement féminin — 2 000 électrices de vingt et un à soixante-dix-sept ans — dans une salle de la Mutualité. Là, il change de ton : ce n'est plus l'orateur vindicatif et tonitruant des meetings habituels, mais le séducteur tranquille qui joue avec habileté sur plusieurs registres à la fois.

Lyrique : « 1966 doit être pour les femmes ce que fut 1936 pour la classe ouvrière, l'année de la libération. »

Ironique : « On va répétant que les femmes seraient, dans leur majorité, gaullistes ? S'agirait-il du dernier reflet du prestige de l'uniforme ? »

Rassurant : « Elles considèrent encore que le général de Gaulle, c'est la sécurité. Nous leur prouverons qu'elles ont tort et que la gauche est là pour répondre à leur besoin de stabilité. »

Paternel : « Les femmes ont droit à d'autres choses qu'à de menus travaux de couture. »

Responsable : « Le contrôle des naissances est un fait politique capital dans l'évolution de notre société. Tous les autres partis, y compris le gouvernement, ont repris mes déclarations à grands coups de démagogie, mais il n'y a que la gauche qui puisse permettre à la femme de choisir une maternité libre et heureuse. »

Alarmiste : « Nous sommes à la dernière limite de la prudence en matière d'armements atomiques. De Gaulle a choisi de courir le risque. La gauche le refuse. »

Et pour conclure, romantique : « Il faut apprendre aux femmes qu'il existe un printemps qui peut durer plusieurs saisons. »

La magie opéra puisque, ce soir-là, au lieu de serrer des

mains, le candidat qui savait si bien parler aux femmes dut dédicacer des dizaines de photos couleurs...

A la conquête des téléspectatrices

Convaincre deux mille auditrices, c'est bien, mais séduire plusieurs millions de téléspectatrices, c'est encore mieux. Comme tous les autres candidats, François Mitterrand dispose pendant cette campagne — la première du genre sous la Ve République — de deux heures de télévision, soit quatre émissions de quatorze minutes, deux émissions de vingt-huit minutes et une émission de huit minutes. Excepté le général de Gaulle qui a eu le temps de domestiquer le petit écran depuis 1958, tous les candidats sont également novices. Toutefois, seuls Jean Lecanuet et François Mitterrand apparaissent tout de suite comme les candidats sérieux de l'opposition au gaullisme triomphant. Les Français découvrent, souvent pour la première fois, leur visage sur le petit écran.

Tous deux se sont fait projeter le film du duel télévisé Kennedy-Nixon en 1960, mais ils ont encore beaucoup à apprendre. Pourtant, la presse attend avec impatience la première prestation de « l'orateur play-boy », ainsi que certains se plaisent à décrire Mitterrand. Hélas, c'est Jean Lecanuet, plus télégénique, qui crève l'écran. Visage rayonnant de santé et de modération, chevelure blonde lustrée, sourire inoxydable, il est vite surnommé « John Fitzgerald Lecanuet »... Bref, il plaît, particulièrement aux femmes, et on murmure même à l'Élysée, crime de lèse-majesté gaulliste, que Tante Yvonne n'est pas insensible à son charme.

Comparé à l'affable Lecanuet qui paraît dialoguer avec chaque téléspectateur, Mitterrand semble sec, froid et doctrinal. Lui-même, paraît-il, ne s'est pas reconnu quand il s'est vu pour la première fois. De son côté, Françoise Giroud éprouve la même sensation. « L'homme que j'ai vu à l'écran, écrit-elle dans *L'Express,* était un autre, avec une autre voix, un autre regard, un homme crispé, souriant à contretemps, le geste trop large. » Pourtant, il refuse d'écouter ceux qui lui conseillent de se montrer plus chaleureux, plus persuasif, moins cassant. « Non, explique-t-il au cours d'un déjeuner qui réunit chez lui, le mercredi 1er décembre, Gabriel Matzneff qui faisait ses débuts d'écrivain, Jean-François Revel, redoutable polémiste qui le suivra encore deux ans avant de devenir l'un de ses plus farouches critiques, Benoîte Groult, Michèle Cotta, alors jeune journaliste, Claude Estier et quelques autres compagnons de route, je laisse les appels du pied et les clowneries sentimentales aux autres. Je n'ai que faire de l'anecdotique. Je parle sérieusement à des gens qui ont soif de sérieux. J'expose des idées, un programme, et je vous assure que, lorsque je parle, la France m'écoute. C'est à Paris, capitale du faux brillant, qu'on entend dire que “ je passe mal ” à la télévision, mais en province, on me suit avec attention et j'accroche[6]. »

Sans le dire, il tient tout de même compte des reproches qui lui sont adressés et, pour éviter la monotonie, il s'est choisi un interlocuteur, le journaliste Roger Louis, avec lequel il s'entretient successivement du parti communiste, des problèmes économiques et financiers, et de l'Éducation nationale.

Et les femmes ? Il leur réserve ce même 1er décembre une émission spéciale d'un quart d'heure. Il est d'ailleurs le seul candidat à leur accorder une attention télévisée particulière. La veille de l'enregistrement, il a tenu un meeting à Tarbes et il est rentré à 3 heures du matin. Quand il arrive, quelques heures plus tard, à la Maison de la Radio pour enregistrer l'émission, il est néanmoins en forme. La télévision ne l'effraie plus et il commence à être satisfait de ses performances.

En revanche, la romancière Benoîte Groult qui doit l'interviewer est terrorisée. Les deux nuits qui ont précédé l'émission, elle est allée dormir dans la chambre de bonne au-dessus de l'appartement qu'elle partage avec son mari, l'écrivain Paul Guimard. Pour être au calme, pour réfléchir et travailler les questions qu'elle poserait au candidat.

S'il a choisi Benoîte Groult, ce n'est pas tant en raison de la réputation de féministe qu'elle est en train de se tailler — « alors, toujours féministe ? » lui lance-t-il, gouailleur, à chaque rencontre —, mais parce qu'il éprouve une réelle affection pour cette femme discrète dont le premier roman, *Journal à quatre mains,* écrit avec sa sœur Flora, publié en juin 1962, l'a ravi.

Cette chronique mi-documentaire, mi-sentimentale d'une famille bourgeoise pendant l'Occupation, où les deux débutantes mêlent carte du tendre et cartes d'alimentation, a ému François Mitterrand, incurablement nostalgique de cette époque qui l'a révélé à lui-même. Tout comme André Maurois, il a trouvé le charme de ce journal « irrésistible ». C'est d'ailleurs encore aujourd'hui le seul livre dont il aime parler avec la romancière, qui eut pourtant son heure de gloire dans les annales du féminisme avec son fameux best-seller *Ainsi soit-elle,* paru en 1977. « Avec moi, il préfère de toute façon parler jardinage », ironise-t-elle. Il a d'ailleurs consacré dans son livre *La Paille et le Grain,* qui retrace son journal des années 1971-1974, une demi-douzaine de pages admiratives à cette spécialiste hors pair des anémones du Japon, des clématites Président bleues, des hémérocalles et autres variétés qui fleurissent à Latche sur ses conseils avisés !

Ce 1er décembre 1965, le « candidat des républicains » n'a évidemment pas convié la romancière à parler semis et pièges à étourneaux. « Comment expliquer que, d'après les sondages, les femmes soient en majorité favorables au général de Gaulle ? » s'étonne-t-elle, faussement naïve, devant les caméras. Et le candidat de répondre, avec une dialectique assurée, sur la fausse impression de sécurité que leur donne le Général, au moment même, insiste-t-il, où la condition féminine demeure encore tellement inégalitaire.

A la fin de l'entretien, durant lequel il a entonné son désormais classique couplet sur le contrôle des naissances — « ce n'est pas un problème électoral, c'est un fait politique, il faut d'abord donner aux femmes le droit d'avoir des enfants » —, Benoîte Groult est rassérénée. Tout s'est bien passé, son interlocuteur est d'autant plus satisfait que la diffusion de sa prestation a été programmée entre 20 h 45 et 21 heures, à un moment où les électrices sont censées être plus disponibles.

Difficile de savoir quel a été l'impact de ses propos sur l'auditoire féminin. Mais la sociologue Évelyne Sullerot remarque que les tout derniers sondages de l'IFOP effectués juste avant le premier tour des présidentielles, le 5 décembre 1965, enregistrent une désaffection nouvelle des femmes envers de Gaulle. En quinze jours de campagne, le Général a perdu 14 % de voix féminines et 11,5 % de voix masculines. Le gain de Mitterrand, lui, est équivalent pour les deux sexes.

Beaucoup de femmes, d'ailleurs, se pressent le dimanche soir du premier tour au Cercle républicain, avenue de l'Opéra, pour fêter celui qui a réussi avec 32 % des voix à mettre en ballottage le général de Gaulle, c'est-à-dire à empêcher, comme le prévoyaient les observateurs, son élection dès le premier tour du scrutin. En attendant le candidat qui se fait espérer plus d'une heure, les journalistes désœuvrés détaillent les plus jolies femmes, fort nombreuses à les en croire, et des plus distinguées. « Astrakan... Toques de vison... Bas en dentelle noire de chez Dior », note l'un d'eux, particulièrement attentif. Quand le « président » arrive — ses proches ont pris l'habitude de l'appeler ainsi —, le micro est en panne, lui-même est quasiment aphone, mais il apparaît à son auditoire beaucoup moins épuisé que sa femme Danielle.

Il n'y a rien d'étonnant à ce qu'elle ait les traits tirés : elle a suivi son mari de Toulouse à Nantes, de Clermont-

Ferrand à Lille, où ont eu lieu de grands meetings. Avec un faux air de Jackie Kennedy, un petit tambourin sur la tête comme la présidente américaine dont la fraîcheur avait frappé l'Amérique quelques années plus tôt, son manteau sagement boutonné jusqu'au cou, l'air attentif et appliqué, Danielle écoute au premier rang son orateur de mari qui prend toujours soin d'apparaître seul à la tribune. « On ne l'avait jamais tant vue. Qui connaissait l'existence de Danielle Mitterrand ? » soulignent Jacques Derogy et Jean-François Kahn dans *Les Secrets du ballottage.*

Si elle s'est tenue longtemps à l'écart, ce n'est pas seulement parce qu'elle a vite compris, comme l'écrit son frère Roger Gouze, que « la vie publique fait rarement bon ménage avec la vie privée ». Elle a une autre raison, plus politique celle-là, d'être demeurée en retrait. Tout au long de la IVe République, elle a désapprouvé les alliances de son mari avec les « réactionnaires », c'est-à-dire René Pleven et Eugène Claudius-Petit, les deux autres piliers de l'UDSR des années 50, et qui s'emploient, dit-elle, à « saboter sa politique de gauche ». Lui essaie de l'amadouer : « La France n'est pas faite d'un seul bloc, lui explique-t-il, conciliant, elle n'est ni tout à fait à gauche ni tout à fait à droite. On ne pourra rien faire si l'on ne cherche pas à rassurer une partie de la droite[7]. »

Il ne la convainc pas vraiment, mais elle l'admire tout de même, tout comme elle était subjuguée par la forte personnalité de son père. Elle n'a pas influencé le « non » de Mitterrand à de Gaulle, mais elle l'approuve entièrement. Enfin, en 1958, il est libéré de ces combinaisons gouvernementales qu'elle méprise. Et l'affaire de l'Observatoire en 1959, qui la révulse, constitue la vraie ligne de partage entre deux époques. Dès ce moment, son mari peut compter sur son appui politique, son soutien logistique et son renfort idéologique.

Ainsi non seulement est-elle disponible pendant la

campagne de 1965, dès que l'on a besoin d'elle, pour ravitailler l'état-major de campagne en sandwiches comme pour témoigner de sa solidarité pendant les réunions électorales, mais elle se montre même l'un des plus ardents supporters. Vis-à-vis de ceux qui les rencontrent dans la rue et leur adressent de chaleureux encouragements, elle fait preuve d'enthousiasme, bien plus que le candidat lui-même qui ne se départit jamais d'une réserve polie, voire glacée. Avant le deuxième tour, dans le train qui les emmène avec des amis au meeting de Nantes, Danielle se livre au jeu des petits papiers où chacun inscrit son pronostic. « Il passe ! » s'exclame-t-elle joyeusement. Son mari proteste : « Il ne faut pas se laisser monter la tête[8]. »

Déjà largement réconforté d'avoir mis le général de Gaulle en ballottage, François Mitterrand a parfaitement conscience de la difficulté du deuxième tour. Il accueille d'ailleurs le résultat final — 55 % pour de Gaulle, 45 % pour lui — avec beaucoup plus de sang-froid que son entourage. Être passé de 32 à 45 % de suffrages face à un tel candidat, c'est, leur explique-t-il, un réel succès. Une large majorité de Français, sondés par l'IFOP, partage d'ailleurs ce point de vue.

Arithmétiquement, le raisonnement est imparable. Électoralement, il suscite des réserves que les analystes politiques s'empressent de souligner. Car le succès eût été total s'il avait réussi à séduire les électrices. Or, celles-ci, en dépit de ses multiples tentatives de séduction, ont majoritairement voté, à 61 %, pour le général de Gaulle. En effet, si François Mitterrand obtient 51 % des votes masculins, il recueille seulement 39 % des suffrages féminins. « Les femmes ont-elles été plus sensibles à la personnalité de l'homme du 18 juin, à son action pour conclure la paix en Algérie, à sa volonté de se situer au-dessus des partis ? s'interrogent les politologues Jeanine Mossuz-Lavau et Mariette Sineau. Toujours est-il que jamais la gauche n'a été aussi dédaignée par les électrices[9]. » En fait, ce n'est pas n'importe quel électorat qui a assumé le succès final du général de Gaulle : il y a alors en France trois millions de célibataires, de veuves et de divorcées, et ces femmes-là n'ont guère été sensibles à la campagne de Mitterrand sur le contrôle des naissances.

Mais, contrairement à ce que pensent bien des journalistes qui analysent les résultats à chaud, « l'affaire de la pilule », comme on dit alors, ne va pas seulement être exploitée le temps d'un automne. François Mitterrand est bel et bien décidé à conforter son avantage sur ce terrain qu'il juge maintenant « révolutionnaire ».

En mai 1966, il fait partie de la commission parlementaire chargée d'étudier la proposition de loi progressiste déposée par le gaulliste Lucien Neuwirth qui ouvre la voie vers la légalisation de la contraception. Mais il s'abstient tout de même d'approuver cette loi qu'il juge « trop restrictive » et en propose une autre, plus libérale. Quand le débat sur la loi Neuwirth s'ouvre à l'Assemblée nationale le 1er juillet 1967, les députés de gauche la soutiennent. Les débats, très virulents, vont durer jusqu'en décembre. Au Palais-Bourbon, on n'entend pourtant guère s'exprimer François Mitterrand : il a préféré déléguer quelques-uns de ses amis de la Fédération de la gauche démocratique et socialiste — la FGDS, son nouveau mouvement —, comme Jacqueline Thome-Patenôtre, Georges Vinson, le docteur Daniel Benoist et Georges Fillioud.

La loi sur la contraception est finalement votée le 19 décembre 1967. Sans... François Mitterrand ! Celui-ci s'abstient sous le prétexte que le projet lui a paru « opportuniste, hypocrite et incompatible avec la dignité des couples ». A celles qui s'étonnent qu'après avoir fait un argument électoral du contrôle des naissances il n'ait pas jugé bon de soutenir un projet qui, en dépit de ses imperfections, autorisait bel et bien la fameuse pilule, il s'affiche jusqu'au-boutiste. « J'en fais une question de principe, car la dignité de la femme ne sera pas reconnue tant que la loi de 1920 ne sera pas abrogée », explique-t-il à Fanny Deschamps, journaliste à *Elle*. Sans doute, mais des esprits pragmatiques, sûrement malintentionnés, voient surtout dans cette ferme attitude un électoralisme obstiné...

La longue marche

1946-1986 : la conquête des électrices aura été pour François Mitterrand une très longue marche. En effet, il s'est écoulé quarante ans entre sa première élection de député dans la Nièvre et les secondes élections législatives de son premier septennat qui ont vu basculer pour la première fois les femmes à gauche : 33 % de suffrages féminins pour 31 % de suffrages masculins en mars 1986.

Dans les années 70, pourtant, la conjoncture semble favorable à la gauche. Plus distantes vis-à-vis de la religion, plus libérales à l'égard des mœurs, plus politisées quand elles travaillent, les femmes, assurent alors les politologues, paraissent moins attirées qu'autrefois par les partis conservateurs. « L'un des signes qui étonnent le plus les commentateurs, écrit lui-même François Mitterrand dans son journal du 26 février 1974, un peu plus d'un mois avant la mort de Georges Pompidou, est la rapidité de l'évolution politique des femmes que l'on devine exaspérées par l'hypocrisie du régime. Les catholiques ouvrent les yeux sur la réalité qui veut que les lois sur la contraception et l'avortement soient des lois de ségrégation. Toutes comprennent, devant le retard pris par les allocations familiales et la timidité des mesures touchant aux équipements sociaux, aux salaires féminins, au statut de la femme au foyer, à la mise en place des crèches et des écoles maternelles, que les partis conservateurs spéculent sur leur soumission aux valeurs dites traditionnelles et se moquent bien de leur condition. Elles sont plus qu'hier sensibles aux arguments des partis de gauche, qui leur rappellent par de nombreux exemples contemporains le rôle décisif qu'elles peuvent exercer pour que change la vie. »

Il n'empêche : trois mois plus tard, le 19 mai 1974, les électrices boudent à nouveau le candidat de la gauche. 54 % des femmes lui ont préféré le distingué Valéry Giscard d'Estaing. Tout au long de la campagne présidentielle, celui-ci n'a pas perdu une occasion de répéter qu'il accorde un prix particulier aux dons de sensibilité et d'intuition que la nature a prodigués au beau sexe, dont il se jure en conséquence « de reconnaître publiquement les mérites et d'assurer la promotion ».

Pendant la campagne électorale, le problème de l'avortement, qui a suscité depuis 1971 de violents débats, est naturellement à l'ordre du jour. Valéry Giscard d'Estaing, tout en ménageant son électorat, fait savoir qu'il est partisan d'une modification de la loi dans un sens libéral.

En fait, au cours de cette brève campagne, les arguments importent moins que leur médiatisation. « Pour la première fois, constate la journaliste Hebe Dorsey, le 30 avril 1974, dans l'*International Herald Tribune,* les candidats aux présidentielles mènent une campagne à l'américaine, enrôlant les épouses, les enfants, les chiens, les chats, et même, dans le cas de François Mitterrand, un âne, pour présenter leur style de vie. Fini le charme discret de la bourgeoisie, où les épouses françaises restaient traditionnellement dans l'ombre. »

De toutes les épouses de prétendants à la présidence, c'est Anne-Aymone qui se démène le plus. Son mari l'envoie aux Antilles avec le député Jean-Pierre Soisson (giscardien à l'époque) prêcher la bonne parole. Elle est la seule femme de candidat à avoir un bureau au QG de son mari. Les photographies ne manquent pas, qui la montrent tour à tour colleuse d'affiches, hôtesse d'accueil et bonne mère de famille. Du coup, François Mitterrand, qui n'avait pas l'intention d'enrôler Danielle, se laisse convaincre. Elle apparaît à la télévision entre les deux tours, interrogée par l'écrivain Paul Guimard, le mari de Benoîte Groult, l'intervieweuse de 1965 !

Avec ou sans Anne-Aymone, Valéry Giscard d'Estaing séduit davantage que son concurrent. Ce qui irrite celui dont la réputation de séducteur — en privé du moins — est pourtant bien établie. « J'ai noté, ce matin, un sondage dans lequel les interviewés trouvent que je suis le candidat le moins pourvu de séduction. » Au troisième étage de la Tour Montparnasse, dans la salle où François Mitterrand a convié ce 22 avril la presse féminine à une réunion « femmes », un ange passe... Silence. Personne ne proteste. « Mais je ne cherche pas la séduction, poursuit-il, ce serait faire injure aux électrices que de la manier pour les avoir. » Quoique... Les journalistes repartent, une rose rouge à la main, cadeau du candidat, et leur bloc-notes plein de promesses.

Au hasard des questions posées, il a juré qu'il y aurait plus de deux femmes ministres au gouvernement s'il était élu, peut-être même une à la Défense nationale comme en Suède, souhaité que la contraception soit largement diffusée, plaint le deuxième sexe, presque toujours relégué à la broderie ou à la pâtisserie, rêvé de maisons de l'enfance ouvertes jour et nuit... Bref, comme l'écrit Benoîte Groult, plus dévouée que jamais à son candidat, dans *L'Aurore* : « Choisir Mitterrand, ce n'est pas seulement une option politique et économique, c'est choisir un style de vie. »

Mais, le 20 mai 1974, les électrices ont tranché : c'est le style Giscard qu'elles préfèrent. Le candidat de l'Union de la gauche qui a frôlé de très près l'Élysée — avec 49,3 % des voix — a recueilli 46 % des suffrages féminins contre 54 % à VGE. « Ce n'est pas grave, répète-t-il à son entourage. Nous pouvons être sûrs maintenant que la gauche gagnera très bientôt. » Pari tenu. Certes, à la présidentielle de 1981, les Françaises sont toujours moins nombreuses que leurs compagnons (49,1 % contre 56 %) à appuyer François Mitterrand. Il a pourtant habilement placé une jeune chômeuse anonyme à la tête de son comité de soutien, et il est allé seul — VGE a refusé — affronter les militantes de Choisir, le mouvement féministe de Gisèle Halimi, au cours d'un meeting sans concessions. Il n'a pas tout perdu : l'écart entre vote féminin et masculin en faveur de la gauche ne cesse de rétrécir. Jusqu'à ces fameuses élections législatives de mars 1986 où les femmes basculent carrément.

« Dès les élections européennes de 1984, explique Jeanine Mossuz-Lavau, j'avais constaté que les femmes refusaient davantage que les hommes de voter pour le Front national, et qu'elles s'identifiaient beaucoup plus qu'eux au parti socialiste. Elles ont acquis des droits qu'elles entendent préserver, tout comme elles se sont habituées à vivre désormais dans un climat de féminisme ordinaire. Et elles pensent que la gauche est mieux à même de les défendre. Contrairement à ce que certains pensent, ce n'est pas par légitimisme ou parce que Mitterrand, avec sa « majorité présidentielle », se présentait en rassembleur au-dessus des partis qu'elles ont voté pour lui à 37 % contre 31 % d'hommes aux élections présidentielles de 1988, mais bel et bien parce qu'elles ont une dette vis-à-vis de lui. »

Être sacré champion du « féminisme ordinaire », quelle revanche pour « le beau François », éternellement suspecté de misogynie chronique par ses amis eux-mêmes ! Mieux, ce nouvel électorat féminin conquis à grand-peine, aucun des dauphins présumés qu'il a encouragés depuis les années 70 ne semble susceptible, d'après les sondages, de le fixer à gauche. Comment récupérer l'héritage ? Nul doute que, pour ses successeurs, la conquête des électrices risque donc d'être à nouveau un épuisant marathon.

5.

« MIGNONNES, ALLONS VOIR SOUS LA ROSE... »

C'était à la fin des années 60. Ce jour-là, François Mitterrand était en retard. Ses amis de la nouvelle Fédération de la gauche démocrate et socialiste (FGDS) l'attendent pour présider une réunion de bureau. Que le leader de la gauche non communiste, comme on dit alors, soit en retard d'une bonne heure n'étonne personne. Ce qui surprend, en revanche, c'est qu'il arrive, l'air dégagé, accompagné d'une ravissante jeune femme. Son opulente chevelure rousse tranche singulièrement sur les uniformes grisâtres des caciques réunis autour du « président ».

« La jeune femme, silencieuse, s'assied dans un coin, en retrait, raconte Thierry Pfister, ancien conseiller de Pierre Mauroy à Matignon. Impassible, comme à l'accoutumée, François Mitterrand s'installe, prend en main la présidence de la séance, s'informe discrètement du point des discussions. Nul n'ose évoquer l'intruse. De furtifs regards, étonnés ou égrillards, s'égarent parfois sur elle. Enfin, le " président " s'explique. La direction de la FGDS lui paraît trop masculine. De fait, elle ne peut l'être moins. Justement, une de ses amies, à qui il a demandé de bien vouloir l'accompagner, est disponible [1]. »

Le « président » propose et... dispose. D'après les témoins qui se souviennent de cette scène étonnante, personne ne conteste la fulgurante ascension de la belle inconnue dont la plupart ignorent même le nom. Seuls quelques initiés savent qu'elle s'appelle Édith Cresson, qu'elle est mariée et mère de deux enfants, a fait ses études à HEC-JF (JF pour jeunes filles, la scolarité n'étant, à l'époque, pas mixte), s'intéresse aux problèmes agricoles, et que Mitterrand l'a « découverte » après les élections de 1967.

Cela fait pourtant deux ans déjà qu'elle s'active bénévolement pour lui. Dès la campagne présidentielle de 1965, où elle fut entraînée par une camarade de promotion, Paulette Decraene — qui deviendra plus tard la secrétaire du président —, Édith Cresson est l'une de ces indispensables « petites mains » qui tapent à la machine, collent enveloppes et timbres, préparent affiches et brochures dans les locaux du 25, rue du Louvre. Pourtant, elle ne rencontre pas le candidat qui ne vient jamais à son QG de campagne électorale. Toutes les réunions importantes se tiennent en effet dans son appartement, rue Guynemer.

C'est seulement après la campagne législative de 1967 qu'elle fait la connaissance du patron de la FGDS. Il s'est dérangé, cette fois, rue du Louvre pour remercier son équipe. « J'eus l'impression d'une patiente fermeté, plus terrienne que parisienne, confie-t-elle dans son livre de souvenirs, mi-familiaux, mi-politiques, *Avec le soleil.* D'une modestie réelle, teintée d'un rien de hauteur, plus janséniste que politicienne. Et aussi de cette capacité à sentir et à souffrir qui donne au destin d'un seul la dimension tragique capable de faire écho à l'ensemble des destins individuels[2]. »

L'apprentie militante, épouse d'un cadre de chez Peugeot, est subjuguée par l'homme politique qui incarne à ses yeux l'antibourgeois, auréolé de surcroît d'un passé de résistant. Rebelle à l'éducation conformiste qu'a voulu lui inculquer sa mère, elle juge en effet sévèrement sa famille dont l'attitude fut, à ses yeux, lâche, c'est-à-dire en vérité simplement passive, pendant la guerre. D'un tempérament entier, parfois excessif, voire manichéen, elle devient vite une inconditionnelle de celui qui est en train de s'imposer comme le leader de la gauche. Au point que, référence flatteuse pour son héros, elle n'hésite pas, dans un accès d'hagiographie aiguë, à le comparer au Jaurès décrit par Jules Romains dans *Les Hommes de bonne volonté* : « Le corps de taille moyenne qu'on aurait peut-être trouvé petit, si toutes les attitudes n'en avaient pas été à ce point contraires à l'idée d'apaisement, de repliement, si tout n'y avait pas été exhaussement, élévation, effort pour s'offrir à la plus grande lumière, la visible comme l'invisible[3]. »

François Mitterrand, de son côté, garde ses impressions pour lui. Mais il ne fait guère de doute que cette jeune recrue si dévouée, si enthousiaste et si confiante dans « la vertu essentielle de la gauche émancipatrice et libératrice » lui plaît d'emblée. Signe qui ne trompe pas les mitterrandologues avertis : il la promeut assez vite au rang de chauffeur personnel. Désignée d'office au même moment comme suppléante dans la délégation qui participe au comité exécutif de la FGDS, elle convoie tout naturellement le patron de ladite Fédération à des réunions communes, cité Malesherbes. Les débats lui paraissent « sibyllins et mornes », mais elle y apprend au moins à décrypter le fonctionnement de son idole.

Avec cette promotion soudaine d'une obscure militante qui se révélera, de l'aveu même du leader de la gauche, son « meilleur petit soldat », Mitterrand concilie assez habilement deux impératifs : s'imposer un peu plus encore vis-à-vis de ses amis politiques, grâce à l'image flatteuse qu'une telle conquête lui renvoie, et confirmer un virage féministe pris au moment de la campagne présidentielle de 1965.

Il est en effet bien décidé à conforter, face à un de Gaulle totalement indifférent à la cause des femmes, l'image d'un leader « moderne » dans ce domaine. Décide-t-il en avril 1966 de former un « contre-gouvernement » ? L'initiative, toute médiatique, ne donne en fait guère de poids politique supplémentaire à l'« opposition » de gauche, mais elle permet au « contre-président » de doubler ses alliés et de s'imposer auprès de l'opinion. Il nomme la fidèle Marie-Thérèse Eyquem « contre-ministre » chargée de la promotion de la femme. Et il lui demande de préparer le premier « Livre blanc » de ce « shadow-cabinet » à l'anglo-saxonne. A elle de dresser, avec un comité d'étude composé d'avocats, d'économistes, de sociologues et de médecins, le bilan complet de la condition féminine dans la France des années 60.

L'idée d'un ministre intéressé aux problèmes féminins avait effleuré, paraît-il, Matignon. Mais le projet avait été abandonné, le général de Gaulle ayant répondu, goguenard : « Avec, peut-être, un sous-secrétariat au tricot ? » Mais les militantes du Mouvement démocratique féminin saluent, comme il se doit, l'initiative d'un François Mitterrand « qui n'a pas hésité à penser neuf »[4]. Leur présidente fait tout de même remarquer, non sans humour : « Quand nous sommes réunis et qu'il faut prendre des notes, c'est moi que l'on en charge tout naturellement... puisque je suis une femme. » Lucide, Marie-Thérèse Eyquem ne se fait pas davantage d'illusions sur le féminisme de ses collègues « contre-ministres » masculins quand il s'agit, à l'approche des législatives de 1967, de décider des investitures.

Le « contre-président » a pourtant affiché haut et fort son intention de faire avaliser par la FGDS, son mouvement, le principe de plusieurs candidatures féminines dans de « bonnes circonscriptions ». Mais la règle non écrite qui prévaut alors veut que, tout en présentant des femmes pour montrer qu'on leur manifeste la plus grande considération, on les envoie dans des circonscriptions perdues d'avance. Il la respectera...

« Je voudrais faire un commando de femmes qui se présentent aux élections. Est-ce que vous en êtes ? » Michèle Cotta est un peu abasourdie par la proposition. A l'époque, elle est journaliste à *L'Express* et elle connaît Mitterrand qu'elle voit régulièrement depuis 1960. *France-Observateur*, l'hebdomadaire où elle a débuté et qui deviendra *Le Nouvel Observateur*, l'avait envoyée pour son premier reportage à un colloque à Royaumont et elle s'était retrouvée assise à sa gauche lors d'un déjeuner. Elle est devenue depuis ce jour un de ses plus fidèles supporters, mais de là à changer de métier...

Elle demande à réfléchir et appelle son patron, Jean-Jacques Servan-Schreiber. « Jean-Jacques, François Mitterrand me demande d'être candidate. Vous êtes d'accord ? — Oui, où ça ? — Quoi ? Où ça ? — Vous avez des chances d'être élue ou pas ? — Ah ! je n'ai pas du tout demandé. — Alors, si vous avez des chances d'être élue, allez-y ! Si vous n'en avez pas, n'y allez pas. » Le lendemain, elle rappelle timidement Mitterrand : « Euh, au fait, où vous me présentez ? — Ah, je n'en sais rien. — Mais dans un endroit où j'ai des chances d'être élue ? — Sûrement pas ! On n'a déjà pas assez d'endroits où on a des chances d'être élu. »

Elle renonce donc, mais François Mitterrand trouve tout de même une douzaine de kamikazes pour les circonscriptions qu'il a voulu réserver à des femmes. Parmi elles, l'agrégée de lettres Colette Audry, la sociologue Évelyne Sullerot, le « contre-ministre » Marie-Thérèse Eyquem, la militante Yvette Roudy, le médecin Cécile Goldet et l'avocate Gisèle Halimi vont ainsi se faire étriller. Avec, toutefois, les encouragements de leur « coach ». Mais il a beau, lors d'un meeting où il est venu soutenir Me Halimi, qui affronte dans le XIXe arrondissement Jacques Marette, le ministre gaulliste des PTT, souligner qu'il ne s'agit pas d'une femme « pour l'exemple », les candidates mitterrandiennes n'ignorent pas qu'aucune n'a bénéficié d'une circonscription « jouable ».

Cent seize candidats sont élus sous l'étiquette de la FDGS, dont dix-sept « conventionnels », de très vieux amis de Mitterrand comme Georges Dayan, André Rousselet, Claude Estier, Louis Mermaz ou Georges Fillioud. Une seule femme est élue député FGDS : Jacqueline Thome-Patenôtre, investie par le parti radical, qui n'avait d'ailleurs guère intérêt à la déboulonner. Elle détient en effet une sorte de record puisque, seule élue de gauche non communiste au Palais-Bourbon depuis 1958, elle défend fermement sa circonscription des Yvelines contre un adversaire gaulliste.

Ces élections de 1967 préfigurent en fait ce que sera la gestion « féministe » du futur Premier secrétaire du parti socialiste. Extrêmement sensible à la compagnie des femmes, il ne cessera, pendant dix ans, de 1971 à 1981, de louvoyer habilement entre leurs aspirations à être mieux représentées et les réticences déclarées d'alliés, souvent plus machistes que lui, mais dont le soutien lui était précieux pour asseoir son pouvoir et qu'il lui faut ménager.

Pendant près de quatre années, les instances supérieures du parti socialiste restent fermées aux femmes. Le secrétariat national, qui rassemble quatorze membres autour du Premier secrétaire, est alors un club exclusivement masculin. « Pour un socialiste, explique Thierry Pfister en 1977, le secrétariat national de son parti, c'est presque le paradis terrestre. C'est l'instance suprême, le lieu supposé de la prise de décision politique. Y siéger, c'est avoir été remarqué par François Mitterrand, qui en choisit seul les membres. C'est percer enfin les mystères, accéder à la connaissance. C'est aussi se dire qu'on est l'un des quinze responsables suprêmes et voir se rapprocher le mirage du portefeuille ministériel si l'avenir tient ses promesses[4]. »

De ce paradis-là, les femmes sont exclues, du moins dans les premiers temps. La création du nouveau parti socialiste a été une « affaire d'hommes ». Et Mitterrand dose subtilement sa première équipe en s'adjoignant à la fois des compagnons des mauvais jours et des vétérans de la SFIO. Dans ce nouveau parti, même ses plus fidèles militantes sont désemparées. Alors qu'elles ne se sentaient guère marginalisées dans la confidentielle Convention des institutions républicaines — « comme il n'y avait pas beaucoup de pouvoir à prendre, les conflits étaient rarissimes entre sexes », remarque, lucide, Yvette Roudy[5] —, les voilà bien isolées au milieu des apparatchiks de l'ancienne SFIO, jeunes ou vieux, incurablement misogynes, disent-elles, en regard desquels le Premier secrétaire leur apparaît comme un porte-drapeau du féminisme !

La dévouée Marie-Thérèse Eyquem elle-même prend un peu ses distances, bien que « les proudhoniens », comme elle les appelle (une référence au célèbre anarchiste Proudhon, par ailleurs fort sexiste, puisqu'il n'accordait aux femmes que deux statuts, ménagère ou courtisane), l'aient accueillie au comité directeur avec l'écrivain Colette Audry.

Deux femmes assistent tout de même aux réunions du « paradis » : Paulette Decraene, secrétaire de Mitterrand, qui prend en note toutes les interventions, et Marie-Josèphe Pontillon, qui seconde Pierre Mauroy. Certes, « Majo » n'apparaît pas parmi les « élus », mais elle a pourtant peut-être plus d'influence que certains d'entre eux. Tous, en effet, ne peuvent se prévaloir comme elle d'avoir été socialiste dès 1945 ! Fille d'une institutrice et d'un ouvrier de la métallurgie, elle a contribué à créer le premier groupe socialiste au ministère de l'Information avant même de régulariser son inscription à la SFIO.

Si le Premier secrétaire s'avère d'emblée beaucoup moins féministe que l'ancien candidat de 1965, les femmes, de leur côté, ne se précipitent pas en masse au PS. En effet, beaucoup de celles qui militaient avec enthousiasme dans des clubs de gauche informels renâclent à adhérer à un parti structuré qui s'est enlisé avec les caciques de la SFIO dans des stratégies d'appareil.

C'est le cas, par exemple, de Denise Cacheux, une Lilloise, militante catholique active dans les milieux du scoutisme et adhérente de Citoyens 60, un club qui s'intéresse aux problèmes culturels. « La mort dans l'âme », c'est tout dire, elle participe tout de même aux assises qui préparent la conquête du pouvoir par l'ancien ministre de la IVe République. Ambiance... Claude Estier a fini par la convaincre, elle et ses amis conventionnels lillois, de figurer aux municipales de 1971 sur la liste de Pierre Mauroy. Elle est élue conseillère municipale et deviendra l'un de ses plus fidèles supporters.

Sans le mouvement féministe qui a repris des forces après Mai 68, François Mitterrand aurait attiré davantage de femmes. Mais beaucoup se méfient des partis politiques, même ceux dits révolutionnaires. Ces héritières de Simone de Beauvoir pensent que la lutte des sexes ne peut se confondre avec la lutte des classes et préfèrent se ranger sous la bannière du Mouvement de libération de la femme, le MLF, et de ses annexes.

D'autres, moins radicales, plus réformistes, préfèrent elles aussi s'organiser en marge des partis pour faire aboutir les revendications qui leur tiennent à cœur. C'est ainsi que Gisèle Halimi fonde en 1971 le mouvement Choisir. A l'origine, il s'agit pour elle de défendre les signataires du *Manifeste des 343* paru en avril de la même année dans *Le Nouvel Observateur,* dans lequel autant de femmes affirment avoir, en violation de la fameuse loi de 1920, subi un avortement. Choisir, qui s'attache à obtenir l'abrogation de cette loi, à propager la contraception et à encourager l'éducation sexuelle, affirme en même temps dans ses objectifs qu'il ne s'agit « ni de faire la révolution, ni de changer les rapports de production, ni de remettre en cause la médecine libérale »...

Peut-être l'ancien garde des Sceaux, qu'effrayait quelque peu en 1956 le côté « suffragette » de son interlocutrice, préfère-t-il l'avoir à sa porte plutôt qu'à l'intérieur de son parti ? De son côté, l'ambitieuse avocate a compris assez vite que ses chances de faire carrière dans un parti aussi « machiste » étaient plutôt limitées. « Si François Mitterrand est un humaniste, ce n'est pas un féministe, assure-t-elle. On ne peut pas en faire un militant en faveur de la cause des femmes, même pas un compagnon de route[6]. »

Visiblement, cette conviction, réaffirmée à de nombreuses reprises, l'autorise à mener campagne en parallèle d'une gauche dont elle se réclame en même temps. Et ce, à la grande fureur des militantes socialistes qui l'accusent, dès l'origine, de « rouler » pour elle-même et qui se déchaînent contre elle quand, aux élections législatives de 1978, elle décide de présenter une centaine de candidates sous l'étiquette « Choisir ». François Mitterrand ne lui en tiendra pas rigueur puisque, après avoir soutenu son investiture dans l'Isère aux législatives de 1981, il la nommera ambassadeur à l'Unesco. Mais l'indépendante « Gisèle » rompra les amarres d'avec le PS et ralliera en janvier 1991 les opposants à la guerre du Golfe.

A chacun ses femmes

Jusqu'à l'élection de Valéry Giscard d'Estaing, François Mitterrand ne fait pas d'efforts démesurés pour accélérer la promotion des femmes au sein du nouveau parti socialiste. Toujours prête à l'excuser, la dévouée Marie-Thérèse Eyquem incrimine alors « l'indifférence et la force d'inertie » qui prévalaient dans l'ancienne SFIO et se réjouit d'avoir pu imposer en 1973, grâce à l'aide du Premier secrétaire, précise-t-elle, un « quota » de 10 % de femmes dans les instances dirigeantes, correspondant au pourcentage d'adhérentes du PS.

Maigre victoire que va faire apparaître encore plus désisoire l'avènement d'un nouveau président fermement décidé à faire fructifier son fonds de commerce féminin. En effet, à la surprise générale, Valéry Giscard d'Estaing tient ses promesses. Dès son arrivée au pouvoir, il crée un secrétariat d'État à la Condition féminine, confié à Françoise Giroud, laquelle a publiquement déclaré avoir voté pour son adversaire.

Alors qu'en seize ans de pouvoir (sous de Gaulle et Pompidou) on n'avait enregistré que trois grandes lois concernant les femmes, la machine législative se met en route dès 1975. Avec l'interdiction de la discrimination à l'embauche, l'égalité des droits parentaux et matrimoniaux, la réforme du divorce qui met notamment à égalité les hommes et les femmes face à l'adultère, la gauche assiste ni plus ni moins à la réalisation d'une partie de son programme. Et quand VGE engage Simone Veil à monter au créneau pour défendre l'abolition de la loi de 1920 et présenter une nouvelle loi autorisant l'avortement, la gauche ne peut refuser de la soutenir, même si le texte adopté est plus prudent qu'elle ne le souhaite. Ce sont même les députés socialistes, radicaux et communistes qui permettent, en votant à l'unanimité presque absolue (moins une voix), de faire passer le projet du ministre de la Santé.

Pour François Mitterrand, « le candidat de la pilule » de 1965, le choc est rude. Comment attirer les électrices que Valéry Giscard d'Estaing cherche à retenir par tous les moyens ? Inutile de songer à se lancer dans une surenchère de propositions. Reste alors à mettre en vedette, comme preuve de sa bonne volonté féministe, quelques têtes d'affiche. Plus facile à dire qu'à faire. Car le PS est englué dans des querelles de courants — outre celui de Mitterrand, majoritaire, il y a ceux de Mauroy, Chevènement et Rocard — dont les femmes font les frais.

Chaque leader est d'accord pour les promouvoir, mais à condition qu'il n'ait pas à les nommer sur son propre contingent de postes. Depuis qu'ils ont admis le principe du fameux « quota », ils ne peuvent plus faire semblant de les ignorer totalement. En revanche, ces « frères ennemis » savent opportunément se réconcilier dès qu'il s'agit de les réduire à la portion congrue.

Ainsi, en 1977, au congrès de Nantes, Mitterrand, Mauroy et Rocard décident en conclave de ramener à 15 % un quota que leurs militantes avaient demandé de porter à 20 %. Mais l'habile Premier secrétaire sera blanchi dans cette opération. C'est en effet Pierre Mauroy qui doit annoncer la bonne nouvelle en tant que rapporteur de la Commission des résolutions qui a débattu âprement de cette question. « Nous sommes tous des camarades, nous n'allons pas nous disputer, avance-t-il, lénifiant. Les femmes ont une place très importante dans le parti (...), il ne faut pas opposer les femmes et les hommes (...), il me semble que 15 % est un chiffre qui recueillerait l'assentiment de tout le monde[7]... »

« Comme nous n'étions pas encore très rompues aux techniques de manipulation, nous n'avions pas prévu de contre-offensive, explique Véronique Neiertz, nous n'avons pas pensé à réclamer immédiatement un vote après son intervention, tellement nous étions sidérées, paralysées[8]. » Il n'empêche, cette fidèle mitterrandiste pense aussitôt que tout le mal vient de ce « macho » de Pierre Mauroy, alors qu'il s'agit bel et bien d'une décision collective à laquelle François Mitterrand a donné lui aussi son aval. Mieux, alors qu'une délégation de femmes, à peine remises de leur surprise, lui demande de venir s'expliquer dans une salle annexe, il s'esquive... Et délègue un émissaire qui promet, en guise de lot de consolation, la création d'un secrétariat national à l'Action féminine (attribué à Yvette Roudy) et la tenue, avant les élections législatives, d'une convention spécialement chargée de traiter des droits des femmes. Une concession qui lui coûte moins cher que d'imposer des militantes dans les instances du parti !

François Mitterrand, c'est bien connu, déteste qu'on lui force la main. Cette grogne féminine l'irrite d'autant plus qu'il a souvent le sentiment d'être beaucoup moins misogyne que d'autres, par exemple ces jeunes idéologues du CERES, le courant de Jean-Pierre Chevènement, qui se délectent d'un jargon marxisant mais sont bien prudents dès qu'il s'agit de réformer les mœurs. N'a-t-il pas ferraillé contre eux quand il s'agissait de dépénaliser l'avortement ? N'a-t-il pas imposé d'autorité, au congrès de Pau de 1975, deux femmes, Marie-Thérèse Eyquem et Édith Cresson, les premières à accéder à ce « paradis » qu'est au PS le secrétariat national ?

Il est alors particulièrement satisfait d'avoir rajeuni les cadres avec « Édith », cette piquante rousse plutôt sexy qui égaie ces fastidieuses réunions qu'il « sèche » autant qu'il le peut... Il a été, en effet, plus abattu qu'il ne veut l'admettre par son échec contre VGE et il a déjà exprimé sa lassitude à plusieurs reprises. En voilà une au moins qui ne l'assommera pas comme ces phraseurs dogmatiques qui s'écoutent parler ! D'ailleurs, la chère Édith en reste muette quand, passant devant elle dans la grande salle du casino de Pau, il lui chuchote : « J'ai pensé que vous pourriez vous occuper du secrétariat. »

Dans le brouhaha des conversations, elle discerne vaguement à la fin de ses propos qu'il est question de jeunes et d'étudiants. Avant qu'il ait terminé sa phrase, elle croit comprendre qu'il lui demande de prendre des notes lors de la première réunion du comité directeur qui va commencer. Elle acquiesce, prête à s'acquitter consciencieusement de cette modeste tâche, quand elle réalise qu'il y a peut-être confusion sur le terme... Et découvre vite, quand on passe au vote, que le Premier secrétaire a bel et bien décidé de lui confier le secteur des jeunes et des étudiants.

Mais Édith Cresson n'a pas pour seule qualité de plaire à François Mitterrand, c'est une battante, une fonceuse, et surtout une militante entièrement dévouée à son parti et aux idées qu'il défend. Aussi, quand, quelques mois plus tard, en 1975, après le décès du suppléant du ministre Pierre Abelin

— le maire de Châtellerault —, il faut trouver un candidat pour se présenter à la législative partielle contre le ministre, à qui pense-t-on ?... Il a été décidé qu'on enverrait, pour donner de l'éclat à la campagne, un membre du secrétariat national. Mais, à part ceux qui sont déjà élus, les autres se sont récusés.

Louis Mermaz propose donc cette mission kamikaze à l'énergique Édith. « François Mitterrand me dit que j'étais totalement libre de ma décision, écrit-elle, mais qu'il serait utile de présenter une femme[9]. » Il argue également de l'absence d'élues au Palais-Bourbon, du rôle que les femmes doivent jouer dans la vie politique du pays, de leur aide nécessaire à la construction du socialisme, etc. Jacques Cresson, son mari, ne partage pas son avis. Lui ne voit qu'une jeune mère de famille surmenée, souvent absente, conciliant déjà difficilement plusieurs emplois du temps. « Ce qui me décida à accepter, c'est que personne au secrétariat ne pouvait ou ne voulait y aller. J'avais tout à apprendre et rien à perdre. » Elle ne désespère sans doute pas de prouver aux hommes du parti, Mitterrand y compris, qu'une belle plante peut peut-être faire autre chose que de la figuration.

Le pari était risqué dans une circonscription a priori très hostile. Ses adversaires la traitent, avec une certaine désinvolture, de « parachutée ». Avec son tempérament fonceur et pragmatique, elle trouve la campagne électorale bien plus intéressante que les discussions ésotériques du secrétariat national sur « les modalités de nationalisation de l'appareil productif » ! Là, cette nature dynamique est à son affaire : à la sortie des usines, sur les marchés, chez les commerçants de Châtellerault et de Loudun, on ne voit qu'elle. Elle a troqué ses jeans et ses baskets contre une jupe droite et des talons plats, et distribue des tracts, discute, argumente inlassablement.

La France entière la découvre, entre les deux tours, au

journal télévisé, à l'occasion d'un meeting contradictoire extrêmement houleux auquel assistent les principaux ténors du PS. En effet, grâce à son score du premier tour — elle a devancé le candidat communiste et mis Pierre Abelin en ballottage difficile —, cette élection devient un enjeu national.

Ce soir-là, les ténors de l'opposition, Jacques Chirac, Michel Poniatowski, sont venus soutenir le ministre. Les débats se déroulent dans la plus grande confusion, mais elle résiste et se lance sans micro — ses adversaires ont débranché la sono — dans un plaidoyer indigné, en tentant de couvrir les sifflets et les lazzis. Les « camarades » du PS sont plus médusés encore que les téléspectateurs. D'autant qu'avec plus de 47 % des voix contre un ministre en exercice elle réalise un score plus qu'honorable. Beaux joueurs, les mêmes l'applaudissent à son retour à Paris sans, cette fois, cette condescendance amusée qu'ils affectent d'ordinaire avec elle.

Peut-être la réussite de sa protégée incite-t-il le Premier secrétaire à promouvoir deux ans plus tard, en 1977, une autre figure féminine emblématique d'une chaude bagarre électorale dont l'enjeu est la mairie de Dreux : Françoise Gaspard. Le PS ne croit pourtant guère à l'élection de cette jeune énarque, ancienne élève de l'École normale, mais comme elle est la seule femme tête de liste à pouvoir obtenir un score honorable — elles sont deux candidates pour 231 candidats ! —, François Mitterrand choisit de tenir à Dreux le premier meeting de sa campagne électorale.

Deux mois après son élection, elle est récompensée de son succès : alors qu'elle était encore totalement inconnue quelques semaines plus tôt, la voilà propulsée au comité directeur et au bureau exécutif. Elle n'ignore pas qu'elle doit cette soudaine promotion à la nécessité de respecter le fameux « quota » de femmes qui doit exister à tous les niveaux du PS. Mais tout de même... « Naïve, dit-elle, j'ai d'abord cru qu'on m'avait conviée, au même titre que les autres membres de la direction, à participer aux réflexions et débats du premier parti de France. » Elle réalise son erreur la première fois qu'elle lève la main pour demander la parole à une réunion du bureau exécutif : devant l'œil courroucé du Premier secrétaire et l'air de commisération de ses collègues, elle comprend qu'elle est en train d'outrepasser ses droits... Beaucoup trouveront d'ailleurs suspecte cette ascension fulgurante et le lui font savoir.

Gaston Defferre, le premier, l'alerte sur de méchants bruits qui circulent sur elle. « Fort embarrassé, mais aussi intrigué, il finit un jour par me demander si j'étais vraiment la maîtresse de François Mitterrand ! » Étonnante (et absurde) question ! En même temps qu'elle fait à son tour l'apprentissage de la misogynie des « camarades », Françoise Gaspard découvre l'extrême susceptibilité du Premier secrétaire. « Indomptable » de son propre aveu, très individualiste, elle ne l'a pas remercié et elle s'est contentée d'enregistrer ses conseils — « plantez des arbres, occupez-vous de la voirie, de l'éclairage, mais ne faites pas de choses qui déplaisent » — sans se pâmer comme d'aucunes. Enfin, crime de lèse-mitterrandie, elle rallie quelque temps plus tard le courant de Pierre Mauroy. De ce jour, elle subit le mépris de ses consœurs du courant Mitterrand, majoritaire, qui ne manquent pas une occasion de rappeler sa « trahison » à l'ingrate.

La guerre des roses

Dans le parti, on n'avait jamais vu cela : François Mitterrand se faire huer par un auditoire récalcitrant ! Féminin, qui plus est ! Certes, les sifflets ne sont pas très bruyants, mais tout de même...

Ce dimanche 15 janvier 1978, des dizaines de femmes

sont réunies dans l'une des salles de réunion du sous-sol de l'Assemblée nationale, rue de l'Université, pour une convention féminine. Une première. Même si cette convention-là, contrairement aux manifestations de ce genre, ne doit durer qu'une seule journée au lieu d'un week-end entier. Bien des militantes s'estiment déjà heureuses de pouvoir, enfin, parler librement de leur sort.

« Je ne sais pas pourquoi je parle, une parole de femme est toujours perdue », lance même, le regard frondeur, une Françoise Gaspard particulièrement en verve face à un Premier secrétaire impassible. « Vu le nombre de ses candidates aux prochaines législatives, on peut dire que le PS n'est pas un parti électoraliste », grince de son côté Edwige Avice, l'une des rares à avoir été autorisée à se lancer dans la bagarre. Bref, ce jour-là, François Mitterrand, qui s'est fort bien habitué aux discours idéolâtres de phraseurs impénitents, doit faire face à une avalanche de plaintes, de récriminations et de doléances.

Sous le choc, il se défend plutôt mollement : « Quel que soit le parti en cause, nous reflétons les mœurs ambiantes. Il y a encore dans le PS des discriminations de fait. Comment les supprimer ? », feint-il de s'interroger, tout en se défaussant sur la base. « Dans toutes les institutions du PS que j'ai pu contrôler, la règle du quota a été respectée. La seule où je ne peux rien est la désignation des candidats aux législatives par la base. Nous sommes actuellement victimes du fait que le mode de scrutin élimine les minorités. Si j'avais pu, j'aurais fait comme le PC : j'aurais désigné des candidates autoritairement. »

On entend des murmures dans la salle, et même, audace rarissime, quelques sifflets. Une telle déclaration laisse rêveuses la plupart des militantes. Aucune n'ignore que toutes les promotions féminines d'éclat dans le parti sont le fait du prince. Celles qui se sont placées sous son ombre protectrice sont d'ailleurs tiraillées entre leur dévotion fascinée à l'égard de celui qui les a propulsées dans les instances dirigeantes et le sentiment d'être réduites malgré tout à la portion congrue.

C'est le cas par exemple d'Yvette Roudy, secrétaire nationale à l'Action féminine depuis 1977, qui, cette année-là, a vécu un rude congrès. Tout en essayant de calmer ses consœurs furibardes d'avoir été dupées dans l'affaire du quota (ramené de 20 à 15 %), elle a passé tout son temps à monnayer quelques concessions auprès de François Mitterrand. Les mœurs politiques sont ainsi faites qu'une femme doit se placer dans le sillage d'un homme pour réussir. Trop heureuses d'avoir été distinguées, la plupart se conforment strictement aux desiderata du Premier secrétaire. Voire les devancent. Les opposants à Mitterrand à l'intérieur du PS même expliquent ainsi l'attitude de Véronique Neiertz au congrès de Metz en 1979 : elle se lance dans une diatribe anti-Rocard au moins aussi virulente que celle de Laurent Fabius. Bien des hommes liges du « patron » n'ont, après tout, rien à lui envier dans le registre de la fidélité. Mais comment interpréter le refus d'Édith Cresson de voter la parité hommes-femmes pour les listes électorales des européennes de 1979, alors même que Pierre Mauroy et Michel Rocard y étaient favorables et que François Mitterrand s'était abstenu ?

Il sait pertinemment qu'il peut compter sur ces vaillantes petites soldates, bien plus fidèles, bien plus dévouées, bien plus entières encore que ces « dauphins » qui lui prêtent allégeance tout en rêvant à sa succession.

Clivage des générations ? Parmi celles qui ont rejoint le PS après 1974, souvent après un détour dans une association féministe, une petite centaine de femmes, particulièrement rebelles, n'entendent pas désarmer. La fronde perdure au point qu'après les élections législatives de 1978, déçues de n'avoir qu'une seule élue — Marie Jacq dans le Finistère —, excédées de constater que leur cause est toujours le dernier des soucis des responsables au sommet, trois d'entre elles décident de former un courant « Femmes ». Françoise Gaspard, le maire de Dreux, Cécile Goldet, membre du comité directeur, appartenant au CERES, et la rocardienne Édith Lhuilier entendent bien, disent-elles, installer un rapport de forces en leur faveur au sein du parti.

« Pourquoi pas un courant homosexuel ? » ricane Charles Hernu. De son côté, Marie-Thérèse Eyquem, pourtant affaiblie par une maladie dont elle décède peu après, défend avec énergie le Premier secrétaire : « Adopter une ligne politique en tant que femme me paraît aberrant ! Que les animatrices du troisième courant évitent de créer un État dans l'État ! »

François Mitterrand est furieux et le fait savoir à Françoise Gaspard : que viennent faire ces histoires de femmes au lendemain d'un échec historique qui pose à la gauche des problèmes autrement sérieux ? Pourtant, il n'est pas question pour lui de se mettre en travers et de faire des « martyres » de ces activistes de l'émancipation qui, après tout, pourraient peut-être donner du PS une image plus jeune et plus attractive. Aussi, à certains caciques qui réclament l'élimination pure et simple de ce courant « harem », comme l'ont aimablement baptisé quelques-unes de ses adeptes hostiles à ces nouvelles suffragettes, il rappelle l'esprit des statuts qui autorisent la libre expression de tout un chacun. D'ailleurs, quand il reçoit les trois femmes dans son bureau, place du Palais-Bourbon, il les écoute développer leurs arguments, pose peu de questions mais, fair-play, leur souhaite tout de même bonne chance !

Sans doute n'ignore-t-il pas que seul un miracle, en cette année 1979, leur permettrait d'atteindre au prochain congrès de Metz la fatidique barre de 5 % de voix qui consacrerait leur existence. Il s'offre alors d'autant plus facilement le luxe d'être bienveillant à leur égard. En effet, comme la moitié des troupes de ce courant frondeur — dont Françoise

Gaspard et Cécile Goldet — est rentrée au bercail à l'approche du congrès pour signer les motions de leurs chefs respectifs, Pierre Mauroy et Jean-Pierre Chevènement, il assure les irréductibles de son parrainage. Celui-ci est en effet devenu indispensable, pour des raisons de procédure, si elles veulent déposer la motion trouble-fête.

Au moment fatidique des votes, ce dernier quarteron de gêneuses obtient seulement 1 % des voix... Mais, pendant près de dix-huit mois, il va jouer le rôle de « poil à gratter » avec, notamment, la publication d'une revue impertinente, intitulée par dérision *Mignonnes, allons voir sous la rose si...*

Souvent suspecté de misogynie rampante, particulièrement au moment des élections législatives ou municipales, pour n'avoir pas assez usé de son influence pour imposer des candidatures féminines en nombre suffisant, l'ancien Premier secrétaire du PS, devenu président de la République, va savourer sa revanche après 1981.

En effet, ses successeurs de la rue de Solferino se révèlent, comme il l'avait pressenti, d'impitoyables « tueurs » dans la course aux postes. Fermement décidés à barrer la route à celles qui entendent prendre leur part dans la gestion du parti, sous le prétexte que « toute place offerte à une femme est perdue pour un homme »...

« Toutes les promesses faites aux militantes socialistes de 1971 à 1981 l'ont été par le seul François Mitterrand, jamais par le parti, assure aujourd'hui Édith Lhuilier, l'une des rebelles qui, pour avoir appelé à voter en 1981 pour Huguette Bouchardeau, a été ensuite exclue du PS. A chaque fois, c'était Yvette Roudy qui se démenait pour le convaincre. Maintenant, je reconnais qu'il était davantage ouvert que les autres leaders à l'émancipation des femmes, sans doute parce qu'il se plaît sincèrement en leur compagnie. Et puis, avec le recul, j'apprécie cette fidélité qu'il conserve vis-à-vis de celles qu'il a aimées. Cela me le rend sympathique. Bien sûr, à l'époque, cela lui était plus facile de nous faire des concessions, les autres chefs de courant avaient déjà tellement de difficultés à imposer leurs hommes qu'ils n'avaient plus de place pour nous ! »

« Si je suis entrée au comité directeur au congrès de Pau en 1975, c'est grâce à lui, confirme de son côté Yvonne Théobald, j'étais déjà secrétaire générale du groupe parlementaire depuis 1971, mais là, je ne m'y attendais pas. Je suis allée le trouver cité Malesherbes, je m'étonnais car je n'avais pas fait acte de candidature. " On m'a proposé votre nom ", m'a-t-il expliqué. La preuve qu'il en avait pris l'initiative, c'est que personne ne m'a confirmé sa version. Pourtant, si j'avais eu un " parrain ", celui-ci aurait été trop content de me le faire savoir ! Pareil quand il m'a envoyée à Djibouti pour faire sa campagne présidentielle de 1974. " Il faut envoyer Yvonne, elle ne se laissera pas faire ", disait-il. » Cette confiance, il l'a reportée sur sa fille, Marie-Ange, actuellement chargée de mission à l'Élysée et immergée dans la politique active depuis l'âge de dix-huit ans. C'est en effet à la demande expresse de François Mitterrand que Marie-Ange Théobald, après avoir fait la campagne de 1981 à ses côtés, a été chargée des relations avec le Parlement dans l'équipe Mauroy avant de gagner l'Élysée en 1985.

« Lorsque François s'occupait du parti... » Yvette Roudy n'est pas la seule, loin de là, à avoir entonné cette antienne depuis 1981. Au congrès de Bourg-en-Bresse, en 1983, les militantes enregistrent leur première déception d'après mai : le comité directeur refuse de soumettre les textes féministes à la discussion.

A Toulouse, en octobre 1985, elles ont un nouveau motif d'insatisfaction : à quelques mois des élections législatives, elles flairent que leurs dirigeants, Lionel Jospin en tête, n'ont aucunement l'intention de respecter le quota de 20 %. Fermement décidées à ne pas se laisser faire, elles concoctent en catimini une résolution de « rappel à l'ordre » qu'une cinquantaine d'entre elles, emmenées par les ministres Yvette Roudy, Édith Cresson et Edwige Avice, portent à la tribune en pleine séance du congrès. Avant d'arriver à la tribune, elles doivent essuyer réflexions et quolibets, tous plus délicats les uns que les autres : « Les femmes aux fourneaux ! », « occupez-vous plutôt de vos balais ! », « qu'elles retournent à leurs casseroles ! »

Du fond de son palais de l'Élysée, François Mitterrand se dit que les misogynes ne sont pas toujours ceux que l'on croit ! Sous sa direction, aucun de ces machos, pense-t-il non sans raison, n'aurait osé s'exprimer ainsi face à des femmes. Libérés de sa tutelle, les voilà donc en train de dévoiler leur vraie nature !

Quand, en 1989, Yvette Roudy, ex-ministre et secrétaire nationale chargée du secteur féminin, tente de convaincre Pierre Mauroy, le nouveau Premier secrétaire, de faire respecter, aux élections municipales, le nouveau quota de 30 % (voté en 1988), on l'écoute poliment. Et on lui répond, quand celui-ci n'est pas atteint : « On ne pouvait pas faire autrement. »

L'affront sera pire encore pour l'intraitable Yvette, qui n'a pas renoncé, en dépit de ces avanies, à sa croisade féministe. Alors qu'en juin 1992 elle s'installe à la tribune du congrès de Bordeaux pour faire son exposé, les participants quittent la salle, les uns derrière les autres, sans agressivité, mais, pis, dans l'indifférence la plus totale. Au bout d'une demi-heure, il reste... une douzaine de congressistes !

Peut-être les responsables du PS imaginent-ils avoir si bien réglé la question de la représentation féminine qu'il ne convient même plus d'en parler. A moins qu'ils n'estiment que, en ayant imposé directement des femmes ministres, conseillères à l'Élysée ou dans la haute fonction publique, le président de la République les ait dispensés de réfléchir à ce problème.

Complices d'un système qui exalte le fait du prince dans l'accession des femmes au pouvoir, les leaders du PS s'en trouvent aujourd'hui être les victimes. Au moment même où les écologistes, qui veulent être à l'avant-garde de la mixité en politique, réussissent une remarquable percée auprès de l'électorat féminin, ce qui n'est peut-être pas tout à fait un hasard.

6.

LA FEMME DE FRANÇOIS

Quelques mois avant que ne s'engage la campagne présidentielle de 1981, François Mitterrand confie une mission à sa femme Danielle : organiser une grande campagne d'information sur le Salvador, pays d'Amérique latine surveillé de près par les États-Unis. L'Internationale socialiste, qui regroupe les principaux partis socialistes occidentaux, a décidé d'y soutenir les guérilleros du petit parti social-démocrate de Guillermo Ungo. Associés au puissant parti communiste local, ils combattent Napoléon Duarte, l'homme lige des Américains. Il s'agit donc de sensibiliser les socialistes français aux difficultés de l'opposition salvadorienne et de recueillir des dons qui lui seront expédiés. Danielle Mitterrand, passionnée de longue date par toutes les luttes du tiers-monde, prend aussitôt fait et cause pour ce nouveau combat.

A chaque meeting de son candidat de mari, on la voit, l'après-midi qui le précède, s'affairer dans la salle qui va l'accueillir et coller des affiches qui exaltent les vertus des guérilleros salvadoriens. Son enthousiasme serait-il contagieux ? De Lionel Jospin à Didier Motchane, de Jacques Delors à Catherine Lalumière, de Nicole Questiaux à Georges Fillioud, on se bouscule en tout cas pour faire partie de la modeste association « Solidarités-Salvador ». A se demander si ce soudain empressement pour ce petit pays jusque-là oublié n'est pas davantage guidé par le seul souci de complaire à « la femme de François » !

Être « la femme de François » : la jeune Danielle Gouze réalise ce que cela signifie le jour de son mariage, le samedi 28 octobre 1944, à l'église Saint-Séverin. Il y a là Henri Frenay, le ministre des Anciens Combattants, qui fut l'un des principaux dirigeants de la Résistance, et Roger-Patrice Pelat, le compagnon de captivité, tous deux témoins des mariés. Les amis du foyer étudiant de la rue de Vaugirard, François Dalle, futur P-DG de L'Oréal, et André Bettencourt, futur ministre gaulliste, sont là eux aussi. Et bien d'autres encore qui pressentent que le jeune marié piaffe dans l'attente d'un destin plus que d'une carrière.

Tous se sont débrouillés pour que le mariage ressemble à une vraie noce, en dépit des restrictions et des tickets d'alimentation toujours en vigueur. L'un est allé en Bretagne chercher des volailles tandis qu'un autre a déniché des œufs, cette denrée rare dans la capitale. Enfin, une collecte a été organisée pour acheter du tissu et payer les services d'une couturière.

Noyée sous une avalanche de tulle blanc, un bouquet de fleurs pâles à la main, la mariée est ravissante. Aux côtés du leader du Mouvement national des prisonniers de guerre, éphémère ministre du gouvernement provisoire du général de Gaulle, sûr de son charme dans son smoking, la trentaine, elle paraît bien jeune — elle s'apprête à fêter ses vingt ans — et même enfantine. Surtout quand elle entonne, à la fin du repas, en mimant avec ses mains, une chanson désuète : « Allons cueillir les roses de mon rosier, petit panier, petit panier d'osier... »

Le « choix de François » a surpris ses frères et sœurs auxquels il a présenté Danielle peu avant le mariage, comme « sa fiancée, laïque, démocrate et républicaine ! ». Ils savent seulement qu'elle est la sœur d'une collaboratrice d'Henri Frenay, la future productrice de cinéma Christine Gouze-

Renal. Ils ignorent en revanche tout du rôle que celle-ci a joué dans cette union et de l'insolite rencontre qui en est à l'origine.

Tout est arrivé à cause d'une photographie... D'une séance de photos au célèbre studio Harcourt que Christine a offerte à Danielle pour ses dix-huit ans, elle a conservé un portrait qui trône sur un piano. Un après-midi de février 1944, le petit groupe de résistants se retrouve chez Christine dont l'appartement leur sert de boîte aux lettres. Morland, le nom de résistance de Mitterrand, remarque cette jeune beauté sur papier glacé, pommettes hautes, regard de chat, cheveux mi-longs noués en arrière, habillée d'un strict chemisier sombre à col châle égayé d'un petit volant de mousseline :

« Qui est-ce ?

— Ma sœur.

— Quel âge a-t-elle ?

— Dix-huit ans sur la photo, dix-neuf maintenant.

— Et que fait-elle ?

— Elle prépare son bac philo en Bourgogne.

— Elle me plaît, je l'épouse. »

Reste à convaincre l'élue... Christine va s'en charger. Elle-même éprouve un tendre sentiment pour Roger-Patrice Pelat, mais Mitterrand la fascine. Elle l'imagine déjà en beau-frère et convoque derechef sa sœur à Paris pour les vacances de Pâques. « Je t'ai trouvé un fiancé », lui écrit-elle. Mais le dépit de Danielle est à la hauteur de l'enthousiasme de sa sœur ! Elle qui s'attend à rencontrer un prince charmant découvre, au rendez-vous qui a été fixé Chez Beulemans, un restaurant du boulevard Saint-Germain, « un type en face duquel on n'aimerait pas se trouver seule au coin d'un bois [1]. » Imperméable mastic, fine moustache et chapeau tombant sur le nez, le clandestin, qui se sait recherché, arbore une allure de conspirateur peu engageante aux yeux de cette provinciale en socquettes.

La cadette est d'autant plus déçue que — timidité, maladresse, orgueil? — Morland fait étalage d'une verve caustique et charmeuse qui la désarçonne. D'un signe de tête, Danielle fait comprendre à sa sœur que ce fiancé-là ne lui plaît vraiment pas. Quand elles sont seules, elle éclate : « Je ne peux pas être amoureuse de lui parce que c'est un homme. Moi, ce que j'aime, ce sont les garçons[2] ! »

Le « fiancé », lui, ne se décourage pas. Au contraire, cette jeune fille boudeuse, têtue et spontanée, lui plaît davantage encore. Deux mois plus tard, comme il doit se rendre à Toulouse pour le mariage de son ami Jean Finifter, un compagnon de stalag, il s'arrête à Cluny où est réfugiée la famille Gouze. Le père, Antoine, un ancien principal de collège, a été limogé par Vichy parce qu'il avait refusé de dénoncer ses élèves israélites. On lui a fait payer également ses idées : franc-maçon, farouchement laïc, il a le cœur à gauche et ne s'en cache pas. Par son fils Roger, il est entré dans la Résistance en hébergeant quelques-uns de ses chefs, dont Henri Frenay, le responsable du réseau Combat, et son amie Bertie Albrecht.

Coïncidence : en février 1943, Mitterrand a rencontré le couple pour l'informer des activités de résistance d'un Mouvement des prisonniers de guerre en gestation. Un mois plus tard, Henri Frenay et Bertie Albrecht sont hébergés chez les Gouze qui participent à la rédaction de tracts et à leur diffusion. Danielle, que l'on tente de préserver, devine ce qui se trame, mais surtout elle est fortement impressionnée par la personnalité hors du commun de Bertie, cette grande bourgeoise issue de la haute société protestante, qui est volontairement entrée en usine dans les années 30 comme surintendante, un métier à mi-chemin du contremaître et de l'assistante sociale.

L'arrestation de Bertie à Mâcon par la Gestapo en juin 1943, puis l'annonce de sa mort en cellule à Fresnes la marquent profondément. Sans doute pense-t-elle à cette héroïne de la Résistance, quand, pendant l'été 1944, l'adolescente s'engage comme apprentie infirmière dans le maquis bourguignon. Le capitaine Morland peut plaisanter au moment de son mariage sur « cette petite fille qui faisait de la résistance », Danielle témoigne, en tout cas, par sa fidélité au souvenir de Bertie Albrecht et aux engagements passés que les tribulations de « l'armée des ombres » ne sont pas seulement un thème de discours valorisant pour politicien pressé de gravir les échelons du pouvoir...

Antoine Gouze accueille sans trop de réticences ce futur gendre qui rêve à haute voix d'une famille nombreuse et qui a déjà programmé les prénoms de ses futurs enfants. Le père de Danielle, libre-penseur, assez fasciné par l'esprit et la culture du jeune homme, en oublierait presque que ce fiancé si déterminé est un pur produit d'une éducation calotine qu'il exècre ! « La maman », comme l'appellera affectueusement Mitterrand, n'est pas insensible, de son côté, à ce beau parleur distingué dont Christine lui a vanté avec fougue les mérites de résistant. Lui se plaît dans cette famille libérale sans préjugés à son égard, aux antipodes de la sienne. « Toujours ce goût de la rupture », note Franz-Olivier Giesbert[3]. Et de la provocation. Après tout, il n'est pas courant dans la France de ces années-là que, dans un couple, la femme soit l'athée et l'homme le catholique. Même chez les socialistes les plus anticléricaux de la IIIe République, la tradition voulait qu'on tolère au moins chez les épouses une dévotion religieuse de bon aloi et qu'on baptise, certes sans ostentation, les enfants. Couple atypique, celui de Danielle et François l'est déjà pour cela.

« Que pouvait bien penser le père du marié, si dévoué à la cause de l'école catholique, et qui n'avait aimé ni Léon Blum ni le Front populaire, s'interroge Robert Mitterrand, lui qui s'était tant réjoui de voir successivement Geneviève et Philippe contracter des unions exactement conformes aux traditions de son milieu ? Les parents de la mariée n'étaient-ils pas choqués de voir leur fille se marier à l'église et s'unir pour la vie avec un homme tout imprégné des convictions de son enfance ? Des deux côtés, ce qui primait, c'était avant tout le respect des libertés individuelles, et si François voulait épouser Danielle, et si Danielle voulait épouser François, le premier devoir des parents était de respecter cet accord réciproque [4]. » Difficile d'ailleurs d'agir autrement avec ces deux êtres aussi obstinés, aussi entiers et aussi têtus l'un que l'autre.

Attelée fin mai 1944 à la révision de son bac, Danielle Gouze n'a d'ailleurs pas toutes ces complications en tête. Elle a fini par « craquer » pour le beau François. « J'ai senti que c'était un être exceptionnel, instinctivement, sans trop savoir pourquoi. Il s'est employé à me plaire... et il y est arrivé [5]. » Elle rêve désormais que tout aille vite et décrète que le mariage aura lieu le jour de ses vingt ans. « Dès qu'un sentiment naissait, a-t-elle confié à ses hagiographes, Michel Picar et Julie Montagard, on avait hâte qu'il s'épanouisse car l'on ne savait jamais à quel terme il était promis. » Leur histoire va se précipiter au même rythme que les événements. Mais Morland, de plus en plus recherché par la Gestapo, confie alors à ses amis la protection de Danielle.

La fiancée du « chef » est en train de passer la seconde partie de son baccalauréat à Lyon, la veille du débarquement allié en Normandie, quand un ami de François Mitterrand, Ferréol de Ferry, vient l'enlever à ses examens. Le clandestin a perdu des photos, et parmi elles il y en a une qui représente Danielle. Les fiancés ne restent pas longtemps à Paris où la cachette de Morland est trop peu sûre. Ils rentrent à Cluny où ils se séparent.

A son tour, Danielle entre dans la clandestinité. Avec une amie, la belle-sœur de son frère Roger, elle travaille sous les ordres d'un médecin auprès des maquisards blessés. Au moment où les Allemands décident à la mi-août de bombarder Cluny, Mitterrand envoie son ami Jean Munier chercher

Danielle. Il est chargé de l'emmener à Dijon chez ses parents. Là, Danielle doit attendre son fiancé en compagnie de la femme de Munier, jusqu'à la victoire. Enfin, le 11 août au soir, Dijon vient à peine d'être libéré, les deux hommes viennent chercher leurs dulcinées. Pendant ce voyage vers Paris, les deux fiancés parlent de l'avenir...

Depuis leur première rencontre, boulevard Saint-Germain, Danielle et François se sont, en réalité, fort peu vus. L'une des sœurs du marié, pour qui « le mariage doit être une chose consciente et réfléchie », s'inquiète de savoir sur quels critères Danielle a « choisi » François. « Aucun », lui répond-elle. « Comment cela, aucun ? Mais on ne peut pas bâtir une vie à deux comme cela ! » s'étrangle sa future belle-sœur. « Pour moi, insiste Danielle, qu'on y réfléchisse ou pas, le mariage est une loterie. Un élan m'a poussé vers François et, de cet élan, nous allons essayer de faire un bon mariage. » Qu'ils n'aient guère eu le temps de se préparer à une vie commune ne l'inquiète pas : c'est le lot de tant de couples à l'époque !

Mariée pour le meilleur et pour... la politique

Ce qu'elle comprend vite, c'est qu'il est illusoire de vouloir se raccrocher au modèle de ses parents, dont la vie s'est écoulée dans une intimité familiale paisible et chaleureuse. Elle doit très tôt s'accommoder d'un mari « courant d'air ». « Les premiers temps de notre union furent difficiles, confie-t-elle à leur ami Charles Moulin. François était toujours parti pour des réunions, des congrès, des rendez-vous officiels, le Mouvement des prisonniers, leur journal, *Libres,* la rue Jean-Mermoz [où est installée la revue *Votre Beauté*]... De plus, il avait gardé ces habitudes de secret obligatoires au temps de la Résistance et on ne savait jamais où il était... »

La vie est d'autant plus lourde à supporter qu'un deuil l'a terriblement affectée. Et puis elle souffre pour ce mari, qui ne s'épanouit guère dans cette vie agitée qui ne débouche sur aucune perspective sérieuse. Parce qu'« il faut vivre », après qu'il eut dû céder la place qu'il occupait provisoirement au Commissariat des prisonniers de guerre à Henri Frenay, devenu ministre à part entière, il se retrouve directeur de la revue *Votre Beauté.*

« Qu'est-ce que je fais là ? » répète-t-il chaque soir à sa femme. On se le demande. L'ex-capitaine Morland, héros de la Résistance, a atterri en effet dans le fleuron journalistique du très conservateur Eugène Schueller. En échange d'un bureau, d'une voiture et d'un salaire, on lui demande de veiller à la bonne marche de la Société des éditions modernes et parisiennes (SMEP) dont les fleurons sont *Votre Beauté* et *Coiffures de Paris.*

Certes, la presse féminine n'est pas à dédaigner, mais, pour un esthète épris de littérature qui rêve de se servir du tremplin de la SMEP pour éditer des livres, ce magazine d'esthétique n'est, à l'évidence, pas à la hauteur de ses ambitions. Le voilà pourtant contraint de se rendre régulièrement au 38, rue Jean-Mermoz, dans le VIIIe arrondissement, au siège du journal. L'environnement est très féminin, puisque, excepté le rez-de-chaussée occupé par une maison d'édition musicale, le reste des étages se répartit entre *Votre Beauté,* un institut de beauté et une maison de couture... « François cherchait à infléchir l'orientation du magazine et voulait en faire une revue littéraire ! » explique sa femme Danielle[6].

C'était méconnaître ou vouloir ignorer les ambitions d'Eugène Schueller, qui avait justement créé le journal en 1932 pour servir de support journalistique aux produits de sa société, L'Oréal. Seul magazine d'esthétique à reparaître en zone Nord en 1940, il a d'ailleurs continué tout au long de la guerre à vanter les produits maison et... la « révolution nationale ». Particulièrement préoccupé de l'« avenir de la race », *Votre Beauté* est dirigé par un rédacteur en chef, Lucien François, dont les articles magnifient le « redressement intellectuel » et la « régénération morale » chers au maréchal Pétain. Ses éditoriaux ne cessent de louer les vertus de l'éducation physique. De leçon d'escrime en conseil aux nageuses, de mouvements de culture physique illustrée aux exercices d'haltères, la revue, qui refuse énergiquement d'être le « journal des femmes frivoles », se transforme quasiment en magazine sportif !

A la Libération, l'insubmersible Lucien François, pétainiste mais aucunement proallemand (il refuse de publier de la propagande dans ses pages et la revue sera suspendue à plusieurs reprises), a, comme par miracle, gommé toute référence idéologique de ses articles. Il continue, néanmoins, d'exalter auprès de ses chères lectrices, dans les mêmes termes, « la culture méthodique de toutes les possibilités physiques que la nature a mises en vous » et signe dans un numéro de 1946, à l'époque où le directeur s'appelle François Mitterrand, un « Éloge de la marche », identique à un article de 1943, références maréchalistes en moins.

Réorienter complètement la revue permettrait peut-être à son nouveau directeur de combler ses aspirations littéraires et, accessoirement, de tirer un trait sur une histoire peu conforme à son passé de résistant. Mais telle n'est pas l'intention des administrateurs qui ont renouvelé leur confiance au très pétainiste Lucien François et à toute son équipe de rédactrices. Seules les publicités changent : on y voit beaucoup plus fréquemment de la réclame pour les nouvelles lotions capillaires colorantes de L'Oréal. . « Les heurts se sont multipliés avec le conseil d'administration qui a fini par le mettre à la porte ! » Cette version de Danielle Mitterrand est corroborée, en plus nuancé, par Pierre Lefort, l'actuel P-DG de la société des éditions du Rond-

Point, ex-SMEP, dont le père a été le patron direct de François Mitterrand.

Ce dernier ne semble guère en avoir conçu d'amertume. D'autant qu'en novembre 1946 il se fait élire député dans la Nièvre grâce, murmure-t-on, à l'appui du si généreux Eugène Schueller. Adieu la presse ! Il rompt son contrat avec la SMEP en janvier 1947 au moment même où il vient d'être nommé ministre des Anciens Combattants et victimes de guerre dans le cabinet de Paul Ramadier.

Sa femme Danielle a alors vingt-deux ans et elle est la plus jeune épouse de ministre du nouveau gouvernement. Quand Mme Auriol la convie à l'occasion d'un thé présidentiel avec les autres épouses, elle se présente, intimidée, sur le perron élyséen.

« Quel est le nom de votre père, mademoiselle ?

— M. Gouze.

— Mais il ne figure pas sur la liste des ministres ?

— Non, il est directeur de collège, c'est mon mari qui est ministre... »

Quarante-cinq années plus tard, sa mémoire a sélectionné cette anecdote quand elle confie un peu, très peu, de ses débuts de « femme de... » dans son livre *La Levure du pain*[7].

Ce « métier » ne l'enchante guère. Ce n'est pas un hasard si lui revient également le souvenir d'un inextinguible fou rire alors que, épouse du ministre des Anciens Combattants, elle doit présider le comité chargé de répartir les aides aux enfants orphelins des victimes de la Résistance et victimes de guerre. Chapitrée par son aînée, elle tente de faire oublier son « air de petite fille espiègle » en disciplinant ses cheveux, se coiffant d'un chapeau et s'habillant de sombre. Du moins s'essaie-t-elle à avoir l'air d'une « présidente ». « Allez donc chasser le naturel ! se récrie-t-elle. Au hasard d'un miroir, la rencontre inopinée de l'une et de l'autre des deux personnalités que je tentais de conjuguer a déclenché au moment le plus inopportun un fou rire qu'un regard réprobateur ne faisait qu'amplifier. Épouses de généraux ou de colonels à la retraite, de trente ou quarante ans mes aînées, ces dames, fort respectables, dans un silence pesant, durent attendre que je reprenne mes esprits. »

Le protocole l'assomme, elle supporte mal d'être toujours accompagnée d'un inspecteur de police, et redoute de perdre les bijoux prêtés par Cartier ou Van Cleef. « Je me suis assez vite demandé, s'inquiète Roger Gouze, comment ma plus jeune sœur dont je devinais le caractère un peu farouche, fille de la nature plus que de la ville (“ le plus bel exemple d'éducation à la Rousseau ”, m'a dit un jour son mari), s'accommodait d'une existence aussi décousue[8]. »

Elle s'en accommode tant bien que mal. Quelle femme supporterait avec le sourire aux lèvres une vie chaotique, un mari souvent absent — elle élève presque seule leurs deux garçons, Jean-Christophe et Gilbert —, plutôt charmeur et, qui, reconnaît-elle, a un « goût inné pour la liberté » ? Récriminer, tempêter, revendiquer ? Ce n'est pas son genre. Et puis elle n'ignore pas que, si cet homme d'autorité et d'action a été attiré par elle, secrète et audacieuse en même temps, c'est bien parce qu'elle incarne ce à quoi il aspire de retour au foyer : un havre de paix et de détente, animé par une femme douce et bienveillante. Même si elle n'est pas forcément passive.

Danielle Mitterrand est un personnage complexe. « Elle a l'orgueil des timides qui veulent réussir », assure un de leurs proches. Déjà dominée dans son adolescence par un père à la forte personnalité, couvée par une aînée qui la surprotège, elle résiste pour s'aménager, à la manière de la romancière anglaise Virginia Woolf, une « chambre à soi ». « Un terrain sur lequel personne ne viendrait chasser, en accord avec ses tendances profondes », définit cet ami. Son action en faveur des droits de l'homme dans laquelle elle se jettera avec ardeur à partir des années 80 fera partie de ces « chasses gardées ». Mais elle est encore, en ces années 50, trop jeune, trop désarçonnée par cette vie politico-mondaine et trop intimidée par ce mari imposant pour imaginer alors se lancer à son tour dans la vie publique.

Sa « chambre à soi », c'est, à l'époque, un atelier de reliure qu'elle s'est aménagé dans une chambre de bonne au sixième étage de leur immeuble. Perfectionniste, elle devient une vraie « pro » : un livre d'or commandé par le journal *Elle,* relié par ses soins, est offert en avril 1958 à la reine d'Angleterre en déplacement à Paris. Et, aujourd'hui, on lui signale des ventes où le commissaire-priseur fait remarquer aux bibliophiles avertis certains livres « reliés par Danielle Mitterrand ».

Repliée sur sa vie privée et familiale, elle se repose sur quelques amis inconditionnels dont le plus fidèle est un professeur d'éducation physique associé à tous les événements quotidiens, sur sa sœur Christine et son beau-frère, l'acteur Roger Hanin, ainsi que Roger Gouze, le frère aîné. Elle ne prise guère les cérémonies officielles imposées aux épouses de ministres. Contrainte et forcée, elle fait une exception en 1956, lors de la nomination de son époux au ministère de la Justice : la famille déménage place Vendôme et elle doit se plier à quelques obligations mondaines. Plus les années passent, plus le couple s'habitue à cette vie découpée en compartiments étanches, dans laquelle chacun respecte l'indépendance de l'autre. Étonnant couple dont le mode de vie intrigue parfois, mais qui, assurent leurs amis, force le respect tant on y sent, les années passant, d'estime et de solidarité réciproques.

Cette vie chaotique, où il faut endurer les absences à répétition pour cause de comice agricole, de meeting électoral et d'inaugurations diverses, est le lot de toutes les épouses d'hommes politiques. A l'époque, on n'en parle guère, sauf quand l'une d'entre elles défraie la chronique.

C'est le cas d'Yvonne Chevallier, l'épouse de Pierre

Chevallier, député-maire d'Orléans, secrétaire du groupe parlementaire de l'UDSR, et grand ami du couple Mitterrand (il a fait un long voyage en Afrique avec eux en janvier 1950). Parce qu'elle supporte de plus en plus mal d'être ouvertement délaissée pour une commerçante de la ville, Mme Chevallier achète un revolver dans l'intention de se suicider. Mais c'est son mari qu'elle assassine de deux balles de revolver le 12 août 1951. La veille, Pierre Chevallier a été nommé secrétaire d'État à l'Enseignement technique, et une scène plus violente que les autres a éclaté entre les deux époux.

Il s'agit d'une affaire passionnelle, pas d'une affaire d'État, même si le milieu politique en suit de près les rebondissements. Il n'empêche : les Français, et surtout les Françaises, qui prennent d'instinct la défense de l'épouse abandonnée, se passionnent pour un crime qu'une femme de ministre a commis, expliquent les journaux avec force détails, parce qu'elle n'a pu suivre l'irrésistible ascension de son mari. Lucie Faure, l'épouse du ministre de la Justice, propose négligemment à son mari Edgar de recueillir le témoignage de toutes les épouses de ministres en faveur de Mme Chevallier... « Depuis cette histoire, ironisa-t-elle à l'époque, les ministres sont plus gentils avec leurs femmes. »

Edgar Faure, qui surveille attentivement le déroulement de l'instruction, flaire le climat extrêmement tendu dans lequel ne manquera pas de se dérouler le procès. Il a été décidé qu'Yvonne Chevallier serait jugée à Reims, devant les jurés de la Marne pour plus de sérénité. Et on a dépêché de Paris l'avocat général Lindon — père de Jérôme Lindon, l'éditeur parisien —, visiblement bien décidé à ne pas accabler l'accusée. Le procureur général de la Champagne a avancé, comme par hasard, une opération abdominale programmée après le procès. Après vingt minutes à peine de délibération, Yvonne Chevallier est acquittée. La foule applaudit, et, si l'accusée n'avait pas été emmenée au palais en fourgon cellulaire, nul doute qu'elle n'ait été portée en triomphe.

La classe politique est peut-être soulagée par l'issue de ce procès qu'elle redoutait et qui lui évite une campagne de rumeurs pénible pour certains, mais un verdict aussi clément a en même temps de quoi la faire réfléchir : le jury populaire de la Marne vient de décider que l'épouse bafouée a parfaitement eu raison d'abattre un époux inconstant et que celui-ci a eu le sort qu'il méritait...

Dans cette IVe République balbutiante, Danielle Mitterrand, qui a suivi comme tout un chacun — et même davantage car Pierre Chevallier était leur ami — les péripéties de cette malheureuse affaire, se passionne assez peu pour les événements politiques du moment. Ce n'est pas par manque d'intérêt pour les affaires du pays, mais c'est tout simplement parce qu'elle ne comprend pas pourquoi son époux accepte de se « compromettre » avec des hommes de droite.

Son sens politique, hérité d'un père fermement ancré à gauche, est heurté par toutes ces alliances opportunistes et ces accords de gouvernement concoctés en coulisses par des partis tout-puissants. Plutôt que de polémiquer, elle préfère se réfugier dans son atelier de reliure. En revanche, elle ne cache guère sa joie quand, en 1958, son mari s'oppose fermement à de Gaulle. Elle n'a pas influencé son « non » au Général, mais elle l'approuve entièrement. Mais c'est l'affaire de l'Observatoire, en 1959, qui la décidera réellement à s'engager aux côtés de son mari. Désormais, il y aura « avant » et « après ».

« Appartenir à l'histoire, c'est appartenir à la haine », disait André Malraux. Avec cette affaire, Danielle Mitterrand en fait l'amère expérience. « Cette machination où l'on a voulu immoler un homme », résume-t-elle, l'a rendue, de son propre aveu, « écorchée vive ». D'autant que son fils Jean-Christophe doit subir les quolibets de ses camarades de classe. « Il saute bien les barrières, ton père », se moquent les gamins du lycée Montaigne, proche, justement, des fameux jardins[9]. Alors, pour la première fois, cette épouse jusque-là effacée, réservée et secrète à tous ceux qui n'appartiennent pas au « clan », se rebiffe.

Lui vient l'idée de demander de l'aide à Pierre Lazareff, l'influent patron de *France-Soir,* l'ami de tous les gouvernements en place. Elle le connaît bien, lui et sa femme Hélène, la fondatrice de *Elle,* pour avoir passé de nombreux dimanches chez eux dans leur propriété de Louveciennes. La sachant esseulée le week-end avec ses deux fils à Paris tandis que son mari était requis dans la Nièvre par ses obligations politiques, ils ont pris l'habitude de lui envoyer une voiture qui la raccompagne le soir avec ses enfants. Chez les Lazareff, Danielle trompe son ennui dominical dans une ambiance mi-mondaine, mi-familiale, entre parties de cartes, jeux de société et conversations amicales.

Une lecture attentive de *France-Soir* aurait dû éclairer Danielle : les « papiers » du quotidien sur le sujet ne varient guère de la tonalité générale, mi-ironique, mi-méprisante, mais elle est d'un tempérament obstiné, voire buté. Débarquant à Louveciennes un dimanche de novembre, près de quinze jours après l'affaire, sans y être invitée, son arrivée suscite un pesant silence, gêné, presque hostile. Les joueurs de cartes en arrêtent leur partie et Guy Béart en lâche sa guitare. Hélène Lazareff, très maîtresse de maison, lui propose machinalement une tasse de thé. Danielle refuse sèchement et demande à parler à son mari.

« Pierre, ce n'est pas possible, lui lance-t-elle, vous savez que François est incapable de ce dont on l'accuse. Vous ne pouvez laisser dire. Il faut que vous engagiez une campagne de presse pour prendre sa défense, tout au moins lui faire crédit. Pourquoi n'est-ce pas déjà le cas ? Vous allez le faire, n'est-ce pas ? »

D'un geste machinal, Lazareff rejette ses lunettes sur le front et rétorque, embarrassé :

« Oui... bien sûr... Mais... »

Elle a compris. Quelques mois plus tard, « l'ami Pierre » se retrouve par hasard en sa présence à une réception. Il s'approche, prêt à lui tendre la main.

« Je ne vous connais pas, se détourne Danielle.

— Enfin, ma petite Danielle, tu sais que je t'aime bien...

— Peut-être, mais moi je ne vous connais pas ! »

L'attitude du patron de *France-Soir,* s'il la déçoit, la conforte aussi dans l'idée que son mari n'a décidément rien à faire avec « ces gens-là », c'est-à-dire les bourgeois, toujours aux ordres d'un régime plutôt qu'au service d'un idéal.

François Mitterrand ne se faisait aucune illusion sur l'issue de cette démarche. Mais il découvre alors que Danielle est sa meilleure alliée, inaltérable, indéfectible, au moment où presque tout le monde l'abandonne. Une attitude dont elle ne se départira jamais, quelles que soient les circonstances. En aucun cas, « François » ne peut avoir tort.

« Son épouse, analyse Max Gallo dans le portrait du président qu'il a tracé sous le pseudonyme de Plutarque, témoignait qu'il existait des êtres pour qui le désintéressement, la générosité, la vérité n'étaient pas que des mots d'estrade. Grâce à elle, à ses convictions, il jugeait les hommes — et d'abord lui-même — moins noirs qu'il n'était disposé à le faire, par un instinct qu'avait nourri toute son expérience politique [10]. »

« *Il faut nationaliser les banques* »

Elle n'a pas décidé pour autant de l'encourager dans le choix qu'il fait de persévérer dans la carrière politique envers et contre tout. Quand il se présente aux élections présidentielles de 1965, elle ne comprend pas ce qui le motive : « Pourquoi fais-tu ça ? lui demande-t-elle. C'est une histoire à prendre des coups et à perdre la tranquillité. » François Mitterrand sait pertinemment que, s'il ne tenait qu'à elle... « Ma femme est la première ennemie du gouvernement », confiait dès 1949 le ministre de l'Information aux journalistes ! A cette époque, elle aspire déjà à ce qu'il redevienne simple député. Alors, président... Mais, puisque de président il est question, candidat qui plus est d'un vaste « front républicain », Danielle ne ménage pas son appui.

Non seulement elle est présente aux meetings, mais elle accueille tous les visiteurs rue Guynemer et assiste aux nombreux déjeuners que donne le candidat pour améliorer ses relations publiques. Elle participe, entre autres, à celui qui réunit, fin novembre 1965, deux journalistes de L'*Humanité Dimanche,* Robert Lechêne et Louis Luc, deux collaborateurs du candidat, Paul Legatte, ancien chef de cabinet de Pierre Mendès France, futur médiateur de la République, et Paul Bordier, ancien gouverneur de la France d'outre-mer. François Mitterrand évoque tour à tour sa campagne électorale — « à Lyon, c'était bouleversant, il y avait une ambiance du tonnerre ! » interrompt discrètement Danielle —, son difficile compagnonnage avec le parti communiste et l'élaboration délicate d'un « contrat de majorité » qui permettrait à la gauche, toujours divisée, de gouverner.

Les deux journalistes aimeraient bien parler avec lui du problème des nationalisations qui tient tant à cœur au PC, mais, à leur grande surprise, c'est... Danielle qui va engager le sujet. A Robert Lechêne qui aborde la politique du logement — « celle-ci vise moins, dit-il, à loger ceux qui en ont besoin qu'à permettre aux sociétés immobilières de faire du profit » —, François Mitterrand rétorque, presque mécaniquement : « Il en est du logement comme des autres secteurs. Il n'y a pas un contrôle suffisant du crédit et des banques. » C'est alors qu'on entend Danielle, restée silencieuse jusque-là, élever doucement la voix : « Il faut nationaliser les banques. » Son mari la fixe, un peu interloqué. « Ma femme est plus à gauche que moi », commente-t-il sobrement comme pour se démarquer de ses propos. Et Danielle de confirmer, narquoise : « C'est vrai. Cela vient de l'éducation que j'ai reçue de mes parents. »

Un ange passe. Mitterrand, qui ne veut manifestement pas être en reste sur sa militante épouse, se lance alors dans un vibrant plaidoyer pronationalisation... Dans leur article, les deux journalistes, qui n'en reviennent visiblement pas de ce soutien inopiné, glosent sur « l'intervention souriante et tranchante de Mme Mitterrand[11] »...

Si, à la table familiale, elle se laisse aller à évoquer ses préférences politiques, en public, elle s'obstine au contraire à offrir le visage lisse et rassurant de l'épouse qui n'a d'autre ambition que de « sauvegarder un foyer accueillant » à son époux. Pourtant, d'une campagne présidentielle à l'autre, Danielle affirme sa personnalité. Une révolution toute en nuances qui ne permet pas encore à l'opinion publique de juger des convictions et de l'action de la future présidente. Mais tout de même...

En 1965, c'est « l'infirmière du maquis » que présente la presse. Une infirmière recyclée en maîtresse de maison, « mon meilleur rôle auprès de lui », souligne-t-elle dans *L'Aurore.* Elle refuse alors obstinément de parler de l'Élysée que convoite son époux et, avant de rencontrer les journalistes, elle prend « l'avis de François ». « Je ne fais rien sans son accord », précise-t-elle.

En 1974, c'est avec la même épouse, apparemment effacée, toujours passionnée de reliure et de jardinage, que renouent les Français pendant la campagne électorale. Mais la jeune femme de 1974 aurait-elle pris de l'assurance par rapport à celle de 1965 ? « Souvent, François me demande mon avis, confie-t-elle à *Paris Match,* il a toujours été très attentif à mon jugement. Si je ne l'accompagne jamais dans les studios de télévision ou à la radio, je le regarde et l'écoute à la maison et je suis sûre qu'à la fin de l'émission le téléphone va sonner. C'est lui qui s'est éclipsé quelques instants pour venir me demander ce que je pense de l'émission. C'est ma façon à moi de militer : être disponible et le soutenir. Ce n'est pas lui qui me cantonne dans ce rôle. Il correspond à mon tempérament et à mon désir. »

Son tempérament, c'est celui d'une militante de base. De la même manière qu'elle a passé des nuits blanches pendant la campagne de 1965 à écrire des adresses sur les bandes du journal électoral de son mari, elle travaille en 1967 au journal *Le Combat républicain.* Tous les après-midi, elle fait du secrétariat, des enveloppes, auprès de Claude Estier, seul pour s'occuper de cette publication.

Après les élections législatives de 1968, désastreuses pour la gauche, les moyens financiers manquent. Tout le monde tourne le dos au présomptueux Mitterrand qui s'est heurté une fois de plus à de Gaulle. Avec quelques fidèles, il lance un mensuel, *Dire,* soutenu à bout de bras par l'indéfectible Estier et une autre journaliste, Nicole Chaillot. De prestigieuses signatures, Jean-François Revel, le juriste Maurice Duverger, le communiste René Andrieu, futur rédacteur en chef de *L'Humanité,* acceptent de collaborer, mais il manque un pilier administratif pour susciter et gérer les abonnements. Aussitôt, Danielle se propose pour cette obscure fonction.

Chaque jour, elle vient rue du Louvre, au siège de la revue, comptabiliser les réponses de la campagne d'abonnements qu'elle a lancée, classer les chèques et s'occuper du courrier. Très tolérant, disent ses amis, Mitterrand écoute attentivement sa femme quand elle expose ses points de vue en public. Mais il conserve tout de même, au dire de ses proches, un je-ne-sais-quoi dans le regard qui signifie : « Vous connaissez Danielle et son tempérament passionné. Écoutez la différence... » Lui qui répugne à parler de sa vie privée s'est seulement laissé aller en 1972 devant la journaliste Hélène Vida : « Danielle me trouve beaucoup trop modéré dans ma vie politique. »

Longtemps strictement hexagonal, son militantisme s'internationalise en septembre 1980 quand elle se joint à l'équipe de « Solidarités internationales », une filiale du PS qui se mobilise à l'époque pour le Salvador. L'intérêt de Danielle pour les grandes causes internationales date de la résistance des Vietnamiens sous les bombes américaines. Mais l'Amérique latine l'attire tout particulièrement : elle a été profondément choquée par l'assassinat du président chilien Allende, et elle se sent une réelle affinité avec le Cubain Fidel Castro. Au point de s'abstenir, aujourd'hui encore, de critiquer son régime sanguinaire. Fin 1992, au cours d'un voyage officiel à Cuba, elle ne trouvait ainsi pas une minute pour recevoir les opposants à Castro et se contentait de qualifier la situation des Cubains de « difficile ». Admirable et prudent euphémisme.

Parce que en 1981, au moment de la campagne présidentielle, elle apporte son soutien aux guérilleros du Salvador, les Américains sont d'ailleurs convaincus qu'elle oriente la politique étrangère de son mari. Ils la soupçonnent même, après 1981, d'avoir inspiré une résolution franco-mexicaine favorable à une aide à la guérilla salvadorienne, et la suspectent également d'avoir tissé autour de son mari un réseau dont son grand ami, Régis Debray, qui a approché Che Guevara dans les années 60 et fut détenu quelques mois en Bolivie, serait le centre.

En fait, quand François Mitterrand est élu président de la République, il n'a rien prévu pour Danielle. Il sait, d'instinct, qu'il est illusoire, vu le caractère entier et parfois incontrôlable de son épouse, de vouloir l'enfermer dans un carcan. D'ailleurs, elle a dicté ses conditions et défini son rôle d'une formule lapidaire : « Je ne veux pas être une potiche. » A peine est-il installé à l'Élysée qu'elle définit les contours de son nouvel emploi : elle accepte de l'accompagner dans les voyages où le couple présidentiel, représentant une nation, vient honorer un pays, mais refuse les autres déplacements qui nécessitent la seule présence du chef de l'État.

A l'usage, elle exprime une seconde réserve, qui n'était pas prévue au contrat initial : celle de s'abstenir d'aller dans des pays où les droits de l'homme sont ostensiblement bafoués.

En janvier 1983, elle refuse ainsi d'accompagner son mari au Maroc. Seul, explique alors « une source proche de l'Élysée », « le problème des disparus marocains justifie son abstention ». Et la même source ajoute que « Mme Mitterrand aurait la même attitude pour tout autre pays concerné par ce problème ». Extrêmement vexé, Hassan II — qui conviera tout de même le président et une amie intime, Anne Pingeot, conservatrice au musée d'Orsay, spécialisée dans les sculptures du XIXe siècle, accompagnés des inévitables François de Grossouvre et André Rousselet, à une visite privée en août 1984 — n'est pas surpris pour autant. L'épouse du président français est déjà intervenue à plusieurs reprises en faveur des prisonniers politiques, soit en lui écrivant directement, soit en recevant les familles des opposants. En mai 1986, elle accepte tout de même, à titre privé, une invitation du sultan marocain dont elle obtient, entre autres, qu'il autorise Abraham Serfaty, prisonnier politique détenu depuis douze ans, à se marier en prison avec sa compagne française.

Si, en avril 1983, elle décide de ne plus accompagner pendant quelques mois le président de la République dans ses déplacements à l'étranger, « par solidarité avec les Français soumis à des restrictions dans leurs voyages hors de France » (à cause d'une modification de la législation sur les changes), elle se rattrape ensuite pour son propre compte. Voyages en Argentine, au Brésil, en Chine, en Centrafrique, à Madagascar, au Mozambique, en Colombie, à la Réunion : pendant les cinq premières années du septennat, rien n'arrête l'impénitente globe-trotter de l'humanitaire.

Il ne s'agit guère de voyages d'agrément, mais chaque

fois d'une cause à soutenir, d'une aide d'urgence à convoyer ou d'un colloque à présider. Qu'est-ce que son mari pourrait bien trouver à redire ? N'assure-t-elle pas une sorte de continuité avec ses propres discours de Cancún ou de Mexico où le président s'est fait le chantre des droits de l'homme et de la juste revanche des pays du « Sud » — du tiers-monde — sur ceux du « Nord » — les pays riches ?

François Mitterrand est le premier surpris de cet activisme parfois brouillon mais toujours sincère. « Ne crois-tu pas que tu en fais un peu trop ? » avance-t-il au début du septennat, en découvrant que sa femme travaille à plein temps à l'Élysée pour moderniser l'ancien service social des « bonnes œuvres », traditionnellement dévolu aux « présidentes ». « De deux choses l'une, rétorque-t-elle sèchement, ou je fais ce travail comme je l'entends, ou tu le donnes à des secrétaires [12]. »

Fort occupé lui-même, le président n'a peut-être pas remarqué que sa femme, perfectionniste de nature, était en train de se découvrir une seconde carrière. « A mon âge, on devrait plutôt aspirer au repos, minaude-t-elle gentiment quelques mois après mai 1981, et je me rends compte que c'est maintenant que ma vie a la plus grande intensité. »

Elle découvre dans le monceau de lettres — 140 000 en dix ans ! —, traité par un secrétariat de dix-huit personnes, qu'elle est, pour beaucoup de Français, « le dernier recours ». Et puis, en décidant d'élargir son horizon élyséen au monde entier, avec une prédilection pour les peuples kurde, tibétain et sahraoui, elle se revoit près de quarante ans en arrière, fougue et enthousiasme intacts. « En 1940, nous, nous disions : “ Résister à l'envahisseur ou aux collaborateurs, aux nazis ou à la Milice ”, écrit-elle dans *La Levure du pain.* Les méthodes de toutes les dictatures sont les mêmes. »

« *The queen of the Kurds* »

Très discrète jusqu'aux élections législatives de mars 1986, l'action humanitaire de Danielle Mitterrand devient tout à coup beaucoup plus voyante. Cela fait trois mois à peine que la droite triomphe à l'Assemblée nationale et cohabite à Matignon quand la « présidente » annonce, sacrifiant à une tradition élyséenne inaugurée par Yvonne de Gaulle, la création d'une fondation. Qu'on ne se méprenne pas : il n'est pas question, comme ce fut le cas pour celles qui l'ont précédée, de « bonnes œuvres » ! Ce qui l'intéresse, répète-t-elle, « c'est la défense universelle des droits de l'homme, priorité de « France-Libertés — Fondation Danielle-Mitterrand ».

Au début du septennat, dès 1982, elle avait déjà fondé sa propre organisation non gouvernementale, l'« Association du 21 juin » (baptisée ainsi par son mari parce qu'ils en avaient parlé ce jour-là) dont la vocation est « la défense des droits et des libertés », puis l'association « Cause commune », créée pour aider les jeunes créateurs en difficulté, et, enfin, « La France avec vous », destinée à faire parvenir au tiers-monde du matériel scolaire et médical. Alors, pourquoi une fondation ? « Par souci d'indépendance, par volonté d'inscrire notre action dans le temps », affirme-t-elle alors. La coïncidence avec l'actualité politique du moment est tout de même troublante. D'ailleurs, à l'Élysée, on encourage discrètement la bonne volonté militante de Danielle. Cette fondation tombe en effet à pic pour contrer le tout nouveau secrétariat d'État aux Droits de l'homme du gouvernement Chirac. De là à penser que l'épouse du président pourrait servir ainsi de « relais » sur un terrain aussi sensible, chasse gardée traditionnelle de la gauche...

Aussi indépendante que veuille être la présidente de la nouvelle fondation, il n'en demeure pas moins qu'elle engage directement son illustre époux de président. « Quand j'interviens auprès des plus hauts personnages de la planète, je m'enquiers toujours de savoir si je le fais opportunément, précise-t-elle en mai 1986 à Élisabeth Schemla, du *Nouvel Observateur*. Jusqu'à présent, j'ai été sur la même longueur d'onde que l'Élysée et, à un moment ou à un autre, j'ai toujours reçu une réponse positive. Quand il m'arrive le matin d'aller voir François en lui montrant une lettre que j'adresse à Gorbatchev, il s'écrie : " Hou ! là là ! qu'est-ce qui va encore nous arriver ? " Puis il la lit et il laisse faire. »

A l'Élysée, l'entourage réalise assez vite qu'il va être extrêmement difficile de canaliser l'indomptable présidente. N'avait-elle pas déjà pris l'étonnante habitude de considérer tous les ambassadeurs comme autant de militants bénévoles de ses associations ? Elle avait même, au début du premier septennat, invité les ministres femmes du gouvernement à une réunion amicale : « Vous disposez de moyens que je n'ai pas, avait-elle lancé, vous allez m'aider. » Tête d'Édith Cresson, d'Yvette Roudy et d'Edwige Awice... Pour Danielle, les membres du gouvernement sont tous des « amis ». N'est-il pas normal qu'on lui donne un coup de main, surtout quand il s'agit d'aussi nobles causes ?

Plus question, cette fois, en pleine cohabitation, de demander de l'aide au gouvernement. Pas question non plus de provoquer un « clash » avec le Quai d'Orsay. A ses débuts, la fondation, logée dans des bureaux sans prétention, au 161, boulevard Haussmann, ne dispose guère de moyens. Danielle Mitterrand confie à Jean Kahn, conseiller d'État, le soin de constituer un capital, dont les intérêts assureront le fonctionnement de la structure. Jean Kahn est un proche du président, comme la plupart de ceux qui l'entourent au conseil d'administration. L'Élysée cherche-t-il à « verrouiller » la fondation pour éviter d'éventuels dérapages ?

Les membres du conseil d'administration sont en tout cas pour la plupart des fidèles du président. Présent dès l'origine, l'avocat Georges Kiejman voisine avec l'ancien ministre Claude Cheysson, Georges Beauchamp, vieil ami de Mitterrand et vice-président du Conseil économique et social, l'écrivain Éric Orsenna, ancien conseiller culturel à l'Élysée, Pierre Bergé, le patron de l'Opéra, et Loïc Le Floch-Prigent, patron d'Elf-Aquitaine, généreux pourvoyeur de subventions. Georges Abadie, un préfet, conseiller d'État, trésorier de la fondation, est désormais l'unique dépositaire de la signature, et il est chargé de veiller avec soin à la régularité des comptes.

Seul Raphaël Doueb, un administrateur de sociétés, à l'origine de cette fondation, promu vice-président en 1992, n'appartient pas au clan de François Mitterrand. L'entourage du président se tient même à distance de ce quinquagénaire volubile, né dans le Sud algérien en 1940, qui a su capter la confiance de Danielle avec un sens de l'exclusivité qui hérisse particulièrement les plus vieux amis de Mitterrand.

Avec le deuxième septennat, la fondation a changé de standing. Elle a émigré au quatrième étage du palais de Chaillot, un site royal qui bénéficie d'une vue imprenable sur les jardins du Trocadéro et la tour Eiffel. Ces somptueux locaux de quatre cents mètres carrés avaient été guignés à l'entrée de la cohabitation, en 1986, par François Léotard qui rêvait d'en faire l'appartement de fonction du ministère de la Culture. Mais, épinglé par *Le Canard enchaîné*, qui avait persiflé sur ses « folies des grandeurs », il avait renoncé. C'est ainsi que France-Libertés hérita de ces bureaux pour un loyer de 650 000 francs par an, charges comprises. De grands et coûteux locaux alors que, curieusement, la fondation France-Libertés occupe peu de personnel.

De méchantes langues assurent d'ailleurs que Raphaël Doueb aurait progressivement fait le vide autour de sa « patronne ». Seule certitude : c'est le membre le plus actif de France-Libertés. « Il est à l'initiative de toutes les associations de la fondation. Depuis leur naissance, il n'a cessé de les animer à mes côtés », confirme-t-elle dans *La Levure du pain.*

Idéaliste généreux selon les uns, homme d'affaires avisé pour d'autres, l'inamovible Raphaël Doueb est un personnage fort ambigu. Comment savoir ? Quand on prononce son nom devant un conseiller élyséen, celui-ci lève les yeux au ciel en signe d'impuissance et d'accablement. Serait-ce parce que Doueb a eu une jeunesse dissipée ? Ou redoute-t-on quelque « affaire » qui viendrait empoisonner un peu plus encore une atmosphère politique déjà fort polluée ?

Le personnage est en tout cas énigmatique. Il arbore en effet deux casquettes, l'une humanitaire, l'autre immobilière. Lancé, dès les années 60, dans la promotion et la réhabilitation d'immeubles anciens, ce discret spécialiste ès transactions immobilières s'occupera entre autres, après 1981, du montage financier de l'achat de l'appartement de Jack et Monique Lang, place des Vosges.

Il dirige une galaxie de sociétés immobilières spécialisées dans l'achat et la revente d'immeubles (Le Sidaner-Doueb et Cie, la SCI Doueb-Bousquet, la SNC Doueb-Couturier...) dont les nombreuses transactions suscitent depuis quelques années convoitise et perplexité. Vice-président du « Bridge Club Etoile Foch », cet esprit curieux a été, un moment, également administrateur de Nova-Presse, qui édite *Actuel,* où il y côtoyait d'anciens amis maoïstes. Mais c'est en s'intéressant à l'économie locale, une autre de ses « casquettes », qu'il a connu Danielle Mitterrand qu'un ami commun, l'universitaire Lucien Sfez, lui a présentée au début du septennat et auprès de laquelle il s'est rapidement rendu indispensable.

Cet homme éclectique se passionne aussi pour l'art au point d'avoir récemment racheté Le Musée de l'affiche et de la publicité, rue de Paradis, un ancien hôtel particulier d'un porcelainier, pour le reconvertir en une vaste galerie de peinture, Le Monde de l'art. Particulièrement accueillante aux peintres de l'Est et d'Amérique latine, ses locaux sont loués à l'occasion aux organisateurs de soirées branchées... Mais cette opération passablement embrouillée — elle a nécessité l'intervention de plusieurs de ses sociétés — n'a pas détourné pour autant Raphaël Doueb de ses activités humanitaires.

Le président, dit-on, ne l'aime guère. Il a pourtant cédé, contre l'avis du méfiant ministre de l'Intérieur Pierre Joxe, aux insistantes pressions de son épouse, qui réclamait une Légion d'honneur pour un adjoint si dévoué. Celle-ci lui fut effectivement remise par décret du 12 juillet 1989 sur le contingent de Michel Gilibert, ministre des Handicapés, et accrochée, en présence de François Mitterrand, par le ministre de la Justice, Pierre Arpaillange.

Toujours à la demande de sa femme, le président a accepté, en juin 1988, de le nommer comme expert au Conseil économique et social. « Cela faisait tellement plaisir à Danielle ! » ironise un conseiller. De même, le président était présent le 28 avril 1992, lors du dîner d'inauguration de la galerie Le Monde de l'art, mais il avait prévenu, le matin même, qu'il escomptait bien présider une table égayée de jolies femmes ! Son vœu fut exaucé, avec la présence à ses côtés des actrices Isabelle Huppert, Anouk Grinberg, Aurore Clément et Marisa Berenson. Cette soirée « très parisienne », consacrait donc la fulgurante ascension de Raphaël Doueb.

Ce gourou, jugé souvent fort encombrant au « Château », est en tout cas le plus indéfectible soutien de Danielle au sein de la fondation depuis ses débuts. Jamais en panne d'idées, de projets, il sélectionne ainsi les initiatives de France-Libertés. Difficile d'en établir le catalogue tant, de la construction de villages d'enfants au Pérou, du parrainage d'enfants de disparus en Argentine, de la reconstruction d'écoles au Salvador, en Afrique du Sud, au Bangladesh, de l'aide aux paysans du Brésil, en Haïti, de la participation à la construction d'un barrage en Mauritanie, la liste s'est allongée au fil des ans, au gré des émotions et des voyages officiels de Danielle Mitterrand.

Ainsi est-elle passionnée et même obsédée par la cause du peuple kurde, écartelé entre cinq pays. Tout a commencé en 1988, par un appel à l'aide financière de l'Institut kurde de Paris. Depuis, l'épouse du président a « adopté » les Kurdes. « Ne nous oubliez pas, le silence nous tue. » Accueillie début mai 1989 sous une pluie de pétales de rose dans plusieurs camps de réfugiés kurdes irakiens, installés à l'est de la Turquie, la présidente de France-Libertés n'oubliera pas la détresse des réfugiés qui ont fui sous les bombardements irakiens d'armes chimiques.

Celle-ci l'a tellement émue qu'elle ne se soucie guère de l'irritation à peine voilée d'un gouvernement turc qui n'arrive pas à croire que son geste n'ait pas le moindre sens politique. « A gauche comme à droite, note Michel Farrière, le correspondant du journal *Le Monde* à Ankara, la seule mention d'une autonomie culturelle pour les Kurdes continue d'être perçue comme un danger pour la Turquie républicaine (...). On s'étonne que ce soit en Turquie, pays d'accueil des réfugiés et le plus démocratique de la région, et non en Irak, que Mme Mitterrand ait choisi de manifester sa sollicitude envers les Kurdes. »

Qu'ils se rassurent : l'impénitente voyageuse humanitaire ne tardera pas à s'intéresser à l'Irak. En attendant, France-Libertés organise les 14 et 15 octobre 1989 la première conférence internationale sur la condition du peuple kurde. Déception : beaucoup de personnalités qui s'étaient engagées à participer font défection. Il en faudrait plus pour décourager « The queen of the Kurds » — la reine des Kurdes, comme la salue le magazine *Newsweek,* rappelant que les leaders kurdes l'ont, entre eux, baptisée ainsi. « Ce n'est pas l'abandon de certains qui fera perdre à France-Libertés le sens de sa mission, réagit-elle. Éveiller les consciences et rompre la conspiration du silence est la seule motivation qui nous conduise aujourd'hui à affronter la vindicte. »

La jeune résistante de 1944 revit dans la militante de 1989 en évoquant ces « crimes contre l'humanité » et ces « camps de la honte » kurdes. Ceux-ci l'obsèdent à tel point qu'elle ne se lasse pas d'en parler en espérant convaincre. Tâche difficile. « Je vous en prie, ne parlez pas des Kurdes à Danielle », prévient parfois François Mitterrand à l'adresse de leurs amis...

Peu lui importe. Convaincue d'avoir une responsabilité à assumer auprès d'un peuple, par ailleurs réellement menacé par l'Irak, elle multiplie les « signes » d'intérêt. Tantôt rencontrant une délégation du Front du Kurdistan d'Irak — qui sera reçue officiellement en septembre 1990 par des membres du gouvernement français, première victoire pour elle —, tantôt visitant, comme en avril 1991, un camp de réfugiés à la frontière irano-irakienne.

Parfaitement consciente d'embarrasser son mari, elle s'abrite ingénument pour se justifier derrière cette citation de François Mitterrand dont elle a fait son étendard idéologique : « Le devoir d'ingérence s'arrête à l'endroit précis où naît le risque de non-assistance... » Des risques, elle en prend, et ils ne sont pas seulement diplomatiques. En juillet 1992, un attentat à la voiture piégée fait cinq morts et quinze blessés dans le cortège de Danielle Mitterrand et Bernard Kouchner, en mission humanitaire au Pakistan. Il s'en est fallu de quelques secondes que leur voiture ne soit touchée...

Les diplomates du Quai d'Orsay, fort embarrassés, qualifient prudemment cette expédition de « visite privée »... Ils sont d'autant plus furieux que certains journaux étrangers, américains notamment, ne se privent pas d'ironiser sur ce couple particulièrement aventureux : le président ne vient-il pas d'effectuer une visite-surprise risquée sous les bombes à Sarajevo ? Et de souligner combien l'accueil enthousiaste de la presse française au retour du « héros » a été glacial pour son intrépide épouse. « Je continuerai mon action jusqu'à la mort, se contente-t-elle alors de commenter. Est-ce que vous croyez que je suis fille à renoncer ? » Personne à l'Élysée n'en doute : rien ni personne n'arrêtera la « présidente », obsessionnellement convaincue d'être investie d'une mission.

Tatie se rebiffe

Redoutait-il la réaction de sa femme ? En 1988, François Mitterrand attend l'ultime moment pour la prévenir qu'il a décidé de se représenter pour un deuxième septennat. Le 30 janvier, elle assure tranquillement à la revue *Impact-Médecin*, que « momentanément » épouse du président de la République, « elle ne le sera plus dans quelques mois »... Émoi dans le microcosme politique qui prend cette déclaration comme l'aveu officiel du retrait du président. En fait, elle n'en sait pas plus que tous les Français. Mais elle aspire tellement à redevenir une simple citoyenne, banale présidente d'une association non gouvernementale, qu'elle se projette un peu vite dans l'avenir !

L'Élysée, en effet, lui pèse de plus en plus. « J'en ai marre d'être ballottée comme un paquet », lâche-t-elle, excédée, aux gardes du corps qui l'entourent lors d'un voyage officiel. « Où est passé ma femme ? » s'inquiète d'ailleurs souvent le président, entouré d'un important service de sécurité que la République paie pour s'occuper en priorité de lui. Du coup, son épouse se retrouve souvent reléguée en arrière du cercle des médias. « Résultat, j'ai les caméras qui me rentrent dans les côtes, on me marche sur les pieds [13]... » Quel métier !

Elle n'a pas renoncé pour autant aux déplacements imposés mais évite, plus que jamais, de « jouer les potiches ». Refusant en 1991 d'aller à Rome avec lui alors que les autres épouses de chefs d'État accompagnent leur mari, elle rétorque d'Amérique latine où elle est en « mission » : « Je n'irai pas. Ce n'est pas parce que mon mari travaille que je dois le suivre, s'insurge-t-elle devant la journaliste de *Marie-Claire* qui l'accompagne dans ce périple. Je veux bien aller avec lui quand c'est nécessaire pour la représentation de la France, mais, s'il travaille, il n'a pas besoin de moi. Si les autres premières dames veulent faire du tourisme, c'est leur affaire. Dites là-bas que je suis une originale, que j'ai mes sommets à moi. »

« Mes sommets à moi » : la phrase en dit long sur le degré d'autonomie qu'a acquis Danielle Mitterrand en dix ans. N'est-elle pas devenue une personnalité écoutée, et même incontournable dans certains domaines ? Le Congrès américain ne l'a-t-il pas conviée à témoigner sur les réfugiés kurdes ? N'est-elle pas plus populaire que son mari dans certains endroits du globe, particulièrement en Amérique latine ? Elle n'en tire aucune vanité, mais cet intérêt porté à ses activités et à la manière dont elle conçoit son rôle d'épouse de chef d'État l'ont rendue plus indépendante encore. Sa sœur aînée elle-même, Christine Gouze-Renal, qui supporte elle aussi difficilement l'omniprésence de Raphaël Doueb auprès de sa cadette, n'en revient pas. « Je n'avais jamais imaginé qu'elle prenne cette voie-là, confie-t-elle au magazine américain *Time* en avril 1991. C'est incroyable. »

Il ne s'agit plus seulement, comme ce fut le cas sous la première cohabitation, d'une habile répartition des rôles avec un président ravi de ramener à la gauche, grâce à sa femme, quelques déçus du socialisme. « François, a-t-elle coutume de dire, acquiesce totalement aux causes que je défends. » Peut-il, en vérité, faire autrement ? Quand, au nom du respect de toutes les traditions, elle approuve le port du foulard islamique par des collégiennes du lycée de Creil que le proviseur a sanctionnées, il lui exprime en privé son désaccord mais ne dit mot en public. Peut-il se permettre une nouvelle brouille avec son épouse ? Il n'a pas oublié cet incident qui a fait tant de peine à Danielle en décembre 1986 qu'elle a alors parlé de séparation !

Dans une interview au *Journal du Dimanche* du 29 décembre 1986, elle avait accusé le gouvernement Chirac de « faire tout et n'importe quoi ». Jugeant sévèrement cette entorse au devoir de réserve conjugal, le président avait alors déclaré lors d'une cérémonie des vœux : « Chacun son métier. Ce sont des choses qu'il ne faut pas renouveler. » Affreusement vexée de cette mise à l'index, l'épouse du président s'était alors enfermée dans ses bureaux élyséens, refusant obstinément toute tentative de conciliation. Au point que François Mitterrand dut improviser une interview prétexte sur Europe 1 pour corriger le tir. « J'approuve et j'admire l'action qu'elle mène, je vous l'assure, car je respecte sa liberté de pensée et de parole. Je suis solidaire de son combat pour la défense des droits de l'homme. Ma femme ne se comporte pas comme une femme politique. Ce n'est ni son désir ni son rôle. Mais elle a de profondes convictions et une entière sincérité. Je ne peux que souhaiter qu'elle reste fidèle à elle-même. Je dirais que c'est plutôt un exemple à suivre. »

Danielle, rassérénée, peut donc se remettre à l'ouvrage. Jamais, depuis, son présidentiel époux ne s'est à nouveau permis de la critiquer publiquement. Même quand elle a pris fait et cause pour les réfugiés sahraouis installés en Algérie, créant quasiment un incident diplomatique avec le roi du Maroc, c'est en famille que le problème s'est réglé. Mieux, ce fut son beau-frère, Roger Hanin, promu au rang d'ambassadeur du clan, qui annonça, au cours de l'émission « 7 sur 7 », en novembre 1990, que Danielle renonçait à la visite de ces camps. « Je ne suis pas une provocatrice, expliquait-elle pourtant avant ce renoncement, mais, en l'occurrence, je ne vois absolument pas ce qui peut aller à l'encontre de cette aide humanitaire que nous menons partout dans le monde. »

Mais il arrive aussi que son action permette, quand elle en a l'occasion, d'exploiter le registre symbolique de l'injustice sociale à l'intention du peuple de gauche. Témoin son voyage à la Réunion en mars 1991, où la présidente de France-Libertés reçoit certains des jeunes qui viennent de se révolter et réussit à apaiser les vives tensions qui agitent les quartiers pauvres et surpeuplés de Saint-Denis. « Elle pourrait faire un bon ministre », commente le président à son retour, ravi, de surcroît, d'adresser ce coup de pied de l'âne à Michel Rocard, un Premier ministre pas assez « social » à son goût.

« Il ne s'agit pas seulement entre eux d'une habile répartition des rôles, assure un ami du président. Désormais, Danielle est " intouchable " parce que étant l'épouse du monarque, fût-il électif, elle est étroitement associée dans l'esprit de celui-ci à sa propre représentation. Ce n'est qu'un symbole, mais avez-vous remarqué le bijou que Danielle porte en permanence ? L'emblème personnel du président : des branches de chêne et d'olivier, emblème dont il lui a fait " cadeau " pour orner les documents de sa fondation. »

Dérive dynastique ? Cela n'empêche pas que « le roi » ait pris quelque distance avec l'activisme de sa « reine ». Certes, il est toujours bluffé par « l'exceptionnelle capacité d'indignation » de celle-ci. A condition, toutefois, qu'elle se cantonne dans des limites « diplomatiques » — ces limites étant toutefois devenues extensibles en dix ans —, et qu'elle maintienne une cloison étanche entre sa vie militante et sa vie familiale. Il ne se prive d'ailleurs guère de le lui faire comprendre. Ne la raille-t-il pas sur ces « curés de compétition » avec lesquels elle rivalise, courant d'un point du globe à l'autre, du Dalaï-Lama à Mère Teresa, de l'abbé Pierre aux communautés jésuites d'Amérique latine ?

Elle sait pourtant, quand il le faut, sacrifier son amour-propre. Ainsi, de retour d'un voyage au Japon, en mars 1990, elle a hâte d'évoquer son périple avec les siens. Au cours du dîner familial et amical que son convivial époux a organisé pour fêter son retour, elle s'enhardit et raconte comment, suivant une coutume japonaise déroutante pour les Européens, son auditoire lui a manifesté son attention : recueilli, les yeux fermés... « Déjà, plus personne ne m'écoutait, note-t-elle dans *La Levure du pain,* avec un brin d'amertume, car François rappelait un souvenir, que je partageais d'ailleurs, d'un discours prononcé à la Chambre des députés japonaise, lors du voyage officiel en 1982. Oh ! poursuit-elle, j'aurais bien l'occasion de “ raconter mon Japon ”. »

Comment imaginer en effet que Danielle Mitterrand pourrait renoncer à ce qui donne désormais un sens à sa vie ? Peu lui importe que la « femme libre » qu'elle affirme être se confonde pour ses interlocuteurs avec l'épouse du chef d'État. C'est pourtant bien ès qualités qu'elle reçoit un courrier aussi volumineux que le président. C'est tout de même à « la femme de François » que les ambassadeurs obéissent, se démenant pour faciliter ses voyages, voire, comme ce fut le cas au Japon, pour recruter des bailleurs de fonds pour sa fondation. Persuadée qu'elle préside une « ONG comme les autres », elle s'enferre dans cet impossible dédoublement de la personnalité. N'a-t-elle pas déjà prévu sans états d'âme sa reconversion quand François Mitterrand quittera l'Élysée ? « J'y ai déjà pensé souvent, confiait-elle en janvier 1992 au magazine *Marie-Claire.* Il faudra travailler autrement, mais, pour aller à la fondation, c'est vraiment commode, j'ai le bus 63 jusqu'au Trocadéro... »

7.

LES REINES DE TONTON

« Avez-vous déjà fait la vaisselle ? » La question a fusé dans la salle. L'assemblée, presque exclusivement féminine, s'esclaffe. Ce 28 avril 1981, entre les deux tours de l'élection présidentielle, le candidat François Mitterrand a été convié par Gisèle Halimi, la présidente de Choisir, à s'expliquer sur son programme « féminin » dans un Palais des Congrès archicomble. Le candidat, surpris, hésite trois secondes. « Oui », lance-t-il, tout de même hésitant. Puis il se reprend et entame un vibrant plaidoyer en faveur du partage des tâches domestiques... A la fin de la soirée, en aparté, il confie à des amis : « Je n'allais tout de même pas leur avouer le contraire ! Elles m'auraient lynché ! »

Aucune femme, dans cette assemblée, ne lui en aurait sûrement voulu de ne pas être un expert en Paic citron... Leur importaient davantage ses promesses concernant le remboursement de l'avortement, le congé parental, le temps partiel, les crèches et la présence des femmes au gouvernement. Impossible, dans ce domaine, de faire moins que son prédécesseur. Il s'engage même à faire mieux, assurant que, s'il est élu, le gouvernement s'enorgueillirait de promouvoir des femmes « polyvalentes », c'est-à-dire des ministres qui ne soient pas seulement des super-assistantes sociales.

Promesse tenue : le 21 mai 1981, le premier gouvernement de Pierre Mauroy présente six femmes, dont un ministre d'État, Nicole Questiaux, qui ne garde toutefois ce titre prestigieux qu'un petit mois, avant de le céder au communiste Charles Fiterman, ministre des Transports. Dans le deuxième gouvernement Mauroy, formé dans la foulée des élections législatives de juin 1981, elle conserve tout de même son ministère de la Solidarité nationale. Si le nouveau président de la République n'innove guère par le nombre — six femmes ministres pour cinq sous VGE —, il leur confie, en revanche, des postes inhabituels pour elles, puisque Édith Cresson se voit gratifier de l'Agriculture et Edwige Avice de la Jeunesse et des Sports. Les mêmes, qu'il connaît de longue date et dont il apprécie les qualités, bénéficieront encore par la suite de l'audace présidentielle : la première deviendra quelques années plus tard ministre du Redéploiement industriel et du Commerce extérieur, et la seconde secrétaire d'État à la Défense.

Curieusement, ce sont « ses » femmes elles-mêmes qui n'en reviennent pas. « C'est trop ! » s'écrie Édith Cresson dans un ancestral réflexe avant d'accepter l'Agriculture ! Quant à Yvette Roudy, elle ne réalise pas d'emblée qu'elle, l'inlassable militante de la cause féministe, a bien été retenue pour devenir ministre des Droits de la femme. A tel point qu'elle félicite sincèrement Pierre Mauroy d'avoir hérité de ce poste en plus de Matignon. « Tu n'y es pas, c'est toi », lui répond celui-ci, hilare.

Clin d'œil de l'Histoire : tandis que son homonyme François Ier fut le premier (après Anne de Bretagne) à féminiser la cour, introduisant grâce aux dames d'honneur des mœurs plus raffinées et un piquant commerce de l'esprit, il est le premier président de la République à nommer autant de conseillères à l'Élysée (jusqu'à 40 % de l'effectif en 1991). De même, il s'attache à promouvoir une femme chaque fois que cela est possible — Yvette Chassagne, première « préfète », Simone Rozès, première présidente de la Cour de cassation, Noëlle Lenoir au Conseil constitutionnel, etc. —

et à faire jouer son autorité pour imposer quelques apprenties députées.

Féminisme ou opportunisme ? Le nouveau président, qui a déjà mis quelques femmes à l'épreuve au PS, ne doute réellement pas de leurs qualités comparées à celles de leurs collègues masculins. « Généralement, elles se montrent plus intuitives, plus constantes et assidues dans leur travail, un peu plus subjectives dans leur jugement. Elles sont, je crois, plus dévouées au sens profond du terme. Oui, un dévouement plus acquis [1]. »

Parole d'expert. Ce n'est pas par hasard s'il a placé sur son échiquier présidentiel quelques reines de confiance. Qui ont toutes en commun cet inappréciable sens de la fidélité. Que celui-ci faiblisse, même pour la plus légitime des raisons, et c'est la disgrâce. Leurs missions ? Surveiller pour lui une place forte, briser l'ambition de quelque seigneur du PS ou de la haute administration et, s'il le faut, jouer les kamikazes.

Les premiers à comprendre cette stratégie de dévouement sont les magistrats. Le 7 août 1981, Danielle Burguburu, trente-sept ans, est nommée au poste clé de secrétaire générale du Conseil supérieur de la magistrature (CSM). Non seulement elle dirige les services administratifs du CSM, mais elle décide, en direct avec l'Élysée, de toutes les promotions et nominations importantes des magistrats.

Ceux-ci sont furieux, à la fois parce qu'ils jugent ses états de service plutôt minces, mais aussi parce que la rumeur a vite couru que la jeune femme connaît de longue date la famille Mitterrand. Qu'elle soit une femme, en revanche, ne les dérange guère. Après tout, Simone Veil (sous Pompidou), et Nicole Pradain (sous Giscard) ont déjà occupé ce poste.

Il s'agit réellement d'une promotion éclair : en 1981, Danielle Burguburu est magistrat depuis seulement deux ans. Avocate depuis dix ans, elle demande à trente-cinq ans son intégration dans la magistrature. La commission qui étudie tous les dossiers des postulants émet un avis d'autant plus favorable que les magistrats qui la composent ne sauraient recaler « la fille de Combaldieu », ainsi que l'appellent les plus anciens dans la carrière ! Son père, Raoul Combaldieu, célèbre pénaliste originaire du Sud-Ouest, que Mitterrand appréciait pour ses qualités de « républicain », est, à l'époque, président de la chambre criminelle de la Cour de cassation. Si la carte familiale joue en sa faveur, les magistrats qui se souviennent de cet épisode reconnaissent en même temps que son dossier, sans éclat particulier, eût probablement été accepté sans ce piston familial. Elle est donc en poste depuis seulement deux ans, au service de documentation de la Cour de cassation, quand est annoncée sa fulgurante promotion.

Elle n'a pas sa carte du PS, elle cache à peine son aversion pour le Syndicat de la magistrature (classé à gauche), et elle estime que les magistrats n'ont pas à être politisés. Mais, aux yeux du président, elle possède une qualité essentielle : elle fait partie de « la famille ». C'est par l'aîné des Mitterrand, Jean-Christophe, qu'elle a fait sa connaissance en 1962, à Hossegor, où les parents des deux jeunes gens possèdent une villa de vacances. Leur amitié perdure. Elle devient rapidement inséparable du fils et du père qui ont adopté cette jeune fille de bonne famille, toujours gaie et chaleureuse. « C'est ma deuxième famille, a-t-elle confié aux auteurs de *Dieu et les siens*. C'est d'ailleurs à cause d'eux que j'habite rue de Bièvre à Paris. C'est en allant les voir que j'ai trouvé mon appartement[2]. » Éperdument admirative de François Mitterrand, elle n'a pas hésité, avec une rare franchise, à dire de lui : « Il a façonné la vie de beaucoup d'entre nous. Personnellement, je lui dois énormément et pas seulement pour ma carrière. » D'ailleurs, elle a prévenu son mari, avocat dans un prestigieux cabinet bien connu des milieux d'affaires parisiens : « J'ai rencontré deux hommes qui sortent du commun, très différents : François Mitterrand et Fernand Pouillon. » Elle a même présenté le second, un architecte impliqué dans les années 60 dans un scandale immobilier, au premier qui l'a apprécié. Et gratifié en 1984 d'une Légion d'honneur qui a rempli d'aise cette « médiatrice »-née. Au « Château », elle découvre vite que l'ambiance n'est pas aussi conviviale que dans la villa d'Hossegor, ou dans la bergerie landaise de Latche acquise ensuite par la famille Mitterrand. Au début du septennat, un jour qu'elle salue familièrement François Mitterrand sur les marches de l'Élysée, sa main gauche négligemment dissimulée dans la poche de sa veste, elle se fait vertement rabrouer : « C'est au président de la République que vous vous adressez. » Et l'impétrante de retirer prestement sa main de sa veste !

Il n'est pas davantage question de se laisser aller en plein salon Murat, où se réunissent les « grands conseils ». Là, la secrétaire générale du CSM tient les procès-verbaux de ces réunions très solennelles durant lesquelles les neuf membres — dont six magistrats — proposent au président les nominations pour les postes les plus élevés dans la hiérarchie judiciaire. A la fin, François Mitterrand signe, et Danielle Burguburu contresigne. Son pouvoir apparaît d'autant plus grand aux initiés qu'il n'est pas contrebalancé, comme c'est l'usage, par le doyen du CSM, d'ordinaire un homme neutre. En effet, François Mitterrand nomme successivement à ce « poste » plusieurs de ses vieux amis — Daniel Mayer, Albert Gazier, Paul Legatte —, totalement dévoués à la jeune présidente.

A l'usage, elle se taille la réputation d'une femme « conviviale, mais dure en affaires ». On apprécie son sens des contacts, son discours méthodique, mais on redoute tout de même son pouvoir, y compris parmi les magistrats « de gauche ». « Quand j'ai suggéré que je visais un certain poste, se souvient un membre (PS) du cabinet d'un ancien ministre de la Justice, on m'a fait savoir peu de temps après : " Burguburu n'y est pas opposée ". »

Jusqu'en 1988, l'influente secrétaire générale du CSM n'a guère fait parler d'elle. Même la cohabitation semble se dérouler sans anicroches apparentes. Ce n'est qu'une illusion d'optique : les tensions sont feutrées mais vives entre le CSM aux mains du président, et une Chancellerie surveillée de près par Chirac et le RPR.

Son rôle d'agent de liaison s'est en fait accru puisque, si le président de la République préside le Conseil supérieur de la magistrature, c'est le ministre de la Justice, Albin Chalandon, qui en est le vice-président. Parfaitement à l'aise dans ce milieu judiciaire qu'elle connaît à fond en dépit de sa jeune expérience, elle bataille ferme sur plusieurs nominations. Un ami de Jacques Chirac enrage encore : « Nous avons capitulé dans cette guérilla courtoise. Nous ne voulions pas créer d'incidents, d'autant qu'elle était assez fine mouche pour nous opposer en permanence des arguments techniques. » La secrétaire générale du CMS est pourtant bel et bien « politique » et sa puissance confirmée dans l'ombre et la coulisse est révélée en plein jour peu de temps avant la campagne présidentielle de 1988, à l'occasion d'une sombre affaire de « fuites ».

Comme dans un roman d'Agatha Christie, l'intrigue de cet étonnant « rififi au CSM », qui explose fin janvier 1988, naît d'une tentative d'empoisonnement. L'arme du crime ? Du thé parfumé à la mort-aux-rats. Dans l'atmosphère délétère de la cohabitation, l'huissier du CSM, Yves Lutbert, apparemment au centre de l'affaire, a, semble-t-il, quelque peu perdu ses esprits.

De quoi veut-il se venger ? Mystère. L'huissier indélicat est mort avec son secret avant l'épilogue de cette sombre histoire. Non seulement il parsème de mort-aux-rats la réserve de thé — Danielle Burguburu et ses deux secrétaires y piochaient pour leur rituel thé de 17 heures —, mais il diffuse à quelques interlocuteurs choisis, et notamment à quelques magistrats de haut rang, des notes confidentielles adressées par la secrétaire générale au président. Parmi eux, Paul André Sadon, le tout-puissant directeur de cabinet d'Albin Chalandon, et Simone Rozès, première présidente de la Cour de cassation, justement visée dans une de ces notes.

Alerte à l'Élysée qui s'affole de cette divulgation et charge la cellule du gendarme Christian Prouteau, patron de la garde prétorienne du président, de résoudre l'énigme. L'affaire des « fuites » va vite se doubler d'un scandale politico-policier : d'étranges « plombiers » poseurs d'écoute sont surpris au domicile d'Yves Lutbert. Celui-ci est menacé par l'entourage présidentiel d'être « viré » du CSM, mais il porte aussitôt plainte contre X, pour tentative d'atteinte à l'intimité de la vie privée.

Au-delà de ce que cette affaire d'écoutes illégales laisse entrevoir des us et coutumes de la fameuse « cellule de l'Élysée », elle témoigne aussi de la crainte qu'on a au « Château » de voir étaler au grand jour les préoccupations par trop politiciennes de l'inamovible secrétaire générale du CSM.

En effet, au nom de l'intangible principe de l'indépendance de la magistrature, le CSM doit justement fonctionner — en théorie — en dehors de toute pression et de tout critère politique. Les notes diffusées à tout-va par l'huissier indélicat révèlent, malheureusement pour l'Élysée, que les avis de Danielle Burguburu, qui semble avoir une conception un peu policière de sa fonction, ne se soucient pas toujours de cette règle. « La secrétaire générale du CSM, écrit Edwy Plenel dans *La Part d'ombre*, s'y dévoilait comme une infatigable vigie présidentielle, s'immisçant dans tous les domaines de la vie judiciaire, se mêlant aussi bien de l'ordre des préséances que des convictions des magistrats, intervenant sur les nominations et pesant sur les carrières[3]. »

L'une de ces notes, adressée fin janvier 1987 au président, qui a pour objet d'éclairer son choix pour le renouvellement des neuf membres du CSM, est agrémentée d'observations personnelles de Danielle Burguburu, que les intéressés n'apprécieront guère.

Un président de chambre à la cour d'appel de Paris, évincé par le président, apprend ainsi qu'il est trop bavard. Deux autres magistrats font l'affaire, mais, laisse-t-elle entendre, leurs fonctions, trop prenantes, ne leur laisseraient pas assez de temps pour siéger au Conseil. Ils sont écartés. L'ancien ministre de Guy Mollet, le doyen Albert Gazier, a plus de chance. Il est reconduit sur la chaleureuse recommandation de la secrétaire générale à laquelle, visiblement, le président fait entière confiance. Deux magistrats dont elle souligne les qualités humaines, l'une a adopté une petite fille et un autre s'occupe d'une association de handicapés, seront également retenus. Même faveur pour ce postulant dont elle souligne que la femme a été communiste. Disgrâce, en revanche, pour cet autre magistrat giscardien qui guignait la présidence de la chambre sociale.

Deux autres notes datent de 1986. L'une critique l'absentéisme de Simone Rozès, première présidente de la Cour de cassation, aux réunions du CSM, et déplore, curieuse remarque qui semble traduire un certain agacement, qu'elle soit une invitée privilégiée à l'Élysée, contrairement au procureur général près de la Cour de cassation, Pierre Arpaillange. Beaucoup plus politique, la seconde note évoque le sort de Bruno Cotte, directeur des affaires criminelles nommé par Robert Badinter et resté en place sous la cohabitation. Elle insiste pour que ce magistrat « très sûr » ne soit pas muté avant l'élection présidentielle. Il offre l'avantage, souligne-t-elle, de pouvoir surveiller de près le « dossier Chaumet », du nom de ces joailliers en faillite et dans lequel Albin Chalandon avait été impliqué. Le ministre RPR disposait en effet d'un compte rémunéré dans cette joaillerie réputée recyclée en banque privée pour particuliers fortunés.

Depuis cette affaire des « fuites », qui a révélé l'extrême confiance que lui accordait le président, il a ratifié toutes ses propositions, Danielle Burguburu n'a plus jamais fait publiquement parler d'elle. Toujours aussi secrète, elle a continué d'œuvrer jusqu'au 16 décembre 1992. Ce jour-là, elle est nommée en Conseil des ministres, en compagnie de l'ancien ministre de la Justice Henri Nallet, « conseiller d'État en service ordinaire »...

Cohabitation oblige : dans la magistrature, on s'attend à ce que dans cette perspective le successeur de Danielle Burguburu soit un fidèle du président. Ce sera une fidèle. Paule Dayan, la nouvelle promue, chargée depuis 1981 à l'Élysée des relations avec le Parlement, des dossiers des rapatriés et de la Justice, est la fille de Georges Dayan, le vieil ami de François Mitterrand, décédé en 1979.

Si d'aucuns reçoivent cette nomination comme une manifestation supplémentaire de népotisme présidentiel, d'autres, y compris à droite, l'accueillent avec une relative bienveillance. Sans doute parce qu'elle a hérité de son père, un homme extrêmement courtois et réputé pour sa liberté de jugement, d'un certain capital de sympathie. « A mon arrivée à l'Élysée, j'ai bénéficié de son nom auprès du milieu parlementaire, reconnaît-elle en toute franchise. Au Sénat, ils étaient très chics avec moi, alors que j'étais terrorisée. J'avais été avocate comme mon père, et j'avais demandé début 1981 à rentrer dans la magistrature, car tout le monde au palais me parlait de lui et cela avivait mon chagrin. Au début, à l'Élysée, j'avais parfaitement conscience d'être là uniquement parce que j'étais la fille de mon père. Comparée aux énarques, je me sentais nulle, sans aucune légitimité, et puis j'ai appris. »

Plus cohabitationniste que Danielle Burguburu, nul ne doutait pour autant avant mars 1993 qu'elle témoigne de la même vigilance attentive aux desiderata du prince dans une période qui s'annonçait fort troublée.

« *Elle m'a trahi !* »

Fidèle, François Mitterrand exige de ceux qui l'entourent la même constance. Quel que soit le prix à payer pour respecter ce contrat tacite. Pour avoir résisté et s'être mise en travers de ses souhaits, Michèle Cotta, P-DG de la Haute Autorité de la communication audiovisuelle, s'est retrouvée du jour au lendemain bannie de la cour. Accordant à l'audiovisuel au moins autant d'intérêt qu'à la Justice, François Mitterrand choisit en 1982 de confier ce poste délicat à une amie de longue date.

Quand ils se rencontrent lors d'un colloque, il a quarante-quatre ans, elle vingt-quatre. Il entame sa traversée du désert et elle débute dans le journalisme à *France-Observateur*. Depuis ce jour-là, ils ne sont pas restés un mois sans se voir ou se téléphoner. Cette Méridionale piquante, chaleureuse et conciliante, fille d'un ancien maire (de gauche) de Nice, est devenue, au fil des ans, une confidente privilégiée de ses arrière-pensées politiques comme de ses états d'âme.

Fascinée par son intelligence, convaincue de son destin, elle se rend utile. Ne lui arrive-t-il pas de vendre à la criée *Le Coup d'État permanent*, son brûlot antigaulliste ? Au QG du candidat de 1965, elle écoute plus qu'elle ne milite, préparant le café à « l'état-major » harassé ou décrochant le téléphone. Alors que la nouvelle est tenue secrète, elle apprend ainsi à *L'Express,* où Jean-Jacques Servan-Schreiber refuse d'ailleurs de la croire — « vous êtes folle », lui dit-il —, que Mitterrand va annoncer sa candidature. Seule Françoise Giroud regarde différemment cette jeune journaliste du service littéraire à l'œil brillant et accrocheur. Deux minutes plus tard, la dépêche tombe : Mitterrand est candidat.

Des scoops de cette nature, Michèle Cotta, qui devient journaliste politique en 1967, en glane dans tous les partis. C'est alors la fin de son « époque militante mondaine ». Il lui arrive cependant de se disputer avec des amis à cause de Mitterrand et même de quitter brutalement un dîner sous le prétexte qu'elle ne supporte pas le ton persifleur de certains invités. « A l'époque, c'était courageux de faire ça, souligne-t-elle dans une interview à *Libération* en décembre 1981. Maintenant, ça fait fayot. »

Pour les socialistes qui arrivent au pouvoir, Michèle Cotta, cela va de soi, fait partie de la « famille » « Écoute, on se connaît depuis vingt ans, on est tous au turf, il faut que tu t'y mettes aussi », lui lance sans ménagement un ancien camarade, Pierre Mauroy, devenu Premier ministre. Chef du service politique à RTL, après être passée par *L'Express,* puis Europe I, France Inter et *Le Point,* elle a refusé d'être son attachée de presse. A André Rousselet, directeur du cabinet élyséen qui l'appelle de la part du président pour lui transmettre peu ou prou la même proposition, elle oppose également une fin de non-recevoir.

Elle finit tout de même par céder aux avances en acceptant, après moult hésitations (elle est tentée par la direction de RMC proposée par le nouveau patron de la Sofirad), la présidence de Radio France.

Les ennuis commencent. Sans doute compte-t-elle sur sa bonne étoile et son sens légendaire de la médiation et du compromis pour résister aux pressions. Elle fait en tout cas, à la tête de cette radio du service public, l'apprentissage d'une tutelle dont les socialistes avaient pourtant promis qu'elle serait plus légère que celle de l'ancien pouvoir. Pas plus que leurs prédécesseurs, ils ne résistent à la tentation de « reprendre les choses en main », ce qui contraint tous les P-DG des radios et des télés à de périlleux exercices d'équilibristes entre impératifs financiers et contraintes politico-sociales. L'exercice ne décourage visiblement pas « Madame le P-DG », qui accepte un an plus tard de présider une nouvelle institution, la Haute Autorité, censée veiller à l'indépendance de l'audiovisuel et qui a, entre autres missions, la possibilité, ô combien délicate, de nommer les présidents des chaînes de télévision.

François Mitterrand lui-même s'emploie à la convaincre de la pureté de ses intentions. « Je ne veux pas d'homme ou de femme lige, lui assure-t-il en marchant dans la forêt de Latche où l'infortunée Michèle enfonce ses talons un peu plus à chaque pas, je suis le président de la République, je ne veux ni ne peux me mêler de la marche quotidienne de l'audiovisuel ; je ne veux même pas avoir cette tentation. Je ne veux ni éclabousser ni être éclaboussé. Je ne demande qu'une chose : que la fonction présidentielle ne soit pas atteinte. Votre sens de la déontologie vous empêche-t-il de jouer ce rôle [4] ? » La future présidente a la faiblesse de le croire. « Je trouvais plutôt chouette qu'un président, disposant de tous les leviers et d'une large majorité à l'Assemblée nationale, éprouvât de lui-même l'envie de séparer l'audiovisuel du pouvoir. »

Cette initiative présidentielle est une vieille revendication concoctée aux lendemains de Mai 68 par les réalisateurs et les journalistes de gauche de l'ORTF. Réactivée par la commission Moinot après 1981, elle va donc passer dans les faits par la grâce présidentielle. « Nous aurons sans doute des conflits, expose Michèle Cotta au cours de cette même conversation. Je ne ferai rien, cela va sans dire, pour les créer, mais je pense qu'il m'arrivera de m'opposer à vous. Ou à votre gouvernement. Il me semble que c'est la règle du jeu. Et si je vais trop loin ? »

François Mitterrand ne répond pas. Mais sa décision est prise. Et à ceux qui se récrient devant lui — « comment ? Michèle Cotta à la Haute Autorité ? Mais elle ne pensera qu'à sa carrière » —, il hausse les épaules en guise de réponse. « Trop à droite pour la gauche, trop à gauche pour la droite », comme elle se définit elle-même, la présidente de la Haute Autorité met en tout cas peu de temps à comprendre que le discours lénifiant qui lui a été tenu à Latche ne résiste guère à l'épreuve des faits. « Séparer l'État et l'audiovisuel : avais-je, au moment où l'objectif en était dessiné, une conscience exacte de la difficulté ? écrit-elle en septembre 1986 dans son livre *Les Miroirs de Jupiter,* deux mois après son départ. Savais-je d'abord quelle magie, quelle fascination la télé exerce sur les hommes politiques[5] ? »

Elle va vite l'apprendre à ses dépens. Bien sûr, jamais Michèle Cotta, qui répugne à s'exprimer sur cette époque, ne laisse accroire qu'on tente de faire pression sur elle. N'est-elle pas garante des promesses de François Mitterrand ? Pourtant, quand ce n'est pas Georges Fillioud, le ministre de la Communication, qui proteste, craignant d'être dépossédé de ses attributions, ce sont Jean-Claude Colliard ou André Rousselet, les deux « spécialistes » de l'audiovisuel à l'Élysée, qui argumentent sur les dossiers comme si la décision leur revenait de droit.

C'est, bien sûr, le cas des nominations des présidents des chaînes de télévision. L'Élysée, bien plus que Matignon, à l'époque de Pierre Mauroy, entend s'en mêler. Quand elle propose, en juillet 1983, le nom d'Hervé Bourges pour remplacer Michel May à la tête de TF1, non seulement elle suscite une violente polémique du côté de l'opposition, mais elle s'attire les foudres d'un pouvoir qui aurait aimé être associé de plus près à sa décision.

Avec Laurent Fabius, nommé Premier ministre en 1984, hostile par principe à une Haute Autorité, les choses vont considérablement se dégrader. Il entend peser très directement sur la nomination du successeur de Pierre Desgraupes, ex-P-DG d'Antenne 2, soixante-cinq ans, qu'une loi sur mesure a éjecté de son poste pour raison d'âge. « Le président et moi avons notre candidat, explique Fabius. C'est Jean-Claude Héberlé. — Manque de chance, réplique, ironique, Michèle Cotta, ce n'est pas le mien. » Son « indiscipline » — elle s'abstient lors du vote — précipite sa disgrâce. S'abstenir, c'est faire comprendre clairement à l'Élysée qu'elle entend rester indépendante. François Mitterrand est, dit-on, abasourdi. « Elle m'a trahi ! » confie-t-il, scandalisé, à plusieurs proches, oublieux de ses promesses de 1982.

Échec à la reine. C'en est fini des relations confiantes entre la journaliste et le chef de l'État. Bannie du « Château », elle échappe au pesant ostracisme présidentiel grâce à la cohabitation. Certes, les ponts ne sont pas totalement coupés. Michèle Cotta a conservé suffisamment de liens avec assez de personnalités socialistes pour jouer ensuite, à la direction de l'Information de TF1, un utile rôle de médiateur entre la chaîne privée et le pouvoir. Mais l'entourage a tout de même épousé le courroux de François Mitterrand. « Nous ne la défendrons pas », lâche brutalement en privé Hubert Védrine, le secrétaire général de l'Élysée, en décembre 1992 au moment où on annonce son limogeage de la chaîne.

Il ignore sans doute que le président, magnanime, va décider d'oublier l'épisode fâcheux de la Haute Autorité. « En se faisant virer de TF1, elle s'est rachetée », confie-t-il à des proches avec lesquels il s'entretient de la nomination du futur P-DG de l'AFP. Il sait que Michèle Cotta a postulé pour ce poste, et il est décidé à lui accorder son imprimatur. « Il n'y a pas d'objection, dans la situation actuelle, c'est la meilleure candidate. » (En fait, c'est Lionel Fleury, le directeur général de l'agence qui sera nommé.)

La petite phrase sur le « rachat » de l'infidèle paraît bien sibylline au *Canard enchaîné* qui relate l'épisode. Elle s'accorde pourtant bien avec un François Mitterrand qui calcule au millimètre près ses faveurs et ses défaveurs. Ne lui attribue-t-on pas cette phrase lapidaire à propos de Jacqueline Chabridon, ancienne journaliste, actuelle directrice de la communication à la RATP, mitterrandienne dès les premiers temps de la Convention (elle fut la deuxième femme de Charles Hernu) : « Je veux qu'elle soit punie, mais pas lésée. » En effet, il ne supporte pas qu'elle ait rallié Michel Rocard en 1977. Cette « sanction » — apocryphe peut-être, mais tellement conforme au personnage, assurent ses amis eux-mêmes ! — fut en tout cas appliquée par Jean-Claude Héberlé, fraîchement promu patron de Radio-Monte-Carlo après mai 1981, où la journaliste travaillait depuis quelque temps déjà. Le P-DG rogna tant et si bien ses attributions qu'écœurée elle finit par partir d'elle-même. Non sans avoir auparavant crânement demandé à Mitterrand, lors d'un voyage officiel à Pékin en 1983, de « la laisser travailler ».

En octobre 1986, la trahison — présumée — de Michèle Cotta ne décourage tout de même pas François Mitterrand qui confie à une autre femme, Catherine Tasca, le soin de le représenter (avec Bertrand Labrusse) à la Commission nationale de la communication et des libertés (CNCL), créée par Jacques Chirac et chargée de remplacer la défunte Haute Autorité.

Le poste est tout de même moins exposé, puisqu'il s'agit cette fois de faire entendre « la voix de Dieu » aux mécréants du nouveau pouvoir. Cette énarque « culturelle » — elle vient de codiriger le théâtre des Amandiers de Nanterre pendant quatre ans — remplit sa tâche avec un zèle qui ravit Mitterrand. Il adore ses petites phrases assassines — « tant d'obstination dans la bêtise mérite peut-être quelque considération », dit-elle de ses collègues de la CNCL — et il apprécie d'autant plus son intransigeance qu'elle ne s'exerce pas à son endroit... Il ne l'oublie pas au lendemain de sa réélection.

Elle n'a pas sa carte du PS, mais au fond peu importe ! Elle fera donc partie en juin 1988, lors de la formation du premier gouvernement du second septennat, dirigé par

Michel Rocard, de ce bataillon de femmes ministres, déterminées, travailleuses et dévouées. Et le président se réjouit d'avance du spectacle que ne va pas manquer d'offrir — il ne sera pas déçu — le couple Lang (à la Culture)-Tasca (à la Communication). Il a en effet savamment médité cette alliance contre nature entre un personnage médiatique ébouriffant et une discrète mais tenace technocrate, la seconde ayant, entre autres, à ses yeux, le mérite de ramener à de plus justes proportions l'ego surdimensionné du premier...

La guerre des sexes

De tous les chantiers entrepris pour rénover l'Élysée, celui qui a passionné le plus Danielle Mitterrand, c'est, assurent ses proches, la « crèche » présidentielle. Née d'une discussion entre la présidente et une jeune mère célibataire, membre du personnel de l'Élysée, décidée à la suite d'un sondage réalisé par son secrétariat auprès des sept cents personnes travaillant au « Château », elle a ouvert ses portes, en octobre 1985, au 14, rue de l'Élysée, dans le bâtiment des anciennes écuries, réhabilité pour l'occasion.

Cette initiative avait ravi François Mitterrand qui s'est révélé à l'Élysée un patron fort soucieux des problèmes domestiques et familiaux de son personnel féminin. Si, de l'avis général, il n'accorde dans la gestion du travail quotidien aucun traitement de faveur au « sexe faible », il accueille, en revanche, avec indulgence toute demande de dispense pour « raison maternelle ».

Quand il vante, en mai 1988, au journal *Elle* sa propension à nommer des femmes ministres, il qualifie celles-ci de « mères de famille aux idées tournées vers l'avenir »... « S'il m'a propulsée au congrès de Metz en 1979 au secrétariat national, c'est parce qu'avec mes trois têtes blondes j'avais le profil idéal ! » assure Véronique Neiertz. C'est d'ailleurs à la même qu'il demande après son élection de mai 1981, au moment où il recrute pour le gouvernement : « Trouvez-moi une femme de province avec enfants... » Ce sera Georgina Dufoix, promue secrétaire d'État à la Famille.

Ferait-il concurrence à son ennemi juré, le très nataliste Michel Debré ? Relativement discret en public sur ce thème, il est extrêmement pressant en privé. « Il faut en faire un troisième, trois c'est bien », a-t-il longtemps répété à Danielle Burguburu qui n'a toutefois pas obtempéré aux injonctions présidentielles. Ce n'est pas le cas de Ségolène Royal, nommée à l'Élysée en 1982 (à vingt-neuf ans) chargée de mission aux Affaires sociales et qui mit alors trois enfants au monde, tous pensionnaires attitrés de la nouvelle crèche. « Elle a confondu son bureau avec une pouponnière, persifle aujourd'hui une de ses anciennes collègues, mais il aurait été mal vu de critiquer son absentéisme. D'ailleurs, quand elle a présenté, l'été dernier, son quatrième enfant à la télévision en direct de la clinique où elle venait d'accoucher, tout en montrant ostensiblement ses dossiers de ministre de l'Environnement éparpillés sur le lit, elle savait que cette prestation très médiatique n'offusquerait pas François Mitterrand ! »

Les « hommes du président » se gardent bien de porter un quelconque jugement sur ce comportement bienveillant à l'égard de leurs collègues mères de famille. Et puis comment reprocher au président de promouvoir des femmes au risque de passer pour un machiste archaïque ! Il n'empêche : certaines nominations ont avivé, dans ce petit royaume feutré qu'est l'Élysée, une « guerre des sexes » larvée, sous le regard amusé d'un prince soucieux de préserver son pouvoir de ces mesquines rivalités.

Certes, la plupart des conseillers se sont réjouis d'un certain degré de féminisation du « Château ». Tant qu'il ne s'agissait que de simples chargées de mission qui croisaient au mieux le président une ou deux fois par mois, et non de femmes nommées à des postes d'importance.

Exemple : quand Michel Vauzelle est élu député des Bouches-du-Rhône en mars 1986, il faut le remplacer à son poste de porte-parole du président. Les candidats ne manquent pas, tous persuadés d'être le meilleur. « Jack Lang, redevenu simple parlementaire après cinq ans passés rue de Valois, savoure déjà l'idée d'être toujours plus près de son " dieu ", assurent Florence Murracciole et Catherine Demangeat dans *Dieu et les siens*. Max Gallo, ancien porte-parole du gouvernement, en rupture de ban avec *Le Matin*, repasserait bien de l'autre côté de la barrière. Gérard Colé, attaché jusque-là à l'image du président, aimerait assez mettre la sienne en avant. Jean Glavany, chef de cabinet de François Mitterrand, souhaiterait sortir de l'ombre et donner de la voix. Et Hubert Védrine, conseiller diplomatique familiarisé avec les subtilités du langage mitterrandien grâce à son père Jean, croit, quant à lui, avoir le profil de l'emploi. »

Mais le principal intéressé met tout le monde d'accord en choisissant Michèle Gendreau-Massaloux, dont la promotion au grade de secrétaire générale adjointe en 1984 avait déjà fait grincer bien des dents.

Aucun des candidats recalés n'ose se plaindre, mais ils sont tous blêmes ! Ce poste stratégique ne permet-il pas à celui qui l'occupe d'être reçu chaque jour par le président ? Mais, surtout, ils s'interrogent : qu'est-ce qui a bien pu décider le président à lâcher cette universitaire placide, réservée, presque secrète, dans la jungle médiatique ? En fait, ils connaissent la réponse. Dans cette période de cohabitation qui s'annonce délicate, la neutralité de Michèle Gendreau-Massaloux est une qualité. D'ailleurs, François Mitterrand ne l'a pas recrutée sur ses états de service militants.

Adhérente du PS de fraîche date, en 1983, elle a séduit le président par sa culture bien plus que par ses convictions. Au cours de sa première rencontre avec lui en 1984, en pleine querelle scolaire, ils évoquent le discours de Victor Hugo à la Chambre contre la loi Falloux. Persuadée que « les vieux débats sont périmés », et que « le pluralisme est respectable », l'ancien recteur de l'académie d'Orléans-Tours, qui a noué là-bas d'utiles relations avec l'épiscopat local, va à l'Élysée, à partir de février 1984, tenter de calmer le jeu entre ses interlocuteurs de la FEN et Mgr Paul Guiberteau, chef de file de l'enseignement catholique.

Voilà un conseiller comme il les aime : cultivée sans être pédante, cette femme, qui connaît fort bien son monde enseignant et épiscopal, parle avec sensibilité de la musique religieuse du XIIe siècle et de sa passion pour les textes sacrés. Elle a une autre qualité : elle n'est pas énarque mais universitaire, et polyglotte de surcroît.

Sans doute son enfance solitaire de petite fille brillante, couvée par un père pharmacien hospitalier de Limoges, anglophile, résistant, lui rappelle-t-elle une autre enfance, choyée, charentaise celle-là... Toutes ces données, apparemment irrationnelles, revêtent une extrême importance pour François Mitterrand lorsqu'il doit choisir un collaborateur...

C'est justement cela qui, excepté peut-être Jean-Louis Bianco, camarade de promotion à l'ENA de Pascal Gendreau, son époux, fait enrager un certain entourage « techno ». L'ancienne conseillère aux affaires scolaires et universitaires, qui cumule les deux fonctions de secrétaire générale adjointe et de porte-parole, a l'entière confiance du président, même si elle n'est pas du cercle de ses intimes. Même lorsqu'elle finira par user son crédit à concilier deux fonctions envahissantes, il refusera de se déjuger et de donner prise aux doléances de ses collègues. Mieux, il lui arrive pendant les voyages officiels de prendre ostensiblement son petit déjeuner avec elle. Certains conseillers, comme Jean Glavany, chef de cabinet, en avalent leur croissant de travers !

Le travail de porte-parole, en période de cohabitation, est en effet particulièrement stressant. Non seulement elle s'épuise dans cette tension permanente, mais il lui faut être polyvalente, enchaîner par exemple un exposé sur les montants compensatoires concernant le colza et le tournesol, et un commentaire sur les couleurs des tenues vestimentaires de Margaret Thatcher ! « Hervé Hannoun, conseiller économique, m'a donné une formation accélérée dans ce domaine, se souvient-elle, il fallait que je sois très vite opérationnelle, et capable de répondre sur-le-champ quand le président me demandait, par exemple, si la lire allait tenir la route ! »

La charge est lourde. Trop lourde ? Bien qu'aucun de ses collègues masculins n'ait eu à en faire l'expérience, ils ne se privent pas pour l'insinuer. « Elle n'a pas su exister en tant que porte-parole, pas plus qu'elle n'a réussi à asseoir son autorité en tant que secrétaire générale adjointe », assène, doctement, l'un. « Elle a disjoncté », assure aimablement un autre, qui lui reproche aussi d'avoir mal assumé sa double casquette. « Personne ne m'a fait de réflexions, assure Michelle Gendreau-Masseloux. Mais le cumul des deux fonctions, secrétaire générale adjointe et porte-parole, déjà incompatible en période ordinaire, l'était encore plus en ces temps de cohabitation. C'était presque ingérable au niveau quotidien. Je m'en étais ouverte au président qui, lui, était persuadé que la charge du suivi de Matignon serait plus légère et que confier la communication élyséenne à une femme était un atout. »

Sourd aux critiques, François Mitterrand laisse dire mais profite au début du second septennat du réaménagement de l'organigramme élyséen pour la propulser à la CNCL en lieu et place de Catherine Tasca. Par un bel après-midi d'été, de retour de déjeuner, Michèle Gendreau-Massaloux a trouvé son bureau occupé, sa voiture réquisitionnée. L'Élysée, un monde impitoyable ?

Surprenant, en tout cas, pour qui n'appartient pas au sérail énarchique. Ce fut le cas, entre autres, de Laure Adler (ex-conseillère culturelle) et d'Anne Lauvergeon (actuelle secrétaire générale adjointe), deux nominations atypiques elles aussi. « Le président aime bien casser les stéréotypes. » Avec Laure Adler, l'ancienne productrice des « Nuits magnétiques » sur France Culture, ex-directrice de collection chez Plon, il est servi. Qui lui a soufflé son nom ? Elle n'a jamais eu, dit-elle, la curiosité de le demander. D'ailleurs, elle commence par refuser en 1989 un poste au Conseil supérieur de l'audiovisuel (la place de Michèle Gendreau-Massaloux, promue recteur, est à prendre). C'est non. Elle vient de décider de faire un troisième enfant avant ses quarante ans. Voilà un argument parfaitement recevable pour un président issu lui-même d'une fratrie de huit enfants ! Quand l'Élysée revient à la charge, en avril 1990, pour la recruter comme conseiller culturel, elle est tentée, mais tergiverse. « Monsieur le Président, explique-t-elle, c'est impossible. Je sors dans une semaine un ouvrage sur les maisons closes. — C'est un ouvrage sérieux, au moins ? » s'inquiète François Mitterrand.

Celui-ci n'a rien à craindre. Cette « spécialiste de l'histoire des sentiments », comme la présente l'éditeur — Hachette — chez qui elle a publié une très érudite *Vie quotidienne dans les maisons closes de 1830 à 1930,* est également l'auteur d'une thèse remarquée sur les femmes journalistes.

A l'Élysée, elle tranche. Et elle choque. Par son franc-parler, son rire sonore et ses tenues sexy. Plus elle irrite ses collègues hommes, plus cela amuse Mitterrand. Avec lequel elle adopte la même attitude « décoiffante ». En fait, elle est terrifiée à l'idée de s'empêtrer dans des rites et des codes totalement nouveaux pour elle. Au point qu'après avoir rédigé sa première note — un télégramme de condoléances ! — François Mitterrand l'appelle : « Alors, vous y êtes arrivée ? »

Poisson-pilote du président sur tous les dossiers culturels (elle planche, entre autres, sur celui de la Très Grande Bibliothèque, TGB, violemment contestée), elle fait partie, le temps de son séjour à l'Élysée (deux ans et demi), de ces conseillers auxquels il est particulièrement attentif. Parce que la culture est un de ses domaines de prédilection ? Ou parce qu'elle est une femme ? « Bien qu'il traite les deux sexes de manière identique, je pense qu'il est tout de même plus facile pour une femme de lui parler avec liberté, d'argumenter posément, avec l'assurance d'être écoutée autrement qu'un homme, estime-t-elle. Il sait que le rapport des femmes au pouvoir n'est pas le même que pour les hommes. Alors, il nous regarde autrement, il est plus à l'aise et il a une certaine manière d'instaurer un climat de confiance avec les femmes. »

Voire, de leur donner confiance. Parce qu'elle hésitait à accepter ce poste de conseillère culturelle, il lui rétorqua sans appel : « Si moi je vous en crois capable, c'est que vous serez capable. » De même, à Anne Lauvergeon, conseillère en économie internationale, qui lui fait part de sa crainte de ne pas être à la hauteur, à trente et un ans, quand il lui propose de cumuler le poste de secrétaire générale adjointe de l'Élysée avec celui de « sherpa » dans les sommets des pays industrialisés, il lui répond : « Moi, à trente ans, j'étais ministre. »

Tout comme Michèle Gendreau-Massaloux qui l'a précédée à ce poste, Anne Lauvergeon a un profil atypique. Encore moins militante, puisqu'elle ne se reconnaît dans aucun parti, cette normalienne, très brillante agrégée de sciences physiques, passée par l'école des Mines, a l'expérience de l'entreprise : Imétal, Usinor, le Commissariat à l'Énergie atomique. Très demandée — elle avait déjà refusé les propositions de cinq cabinets ministériels —, elle donne un sérieux coup de jeune au Château et... au président ! Ne se revoit-il pas à travers elle, jeune débutant prometteur, quarante-cinq ans en arrière ? Faussement naïve, impertinente, d'humeur toujours égale, enjouée et bûcheuse, cette « girl-scout » décidée, qui avoue : « Plus âgée, je serais sans doute plus calculatrice », le ravit.

Et puis, qualité supplémentaire, qui n'était pas inscrite sur son CV, elle a des ascendances nivernaises ! Quand, en février 1990, fraîchement débarquée à l'Élysée, ses aînés présentent officiellement la nouvelle conseillère en économie internationale au chef de l'État pendant un voyage au Pakistan, il lui parle d'emblée de son grand-père, menuisier-charron et maire de Saint-Didier, dans son ancien fief de la Nièvre, une commune de cent cinquante habitants.

Cela déprime encore plus quelques-uns de ses collègues qui font franchement grise mine le jour de sa nomination au poste de secrétaire générale adjointe. « Hubert Védrine a failli devenir fou, Jean-Louis Bianco, qui l'avait pourtant recrutée, l'a pris pour une injure personnelle. Seul Gilles Ménage, directeur de cabinet, n'a pas bronché, se souvient, amusé, un de ses amis. Le plus drôle, c'est quand le président lui dit : " Il faudrait me caser tel conseiller diplomatique, mais n'en parlez pas à Védrine. " »

Ce qu'elle tait alors, c'est la deuxième mission, secrète, que lui a confiée François Mitterrand : devenir le « sherpa » élyséen, c'est-à-dire représenter la France pour la préparation des sommets des pays industrialisés. Le poste est occupé par Jacques Attali, mais celui-ci doit gagner Londres où il va présider la Banque européenne pour la reconstruction et le développement (Berd), chargée de faire renaître l'Europe de l'Est. Elle demande un mois de réflexion mais finit par céder à Mitterrand qui s'agace de ses états d'âme. « Vous n'allez pas m'en parler pendant des années, s'énerve-t-il, j'ai remarqué que vous saviez dire non, ce qu'un diplomate ne sait pas faire, et puis vous êtes claire dans vos raisonnements, ça me suffit. »

Elle accompagne alors Jacques Attali au sommet de Houston pour s'initier au métier de « sherpa ». Et quand celui-ci rejoint sa nouvelle affectation, en avril 1991, elle déménage tout naturellement dans son bureau, le plus convoité de tous, car il jouxte celui de « Dieu » et est le passage obligé de tous les visiteurs. Deux postes d'envergure — secrétaire général adjoint et « sherpa » — échappent donc à la convoitise masculine, et voilà qu'une femme occupe les deux places à elle seule.

Cette « anti-Attali », sans prétentions littéraires ni goût pour les mondanités, aurait-elle réussi à nouer avec François Mitterrand une relation au moins aussi privilégiée ? Une de ces complicités filiales comme il s'en ébauche parfois à la fin d'une vie ? Un peu comme celle qu'avait nouée le vieux « Tigre », Georges Clemenceau, idole du président, avec Marguerite Baldensperger, l'épouse d'un professeur à la Sorbonne, de quarante-deux ans sa cadette, au cours d'une liaison épistolaire toute platonique qui allait durer six ans, et qu'il avait inaugurée par ces propos émouvants : « Je vous apprendrai à vivre et vous m'apprendrez à mourir... [6] »

Une égérie européenne

Serait-ce parce que, depuis l'Antiquité, Europe est une femme mythique que François Mitterrand a voulu perpétuer la tradition ? Son choix n'a peut-être aucune résonance historique, mais peut-on croire au seul hasard quand quatre femmes se retrouvent au même moment en charge du dossier européen ? En effet, pendant au moins deux ans — de 1988 à 1990 —, Édith Cresson, ministre des Affaires européennes, Catherine Lalumière, secrétaire générale du Conseil de l'Europe, Christiane Scrivener, commissaire à la Commission de Bruxelles, et Élisabeth Guigou, conseillère à l'Élysée, ont formé, dans ce domaine présenté comme l'enjeu du second septennat, la garde rapprochée du président. La plus influente ? Sans conteste Élisabeth Guigou, promue ministre des Affaires européennes en 1990 après la démission d'Édith Cresson.

Pourtant, quand François Mitterrand l'enlève en 1982 au cabinet du ministre des Finances Jacques Delors, qui rechigne à se séparer d'elle, c'est avant tout pour ses compétences en matière de marché des changes. Son conseiller diplomatique, Hubert Védrine, lui a soufflé le nom de cette amie de promotion. Elle n'est pas une inconnue pour le président : son étonnante mémoire a enregistré cette jolie blonde à la séduction froide, mais au look glamour, que le hasard d'un repas de mariage — celui de Védrine justement en 1974 — avait placée à côté de lui. Il lui fait raconter d'où elle vient, ce qu'elle a fait. Pied-noir originaire du Maroc, elle explique qu'elle et son mari, Jean-Louis, sont à gauche depuis 1965 (elle avait alors dix-neuf ans), à la Convention des institutions républicaines, puis au PS depuis 1973.

A son arrivée à l'Élysée, elle le bluffe par ses compétences techniques. Prototype de ces jeunes diplômées des années 70, qui forcent tous les bastions — pour elle, ce sera la direction du Trésor au ministère des Finances —, elle accomplit une ascension professionnelle méthodique. « Volonté de fer », « triomphe de l'endurance », « monstre de maîtrise de soi », les qualificatifs élogieux pleuvent sur celle qu'Édith Cresson, bonne camarade, baptisa un jour aimablement de « poupée Barbie ».

Le président, lui, est fasciné par sa mécanique intellectuelle. Quinze jours après son arrivée au « Château », il s'étonne : « Ça vous intéresse vraiment la finance ? Pourquoi ? » Il n'empêche, il réalise vite qu'avec cette vamp des marchés monétaires il a fait le « bon choix ». Elle est « considérablement impressionnée », mais donne tout de même son avis au moment où se décide, en mars 1983, le tournant de la rigueur. Elle y est largement favorable, et constate sans déplaisir que son avis pèse aussi lourd que ceux d'Attali, Fabius ou Bérégovoy. Dès 1984, elle comprend qu'elle a réellement conquis la confiance du président quand il lui confie la cellule « Europe ».

En novembre 1985, il n'hésite pas à la bombarder à la tête du tout-puissant Secrétariat général de coordination interministérielle (SGCI), un organisme clé dans la définition de la politique européenne de la France. Un pied à Matignon auquel est rattaché le SGCI, un autre à l'Élysée, cette vestale mitterrandienne veille particulièrement pendant la cohabitation aux intérêts de son patron. De son côté, il refuse de céder à Jacques Chirac qui lui demande de la sacrifier, lors de son premier entretien avec lui !

S'il n'est pas indifférent au couple détonnant qu'il forme dans les sommets européens avec cette blondissime énarque, et qui ravit les observateurs étrangers, il attend d'elle, avant tout, qu'elle inspire au mieux son nouveau grand dessein. Négociatrice hors pair, notamment lors des discussions au plus haut niveau sur l'union monétaire et économique, elle lui devient vite indispensable.

« Elle s'imposait » : ainsi motive-t-il son choix quand il lui confie en 1990 le ministère des Affaires européennes. Elle s'impose à nouveau quand il faut monter au créneau pour défendre le référendum sur la ratification du traité de Maastricht. D'ailleurs, aucun de ses collègues ne se sent franchement motivé pour aller faire la tournée des plages, même pour plaire au président !

Elle, oui. Pourtant, sa voix monocorde, son style « techno », son allure BCBG ne sont pas réellement propres à enflammer les foules. « Si l'on ne devait retenir qu'une image de la campagne ratée du gouvernement français pour le oui à Maastricht cet été, ce serait celle d'une blonde solitaire, belle, hautaine et bien sapée, se frayant un chemin pieds nus parmi les estivants sur une plage de la Méditerranée, hauts talons à la main. » Charles Bremer, le journaliste qui signe cet article du *Times,* est évidemment de parti pris. « J'ai essuyé les plâtres d'une campagne dont beaucoup n'étaient pas convaincus qu'elle était utile, se défend-elle. Je sais que les Anglais m'ont épinglée. Pour eux, une femme qui fait de la politique ne peut être féminine. Or, j'assume ma féminité sans en rajouter. L'été 1992, j'ai fait la campagne en ballerines plates et non pas en talons aiguilles comme on l'a écrit, je n'allais tout de même pas me mettre en maillot de bain ! »

Au cours de cette campagne européenne, son allure sage et classique détonne d'autant plus qu'elle affronte un adversaire volubile et débonnaire, le RPR Philippe Seguin, un pied-noir comme elle, un énarque lui aussi. Mais le contraste est médiatiquement saisissant et elle n'y peut rien : parlent-ils de la même Europe, le député-maire d'Épinal en bras de chemise, s'épongeant dans les meetings, et la ministre qui met un point d'honneur à être tirée à quatre épingles, le maquillage éternellement mat ?

Erreur du président, cette idée de la choisir pour défendre ce traité si contesté ? Elle réussit tout de même — de justesse — sa mission. Le traité de Maastricht est ratifié par les Français. Mais pas par... les Françaises. Les sondages de sortie des urnes démontrent en effet que celles-ci et particulièrement les plus jeunes ont massivement boudé le traité.

Ce semi-échec l'aurait-elle dégoûtée des tréteaux électoraux ? Pour expliquer sa réticence à se présenter aux législatives de mars 1993, elle évoque à la fois les tiraillements locaux d'un département — le Vaucluse — où on ne l'accueille pas à bras ouverts et des motifs familiaux. Mère d'un jeune Édouard de douze ans, elle ne lui consacre que ses dimanches, et dix jours de vacances par an. Ce n'est pas que François Mitterrand ne comprenne pas ce type d'argument, mais pour lui la seule légitimité, c'est l'élection. Édouard, on s'en doute, est insensible aux arguments présidentiels. N'encourage-t-il pas sa mère à choisir, au cas où elle changerait d'emploi, « un métier de femme, un travail qui permette d'être libre en même temps que ses enfants », c'est-à-dire « maîtresse d'école ! ».

Pour complaire au président, Élisabeth Guigou a pourtant déjà tenté quelques manœuvres d'approche aux élections régionales de mars 1992 en se présentant dans le même Vaucluse. Elle aurait d'ailleurs volontiers laissé sa place à son mari, directeur de la DATAR. En effet, tout comme dans le couple Simone et Antoine Veil, c'était, dans leurs rêves de jeunesse, lui qui se réservait la politique sur le terrain tandis qu'elle se hissait dans la haute administration. Mais le président en a décidé autrement. Dans ce couple, tout comme VGE choisit Simone plutôt qu'Antoine, c'est la femme qui l'intéresse.

Le parachutage fut tout de même délicat puisqu'elle dut batailler pendant cinq mois avant d'obtenir l'investiture des rocardiens locaux. Sa campagne, menée à un rythme d'enfer, en quelques semaines, ne fut pas plus plaisante : elle s'épuisera d'un meeting l'autre, à la traîne d'un Bernard Tapie superstar de la liste dans les Bouches-du-Rhône qui lui proposera, et avec quelle délicatesse, devant les caméras de télévision, dans une tournée des commerçants, de lui offrir une petite culotte ! Décourageant... Les critiques de camarades ministres et de quelques pontes du PS, dont Lionel Jospin, agacés de constater qu'elle renâcle devant une échéance législative qui s'annonce désespérée, ne l'ont pas fait changer d'avis. Et François Mitterrand n'a pas insisté : finalement, dans la perspective d'une seconde cohabitation, son amazone européenne pourrait bien lui être plus utile au « Château » qu'au Palais-Bourbon...

Place aux jeunes

Les « machos » du parti socialiste n'en sont pas à une contradiction près : tandis qu'ils daubent sur le repli stratégique d'Élisabeth Guigou, réticente à aller se faire étriller aux législatives de 1993, ils ne font pourtant guère d'efforts pour investir des candidates. Denise Cacheux, élue depuis 1981 dans la 5e circonscription du Nord, est priée début 1993 par la base d'aller se faire élire ailleurs ! Excepté Yvette Roudy, personne ne proteste. Même Pierre Mauroy, dont elle est une fidèle depuis 1971, laisse faire. Et le président, visiblement, a d'autres soucis. L'époque n'est plus à l'euphorie des législatives de 1988, au moment où il propulsait d'autorité quelques-unes de ses protégées.

Toujours prompts à s'effacer derrière les ordres de la sacro-sainte base — quand cela les arrange —, les leaders du PS s'étaient fait pour cette campagne-là une douce violence... Après avoir cédé une place à Frédérique Bredin, conseillère culturelle au « Château », et à Isabelle Thomas, leader de la contestation étudiante pendant la première cohabitation, nouvelle découverte du président, il fallut résoudre in extremis le cas de Ségolène Royal, autre chargée de mission à l'Élysée. Le PS venait pourtant de boucler ses investitures au terme d'une douloureuse nuit blanche. Que faire ? « La cérémonie d'intronisation du nouveau président presque expédiée vient de s'achever dans la salle des fêtes du Château. Simple formalité. Le président réélu prend alors par le bras Pierre Mauroy, lui-même nouveau Premier secrétaire du PS, et, ensemble, ils finissent par dénicher un point de chute à Ségolène Royal : la deuxième circonscription des Deux-Sèvres[7]... »

De ces trois protégées, c'est peut-être avec cette dernière qu'il a le plus de connivences. La plupart des collaborateurs du président, hommes comme femmes, qui ne se privent guère de dauber son tempérament hypermédiatique, méconnaissent la « vraie nature » de Ségolène en ce qu'elle a justement de séduisant pour François Mitterrand. Tout comme lui, et comme Édith Cresson, la provinciale Ségolène, issue d'une famille très traditionnelle et très catholique de huit enfants, n'a cessé de se révolter contre son milieu et, plus particulièrement, contre son père, un militaire de carrière.

Féministe en réaction contre une mère écrasée sous la tutelle conjugale, qui finit par divorcer mais doit faire des ménages en attendant d'obtenir une pension alimentaire, c'est également une « écolo » de toujours. Par mimétisme maternel, cette fois. « Chez nous, confie-t-elle à Bernard Langlois pour *Politis*, on mangeait des soupes d'orties et on cueillait des fleurs d'églantine pour les tisanes[8] ! » De la même manière que François Mitterrand sait distinguer les arbres, elle reconnaît, dit-elle, deux cents espèces de champignons !

Modeste — « je ne suis pas sortie de l'ENA très bien classée » —, elle est arrivée « par raccroc » à l'Élysée dans la foulée de Jacques Attali, un ami de son compagnon François Hollande, député comme elle. Elle découvre le Château comme une gamine émerveillée, mais bien décidée à y faire sa pelote. Cette anti-Guigou, le chignon toujours un peu de travers, la robe chiffonnée, le teint au naturel, qui doit se plonger vite dans un domaine inconnu, celui du social, détonne un peu dans ce milieu guindé qui affecte de bouder la carte du PS.

En revanche, elle séduit les électeurs des Deux-Sèvres, amusés, puis conquis par son inépuisable bagout. Distribuant généreusement son best-seller, *Le Printemps des grands-parents*, elle leur tient des discours féministes, raconte sa vie de fille-de-militaire-à-qui-on-interdisait-de-faire-des-études, et vante les mérites de son présidentiel parrain. Celui-ci

« craque » et fait annuler un projet d'autoroute dans le marais poitevin.

Élue de justesse après trois semaines de turbo-campagne, elle fascine Mitterrand, qui se remémore ses propres labours électoraux, par son art consommé de coller médiatiquement au terrain. Pour sa première garden-party du 14 juillet à l'Élysée comme député, elle obtient de garnir les tables d'un fromage de chèvre local, le chabichou, et débarque, accompagnée par les producteurs du département.

Au moment où les Français se passionnent pour l'écologie, elle devient irremplaçable. Spécialisée dans les problèmes de vie quotidienne, de bébé zappeurs (auxquels elle a consacré un livre), d'heure d'été et d'environnement en tout genre, elle aussi s'impose en avril 1992 comme ministre de l'Environnement. Indulgent pour ses dérapages médiatiques (la naissance de son quatrième enfant, presque en direct à la télévision), ou ses premiers faux pas ministériels, le président cultive comme une fleur rare cette activiste « écolo » qui ne met pas sa rose dans sa poche.

Autre « chouchou » du président, Frédérique Bredin, elle, n'a même pas eu le temps de siéger à l'Assemblée nationale. Élue après quatre semaines de campagne dans la 9e circonscription de Seine-Maritime, elle se retrouve au ministère de la Jeunesse et des Sports, où une ex-protégée de l'Élysée, Edwige Avice, l'avait précédée en 1981. Curieux destin : depuis 1981, tout le monde s'attend, et l'intéressé le premier, à ce que son père, l'avocat Jean-Denis Bredin, ancien associé de Robert Badinter, ex-vice-président des radicaux de gauche, soit nommé au gouvernement. Mais, au père, le président préfère la fille, qui devient ainsi, en mai 1988, la benjamine du gouvernement de Michel Rocard.

C'est plus gratifiant pour François Mitterrand. Car, bien qu'elles s'en défendent, Ségolène et elle semblent bien avoir vu en lui une sorte de « père de substitution ». « Le lien que j'ai avec lui reste très fort, déclare Frédérique Bredin au lendemain de sa nomination au gouvernement. C'est vraiment quelqu'un de rare. Non seulement il domine les événements, mais aussi sa propre vie quelle que soit la pression du moment. Il s'intéresse vraiment à l'essence des gens, à ce qu'ils ont de plus profond. Il m'arrive d'avoir envie de lui écrire quand il traverse une période difficile pour lui dire que je suis toujours à ses côtés. Je le fais ou je ne le fais pas. »

Tout aussi activiste que Ségolène Royal, mais beaucoup plus discrète (elle a accouché d'un second enfant une semaine avant elle dans un total silence médiatique), ce « bébé-requin », qui a gagné la mairie de Fécamp en 1989, est bien décidé à s'ancrer dans la région, avec ou sans bénédiction présidentielle. Surdouée lucide, Frédérique Bredin sait que, tôt ou tard, les femmes de la « génération Mitterrand » devront se faire leur chemin toutes seules, sans le protecteur qui les a lancées dans l'arène.

Isabelle Thomas, cocoonée au Château, en charge d'une vague mission sur la jeunesse, depuis son échec aux législatives de 1988, l'a bien compris. Comble de l'ingratitude : recasée de surcroît, comme tant d'autres en 1988, pour deux ans et demi au Conseil économique et social, et chargée de la jeunesse au « Château », elle s'est apparemment détachée, à l'automne 1992, du président qui avait pourtant eu toutes les indulgences possibles à son égard, en rejoignant ses amis, le député Julien Dray et le sénateur Jean-Luc Mélanchon, dans un confus groupuscule d'opposition au tontonnat ! Bouderie, tactique ? En janvier 1993, elle obtient du PS une investiture pour les élections législatives de mars 1993 dans la circonscription de Saint-Malo.

La trop belle Isabelle, qui n'est guère assidue, jugent ses collègues, à son poste de chargée de mission à la présidence, aurait-elle été gâchée par une ascension éclair ? Repérée par François Mitterrand lors de la contestation étudiante de l'hiver 1986-1987, elle illumine sa cohabitation. A l'ancien conseiller de Pierre Mauroy, Thierry Pfister, féroce contempteur des mœurs mitterrandiennes, elle rappelle une autre incursion féminine imprévue dans l'univers socialiste, celle d'Édith Cresson qu'il avait de la même manière imposée sans égard à ses amis du PS en 1974. A vingt-cinq ans, Isabelle Thomas, qui ne semble cependant pas avoir été aussi proche de François Mitterrand qu'Édith Cresson, devient la benjamine du comité directeur du PS, après le congrès du printemps 1987. Adhérente du parti depuis 1983, elle aura mis seulement quatre années à gravir un échelon que d'aucunes ont escaladé en dix ans !

Mieux, elle est ostensiblement la coqueluche du président lors de la campagne présidentielle du deuxième septennat. Dans sa très documentée *Chronique d'une victoire annoncée*, la journaliste Kathleen Evin, alors responsable des relations avec la presse, raconte comment, lors d'une visite au QG de la campagne, avenue Franco-Russe, le candidat « réclame à cor et à cri la petite Isabelle Thomas à ses côtés », tandis que les plus rodés, dont Jack Lang, s'étaient déjà précipités pour être bien placés sur la photo de famille. « Il faudra, dix minutes plus tard, recommencer l'opération en plus petit comité et à l'étage au-dessus, dans le calme du bureau réservé au candidat, pour qu'Isabelle Thomas trouve sa place sur la photo... Les femmes votent aussi, et il s'agit alors de conquérir les électrices potentielles d'un " père-président ". »

Elle est, il est vrai, l'une des rares de l'état-major de campagne à proposer actions et initiatives, dont une incursion réussie du candidat dans une université de la banlieue parisienne. C'est sa première expérience, elle n'est donc ni usée, ni découragée, ni blasée. Pour la remercier, « Dieu » l'envoie faire sa propre campagne législative dans une circonscription réputée prenable, en Seine-Saint-Denis. Mais elle se révèle moins ardente dans les réunions de marché que dans les meetings de faculté. « Je sens que je vais me lasser très vite », confie-t-elle après sa première tournée sur les marchés. On est loin des campagnes menées tambour battant à la manière de Ségolène Royal ou de Frédérique Bredin. Son rival RPR, Éric Raoult, presque aussi jeune qu'elle, plus entreprenant, ne la ménage pas. Son échec n'entame pas la bonne volonté de Mitterrand, qui la récupère à l'Élysée.

Au fil de ces promotions de jeunes, les « anciennes », celles qui ont dû ramer pendant des années avant d'obtenir une circonscription ou une responsabilité dans le parti, se sentent de plus en plus mal à l'aise. Comme vaguement lésées, légèrement frustrées de n'avoir pas eu la chance d'appartenir à « la bonne génération ». Lors d'un colloque sur les femmes et le pouvoir, qui se tient en janvier 1987 à Feyzin, dans la ville du député-maire Marie-Josèphe Sublet, Yvette Roudy, ex-ministre des Droits de la femme, évoque « la stratégie de l'oreiller » de quelques-unes de ses camarades... « Cela existera tout le temps, on ne peut rien y faire », minimise-t-elle cinq ans plus tard.

Normal que ces promotions éclair agacent celles qui ont dû batailler ferme pour s'imposer. Et qui continuent : en 1986, alors qu'Yvette Roudy sort du gouvernement pour laisser la place à la droite, consciente d'avoir honnêtement rempli sa tâche, bénéficiant même d'une certaine cote de popularité — elle arrive en deuxième position derrière Jack Lang —, elle se voit refuser l'accès au bureau exécutif du PS. Second camouflet : elle découvre que la circonscription du Calvados qu'on lui a attribuée est donnée perdante. C'est méconnaître sa ténacité. Elle s'acharne, arrache la circonscription et gagne, trois ans plus tard, la ville de Lisieux. « Je ne suis pas une héritière, assène-t-elle avec fougue, comme ces jeunes gens impatients à qui l'on apporte une circonscription sur un plateau ; j'ai fait mes preuves. »

Impossible Yvette ! Toujours en train de râler, mais toujours admirative quoi qu'il arrive devant ce président-séducteur dont elle vante avec grandiloquence la lente prise de conscience féministe. Émue, elle se souvient d'un Premier secrétaire du PS qui, au début des années 70, prenait sur ses indemnités l'argent nécessaire pour lui permettre d'acheter un magnétoscope ! En effet, elle entendait alors initier aux méthodes modernes de communication ses camarades plutôt réticents à l'époque à affronter les médias.

Elle lui est également reconnaissante d'avoir été nommée ministre des Droits de la femme, en 1981, même s'il lui a fallu se battre contre lui quand, influencé par sa sœur Geneviève, il n'était guère enthousiaste en 1982 à l'idée de rembourser l'avortement. Elle s'irrite cependant d'avoir eu à supporter les récriminations de mauvais goût du publicitaire fétiche du président, Jacques Séguéla, quand elle voulut faire modifier l'image de la femme dans la publicité.

Phénomène de génération ? S'il existe à l'évidence une différence de traitement entre les anciennes groupies et les nouvelles, c'est peut-être aussi que les dernières promues se révèlent moins timorées, plus impertinentes, dévouées certes, mais dans les limites qu'elles se sont fixées. Combien avoueraient, comme Édith Cresson : « Je n'ai jamais su dire " non " à François Mitterrand[9] » ?

« *Une femme pour les temps difficiles* »

Édith n'aura d'ailleurs pas à le regretter. Quand, en octobre 1990, après sa démission tonitruante du gouvernement Rocard, qui surprend les observateurs, le président se prend à rêver tout haut devant elle à une possible promotion, elle exulte. Enfin ! Depuis le temps qu'elle s'exténue à prôner une autre politique, volontariste celle-là, plus dynamique que la gestion consensuelle de Michel Rocard ! La tâche ne sera pas facile ? Et alors ? N'a-t-elle pas l'habitude des cadeaux piégés ? Ce n'est pas pour rien que le président la considère comme « une femme pour les temps difficiles »...

Elle n'ignore pas que, si elle a hérité de l'Agriculture en 1981, c'est bien parce que aucun de ses « camarades » n'était partant. Au Commerce extérieur, elle a fait l'apprentissage douloureux de la dictature des services administratifs qui s'ingéniaient à lui mettre des bâtons dans les roues. Et, quand elle a enfin obtenu de récupérer le ministère de l'Industrie, Laurent Fabius, qu'elle déteste cordialement, lui a rogné ses crédits...

Aux Affaires européennes, où elle est nommée en 1988, c'est pire encore. « J'avance au combat avec les fusils devant et les fusils derrière, confie-t-elle au magazine *Marie-Claire* en 1990. Le Quai d'Orsay ne voulait pas que j'installe mes services dans un petit immeuble. J'ai dû obtenir l'arbitrage du Premier ministre. J'ai une voiture prêtée par Peugeot comme voiture de fonction. L'establishment politique traite les femmes plus bas que terre. »

Ce 15 mai 1991, Édith Cresson rayonne. L'annonce de sa nomination à Matignon est unanimement saluée comme « la fin d'un tabou ». Même si d'aucunes s'interrogent sur le sens réel de cette nomination. « Symboliquement, la nomination, aujourd'hui, d'une Première ministre est une date importante, reconnaît dans *Libération* l'historienne Michelle Perrot. Cela dit, on aimerait savoir pourquoi François Mitterrand a choisi une femme : parce qu'il a intégré, dans sa pensée, une réflexion sur le masculin-féminin ? Ou bien parce que Édith Cresson est une fidèle ? Ou parce que cela embête Rocard ? »

Fidèle, elle l'est. Personne dans le microcosme politique n'ignore l'attachement réciproque qui lie l'ancien Premier secrétaire du PS et cette militante de choc, mélange détonant de vulnérabilité et de dureté, à la fois grande bourgeoise et militante convaincue.

Quelques mauvais esprits en profitent pour faire de cet

électrochoc médiatique une lecture historique d'un goût contestable. « On nous donne la Pompadour, c'est le dernier avatar d'un système archimonarchique », commentera, perfide, le député UDF François d'Aubert.

Personne ne peut pourtant reprocher à Édith Cresson d'être une courtisane complaisante : bien plus franche que la très grande majorité des conseillers ou des ministres, elle dédaigne les séjours à Latche, les dîners du dimanche soir rue de Bièvre, ou la rituelle escalade de la roche de Solutré, le lundi de la Pentecôte. Lorsqu'en mai 1988 le président essaie de faire désigner Laurent Fabius au poste de Premier secrétaire du PS, elle boude ostensiblement et manque même de rejoindre le courant Jospin. Avec Henri Emmanuelli et quelques autres, elle réussira d'ailleurs à faire finalement élire Pierre Mauroy.

Son exceptionnelle capacité d'indignation, aussi forte que celle de son épouse Danielle, mais appliquée à d'autres domaines, réveille régulièrement un François Mitterrand engourdi dans un scepticisme cynique. Il trouve sa haine des fonctionnaires, particulièrement des énarques des Finances, fort roborative, et il savoure les reproches qu'elle lui distille sans désemparer sur l'« immobilisme » de Michel Rocard.

En nommant son « petit soldat » à Matignon, ne réussit-il pas un joli doublé ? Il espère tuer politiquement Rocard en lui imposant cette sortie peu glorieuse et se débarrasser pour un temps de tous ces aspirants présidents qui ne cessent de tramer de florentines intrigues à deux pas du « Château ». Mais la marge de manœuvre d'Édith Cresson se révèle vite de plus en plus limitée.

A quelques exceptions près — la plus notable étant celle de Martine Aubry qu'elle a personnellement choisie —, son gouvernement est un compromis de ses goûts personnels et de ceux de Michel Charasse et Pierre Bérégovoy. Si, contrairement à la légende, elle a recruté elle-même son directeur de cabinet, Gérard Moine, un énarque de quarante-cinq ans qu'elle a apprécié au ministère de la Recherche, on lui impose plusieurs hauts fonctionnaires de « Bercy », ce sanctuaire de technocrates qu'elle exècre. Enfin, après quelques dérapages médiatiques, on lui expédie de l'Élysée un communicateur sur mesure, Jean-Louis Chambon, chargé de contrôler — ou d'essayer ! — ses écarts de langage.

En effet, François Mitterrand, qui aspirait au changement, est servi. Son nouveau Premier ministre offre aux Français une version totalement inédite de la fonction. Analysant ses six premières interviews, Jean-Marie Cotteret, directeur d'Infométrie, spécialiste de l'analyse du discours politique, décode un bien curieux personnage. « Après “ J'en ai rien à cirer ” (à propos de la Bourse), “ Je suis inoxydable ” (après les attaques dont elle est l'objet), “ Bande de salopards ”, “ Le côté gogo des Français ”, “ Faire le ménage ”, “ Tête d'œuf ”, le langage trivial d'Édith Cresson ne fait plus aucun doute », constate-t-il. Faiblesse du vocabulaire, hypertrophie du moi, emploi excessif de verbes d'obligation comme « il faut » ou « on doit », qui « traduisent une incapacité de traduire un discours en actes », langage trop masculin pour séduire les femmes, etc., l'analyse d'Infométrie est sévère. Trop ? Deux mois après sa nomination, le président, qui cultive au contraire la distance avec ses sujets et hait la familiarité, la trouve beaucoup moins « charmante » et lui demande de changer de registre.

Il s'en tient là. Car, s'il apprécie avec raison la battante toujours prête pour les missions électorales suicides, il ignore ou se refuse à admettre ses faiblesses en matière de gestion ministérielle. Comment désavouer une collaboratrice aussi inconditionnelle au moment où les attaques les plus misogynes pleuvent de toutes parts ? « Édith Cresson a dû affronter une situation comme peu nombreux de ses prédécesseurs ont dû supporter en répondant à chaque problème nouveau avec calme et détermination, clame publiquement le président en novembre 1991 en lui remettant la très symbolique grand-croix de l'ordre national du Mérite. Je pense que ce gouvernement travaille bien et il ne travaillerait pas bien s'il n'était pas conduit comme il le faut par Édith Cresson. »

Hélas ! les temps ont changé, et l'hommage présidentiel ne suffit pas à faire taire les grincheux qui s'acharnent sur elle comme « des singes exposant leurs organes génitaux » (Françoise Giroud). Cette hostilité affichée des « mâles » n'est pas sans rappeler d'autres frondes historiques, celles-là envers ces femmes, les régentes, qui prirent le pouvoir à l'époque de la monarchie. « Parce qu'elle mobilise les préjugés, la régente apparaît toujours plus ou moins comme une usurpatrice, note l'historien Guy Chaussinaud-Nogaret. Cette défaveur ne tient pas seulement à l'effet négatif, ou ressenti comme tel, de la discontinuité dans la masculinité de la monarchie (mais) parce qu'elle est immédiatement interprétée comme une situation de faiblesse, elle déchaîne spontanément les appétits et met parfois le royaume en danger [10]. »

En même temps, cette victime d'une tenace misogynie (à laquelle avait relativement échappé Simone Veil, figure plus maternelle) n'est-elle pas également elle-même, comme le suggère le magazine *Newsweek,* « sa pire ennemie » ? En adoptant d'emblée un profil cassant vis-à-vis de son propre gouvernement — ministres « cloportes » et « enflure de Bercy » pour qualifier Pierre Bérégovoy —, elle ne contribue pas, c'est le moins que l'on puisse dire, à calmer le jeu. D'autant que ses ministres redoutent l'ingérence vibrionnante du « vice-Premier ministre », Abel Farnoux, l'éminence grise d'Édith. Ce septuagénaire séduisant, grand résistant, mais industriel aux talents contestés (notamment chez Thomson où il travailla au début du premier septennat), intervient à tout propos, mal à propos, disent ses nombreux ennemis, dans les dossiers les plus divers. Le président a beau lui conseiller amicalement de s'en séparer ou de faire en sorte qu'il soit moins « voyant », elle s'entête. Sans réaliser que ce qui fait sourire, quand il s'agit de « gourous » indispensables à des ministres masculins, fait sursauter au sujet d'une femme, toujours suspectée d'être victime de l'influence d'un Mazarin ou d'un Concini !

Personnage provocant au PS mais jugé en fait peu redoutable du temps où elle était simple ministre, elle apparaît désormais comme une réelle menace pour les dauphins du président. D'autant qu'elle supprime le traditionnel petit déjeuner du mardi des ténors du PS, les « éléphants », qui se tenait à Matignon. Mesure peut-être utile, mais à coup sûr maladroite étant donné le contexte.

Pourtant, son solide bon sens aurait pu faire merveille en économie. Mais la conjoncture ne l'y aide pas. Elle patine sur l'emploi en dépit d'une série de mesures pour les jeunes, inaugurées par la combative Martine Aubry. Elle échoue sur l'apprentissage, un thème pourtant favorablement accueilli par l'opinion publique, mais elle n'a pas le temps de convaincre les enseignants et les syndicats. Elle réussit davantage auprès des PME-PMI auxquelles elle accorde une douzaine de milliards de francs, mais, là aussi, elle manque de temps et peut-être aussi d'une idée précise du fonctionnement du système administratif auquel se heurtent les petites entreprises. Enfin, ses tentatives de « meccano » industriel concoctées avec l'indispensable Abel Farnoux font hurler les milieux concernés.

Pourtant, plus le PS prend ses distances, plus le président la ménage. « Il a adhéré totalement à la thèse du complot qu'elle lui a servie, ironise l'un de ses conseillers. Il refuse toujours d'admettre qu'il s'est peut-être trompé. » Les résultats désastreux pour la gauche aux élections régionales de mars 1992 lui fournissent certes un mobile idéal pour envisager son départ. Mais il répugne tout de même à congédier si brutalement celle qui devait fidéliser le vote des Françaises pour les législatives de mars 1993.

Édith en fait-elle trop ? Elle ne s'imagine pas battue, loin de là, prépare un long voyage à l'étranger, une émission de radio. Elle espère encore faire fléchir le président.

Dès le lendemain du second tour des élections cantonales, elle tente de le convaincre en privé, après le déjeuner, de l'utilité de sa mission. Le surlendemain, elle repart à l'assaut : elle lui dit tout ce qu'elle a sur le cœur et, surtout, elle médit férocement de Fabius. L'a-t-elle excédé à force de vouloir le convaincre à tout prix ? Il sait aussi par une note de Paule Dayan, qui a passé son après-midi au Palais-Bourbon, que les parlementaires socialistes réclament à cor et à cri la nomination de Pierre Bérégovoy et qu'ils menacent de huer et de siffler la malheureuse Édith si elle revient se présenter dans l'hémicycle devant eux. Pourtant, il hésite jusqu'au soir à prendre une décision qui lui pèse. « Il va la renommer », assure encore en fin d'après-midi sa secrétaire Marie-Claire Papegay. Les « injonctions » d'Édith lui ont-elles finalement été insupportables comme le prétend son entourage ? Quelque trois cent vingt-trois jours après sa nomination, il s'en sépare.

Lui en veut-il de l'avoir contraint à ce départ intempestif ? Édith Cresson quitte Matignon désespérément seule. Après « le lynchage médiatique » que dénonce son amie, l'ancien ministre Edwige Avice, pendant l'été 1992 — dans une tribune intitulée « Justice pour Édith Cresson » et publiée par *Le Nouvel Observateur* —, c'est le silence total. Absolu. Abyssal. Comme si ses collègues l'avaient effacée. Un peu à la manière des photos « retouchées » de l'époque stalinienne. A se demander si Édith Cresson a jamais régné sur Matignon...

« Pauvre Cresson ! » : celle qui n'a jamais voulu passer pour une victime bénéficie désormais d'un courant de sympathie anonyme mais populaire. « Or, plein de gens l'ont démolie, constate Edwige Avice. Cet acharnement même a fini par paraître suspect. » Ce sentiment diffus de malaise que semblent éprouver jusqu'à certains de ses détracteurs suffit-il à apaiser sa frustration ? Repliée sur sa mairie de Châtellerault, après avoir refusé de jouer les kamikazes aux législatives de mars 1993, elle a entamé avec Abel Farnoux une nouvelle carrière de consultante auprès de grandes entreprises en même temps qu'une traversée du désert politique. N'a-t-elle pas refusé de revoir François Mitterrand après son départ de Matignon ?

Mais l'orgueilleuse Édith a tout de même faibli à l'annonce de son hospitalisation à l'hôpital Cochin en septembre dernier. Et, au télégramme de réconfort qu'elle lui a envoyé, il a répondu. Quant à renouer plus étroitement le fil d'une si ancienne amitié, il convient sans doute, selon la formule chère au chef de l'État, de « donner du temps au temps »...

8.

« FIDÈLE, IL EST RESTÉ FIDÈLE... »

L'information — à peine deux lignes — est passée inaperçue, sauf des intimes du président. La veille de son admission à l'hôpital Cochin pour y subir une opération de la prostate, en pleine campagne électorale pour la ratification du traité de Maastricht, François Mitterrand a signé un décret portant sur la nomination d'une certaine Paulette Decraene au poste d'inspecteur général du ministère de la Culture. Paulette Decraene ? Tout simplement l'une de ses deux plus fidèles secrétaires. Marie-Claire Papegay, à son service depuis 1961, elle, avait déjà été recasée au ministère des P et T en février 1992. Quelques amis s'étaient d'ailleurs inquiétés à l'époque du sort réservé à Paulette Decraene qui le suit depuis plus de vingt-cinq ans.

C'était méconnaître le pointilleux sens de l'amitié de François Mitterrand. Comment imaginer qu'il puisse abandonner à un sort incertain la fille de Joseph Perrin, son vieux compagnon de captivité, secrétaire de l'UDSR en 1951, qui avait épousé Paule Moreau, la secrétaire de ce petit parti ? Cette prime à l'amitié, aux sentiments, aux liens tissés par le passé, ne l'a-t-elle pas toujours emporté chez lui sur des critères plus rationnels ?

Quand il est élu en mai 1981, personne n'aurait eu l'idée de lui faire grief de recruter des proches, habitués à son style de travail et à son mode de pensée, et dont il a éprouvé la fidélité. Il n'empêche que les critères affectifs, voire sentimentaux, semblent à tous les observateurs plus prégnants que jamais dans ses choix au fil du temps. « Les compagnons d'une vie, ces témoins et ces partageurs d'une intimité, l'emportent sur les camarades du parti, même si ces deux milieux se recoupent parfois, notent déjà Dominique Mehl et Monique Dagnaud en 1983 dans *L'Élite rose*[1]. L'entourage élyséen est ainsi organisé à partir de diverses couches sédimentées dont la ligne de partage est quelque peu évanescente » (*sic*)...

C'est bel et bien de géologie affective dont il s'agit. Sans doute cette cohérence-là, véritable fil rouge de toute une vie, est-elle une des clefs du personnage. Suffisamment réconcilié avec lui-même et avec son passé pour s'être construit peu à peu sur ses fidélités successives. Au nom de l'amitié ou de l'affection ? Plus fort encore, en vertu de « l'esprit de clan ». « Quand on parle d'amitié, explique-t-il à la revue *Autrement,* en juin 1982, c'est une relation sentimentale, affective. En général, on le dit aussi de ses camarades et de ses compagnons. C'est ce que vous appeliez la bande ; on est solidaire d'un groupe. C'est l'esprit du clan, l'esprit tribal. C'est quelque chose de très fort. Le monde d'aujourd'hui, y compris les nations les plus modernes sur le plan de l'évolution de la science et de la technique, continue d'être un conglomérat de tribus (...). Toute la société aujourd'hui continue d'être comme ça. Mais ce n'est pas de l'amitié. Cela veut dire simplement qu'on est du même clan, du même sang[2]. »

Qui dit clan dit chef du clan. Cette place qu'il s'est arrogée d'instinct, et qu'aucun, dans un entourage totalement dominé, n'a cherché à lui contester, revêt, dès qu'il s'agit de femmes, un caractère tribal particulier. Tant de silhouettes féminines autour de lui n'accréditent-elles pas, chez les mâles de la « tribu », un ancestral sentiment de suprématie, un signe certain de sa puissance ?

En mai 1981, alors que l'Élysée n'est pas encore très féminisé, on note, bien sûr, la présence des fidèles d'entre les fidèles, liées à lui par des liens quasi familiaux : Paule Dayan, la fille de son ami Georges, Laurence Soudet, la veuve de son ami Pierre, Danielle Burguburu, sa voisine de la rue de Bièvre, Nathalie Duhamel, la petite-fille de son rival et néanmoins ami Pierre Mendès France. Mais on remarque moins celle d'un service de presse pléthorique, essentiellement féminin, sorte de triangle des Bermudes de l'affection mitterrandienne. Il est alors de bon ton au « Château » de dauber tout bas sur ce « harem » tout en valorisant tout haut un si remarquable sens de la fidélité !

Pour n'être pas toujours strictement sentimental, le lien qui unit François Mitterrand à son entourage élyséen — du moins dans la période d'apprentissage du pouvoir — est le plus souvent affectif, très étroitement lié aux différentes périodes de sa vie. Le clan, c'est d'abord la famille : la fille de son cousin Pierre Sarrazin, avec lequel il a été élevé, Cécile Mithois, se retrouve ainsi cooptée pour s'occuper de communication, tandis que la nièce du président, Marie-Pierre Landry, est propulsée inspecteur général au ministère de la Culture.

Habitué des grandes « tribus », le président a une conception élargie de la famille. « Pour les veuves de ses amis, il est incomparable », a confié l'un de ses proches à Catherine Nay, l'auteur d'une célèbre biographie décapante, *Le Noir et le Rouge*. Humour perfide ou éloge au premier degré ? Ses camarades de la Convention des institutions républicaines se souviennent en tout cas d'une délicieuse Olga, affectée à son secrétariat, rue du Louvre, siège dans les années 60 de ses très modestes locaux. Rapidement, ils apprennent que cette charmante dame un peu timide est la veuve d'un notable nivernais dans le besoin. De même, l'Élysée avait recruté à un emploi modeste une veuve amie, mère de trois enfants, recasée en janvier 1993 dans une entreprise publique.

Pour accéder à François Mitterrand, il existe deux autres filières affectives, au moins également valables pour le recrutement masculin et féminin. La filière de la Résistance d'abord : c'est le cas de sa fidèle secrétaire, Paulette Decraene, une femme chaleureuse et passionnée par le dossier de la francophonie, et de Brigitte Finifter, belle-fille de Bernard, un camarade de stalag, chargée du dossier des radios. Avec Véronique Neiertz, sa fidèle documentaliste au PS des années 70, propulsée par lui au secrétariat national à la lutte des femmes en 1979, puis ministre en 1984, il ne s'attarde pas à ferrailler sur la condition féminine. Mieux, quand il lui arrivait, du temps où il était dans l'opposition, de l'entraîner dans sa promenade favorite, d'un libraire à l'autre du quartier Latin, il ironisait sur les achats « féministes » de cette militante de la cause des femmes. En revanche, il se plaît à évoquer avec elle un vieil oncle jésuite de Véronique, déporté à Dachau, que le président a connu à Vichy.

Avoir des origines nivernaises pèse lourd dans l'intérêt mitterrandien. Edwige Avice, pourtant alliée au CERES, le courant de Jean-Pierre Chevènement, en a fait l'heureuse expérience au moment des législatives de 1978. Dans sa section du XIVe arrondissement de Paris dont elle a été élue secrétaire en 1975, ils sont trois — Jacques Attali, Jérôme Clément et Jacques Maillot — à briguer avec elle les suffrages des militants pour obtenir l'investiture du parti. Surprise : Edwige bat Attali de 6 voix grâce aux postiers du centre de Paris-Brune ! « Tout le monde pensait que cette décision serait cassée, raconte-t-elle, et qu'Attali, protégé par Mitterrand, l'emporterait. »

Il n'en sera rien. Le Premier secrétaire, chargé de départager les deux postulants — la militante et le disciple zélé —, lui demande « d'où elle vient »...

Edwige, justement, « vient » de la Nièvre. Certes, elle a

quitté le département à quinze ans, dans le sillage d'un père ingénieur, mais elle a encore des attaches nivernaises, dont un oncle journaliste, connu du Premier secrétaire. Et puis sa mère, née à Glux, à quatre kilomètres de Château-Chinon, possède une maison à Bibracte, un site gaulois réputé, et elle-même est née à Nevers où elle a commencé ses études au cours Fénelon. Voilà comment Jacques Attali, qui n'avait pas eu le bonheur de naître à Glux, fut contraint de s'incliner devant le vote des militants ! Battue de 59 voix par le RPR Christian de La Malène, elle déposa un recours devant le Conseil constitutionnel, et le gagna. Le 1er octobre 1978, à trente-trois ans, elle était élue avec 3000 voix d'avance !

En juin 1981, quand François Mitterrand constitue le gouvernement avec Pierre Mauroy, il n'oublie pas « sa payse ». Certes, Edwige Avice a largement fait ses preuves. Diplômée de droit, de lettres et de Sciences politiques, député active — elle a déposé sept propositions de loi entre 1978 et 1981 —, ex-membre du bureau exécutif et du comité directeur du PS, elle a toutes les qualités requises pour devenir ministre. Elle le sera trois fois : à la Jeunesse et aux Sports, auprès du ministre de la Défense et auprès de celui des Affaires étrangères. Chaque fois, grâce à François Mitterrand qui le lui rappelle quand elle quitte son dernier ministère en avril 1992 : « Sachez que votre courant ne vous a jamais proposée pour quoi que ce soit. Parfois, ils se sont même mis en travers. C'est moi qui vous ai nommée. »

Edwige Avice a beau être fâchée avec le CERES depuis belle lurette (la guerre du Golfe à laquelle Jean-Pierre Chevènement s'est farouchement opposée a envenimé leurs rapports), il n'empêche... Comment mieux manifester l'ancestral « fait du prince » ?

La Nièvre toujours : Françoise Fugier, spécialiste de l'Amérique latine au sein de la fondation de Danielle Mitterrand, et originaire de Clamecy, a été récupérée à l'Élysée et affectée au dossier du Bicentenaire après avoir été écartée de France-Libertés par Raphaël Doueb, son influent vice-président. Le président l'a ensuite personnellement recasée comme sous-préfète, auprès du préfet de la Creuse dont elle est le directeur de cabinet. Mimétisme conjugal ? Michèle Zwang-Graillot, secrétaire particulière auprès de Danielle Mitterrand, est également née dans cette Nièvre chère au cœur présidentiel.

Son département d'élection serait d'ailleurs, à l'en croire, un laboratoire expérimental de son action en faveur des femmes. « Je fais ce que je peux », assurait-il le 28 avril 1981 devant l'auditoire attentif rassemblé par Gisèle Halimi, en prenant l'exemple de la Nièvre. Et de citer, pour preuve de sa bonne foi, les cinq femmes conseillères générales (sur trente) — un record absolu en France ! Et d'entonner les mérites de celles — encore cinq, sur vingt et un membres — qu'il fit entrer au conseil municipal de sa mairie de Château-Chinon qui s'enorgueillit par ailleurs d'avoir une femme première adjointe. Ne s'est-il pas également entêté à nommer en priorité depuis 1981 des « sous-préfètes » à Château-Chinon : Michèle Merli (fille de son ami Pierre Merli, sénateur UDF du Var), Béatrice Marre (promue en 1988 chef de cabinet à l'Élysée) et Chantal Jourdan. Rompant avec cette tradition, la place, aujourd'hui, est toutefois occupée, jusqu'à nouvel ordre, par un homme.

Pour un président qui s'attache en toute occasion à témoigner sa fidélité, en reconnaissance d'un service rendu, d'un dévouement inconditionnel, ou tout simplement en hommage à un lien ancien et inaltérable, il n'y a pas de petites faveurs. Et il existe tellement de moyens de faire plaisir ! Le moins coûteux, surtout pour les contribuables, c'est la Légion d'honneur. Tout sexisme est également banni. François Mitterrand, qui étudie minutieusement toutes les propositions, veille scrupuleusement à une distribution équitable des rubans à la gent féminine.

De l'agricultrice Marie-Paule Joignault, conseillère

régionale en Bourgogne, aux chanteuses Catherine Lara et Barbara (amie de Jacques Attali qui lui compose une chanson à l'occasion), de l'ouvrière d'horlogerie Marcelle Grandvaux à Mélinée Manouchian, la veuve du résistant de *L'Affiche rouge,* du peintre Marie-Hélène Veiera da Silva à la photographe Gisèle Freund, de Catherine Langeais à Benoîte Groult, de Marie-Chantal Demaille, l'entraîneur national d'escrime, à l'actrice Jeanne Moreau, de la préfète Yvette Chassagne à la journaliste Éliane Victor et à la grimpeuse Catherine Destivelle, la liste (très incomplète) est parfaitement éclectique.

Tout comme celle des « pensionnaires » du Conseil économique et social (CES), irrespectueusement baptisé « La chambre d'amis » par *Le Canard enchaîné.* Il s'agit également d'une « chambre d'amies » puisque, là aussi, François Mitterrand s'est montré plus féministe qu'on n'aurait pu le croire. Nommée directement par le président de la République au titre des « personnalités qualifiées », l'actrice Danielle Delorme en est ainsi à son deuxième mandat (de cinq ans) de « conseiller membre à part entière ». Ces conseillers-là qui siègent dans l'hémicycle et doivent fournir de copieux rapports — l'actrice n'a d'ailleurs pas, paraît-il, failli à sa tâche — sont payés 18 000 francs par mois.

D'autres personnalités, simples membres de section — les « experts » —, ne sont pas astreintes à des rapports, siègent plus modestement dans les tribunes, ne participent pas aux votes sur les rapports et se contentent de donner un avis Cette fonction plutôt floue (qui dure deux ans, non renouvelable, et rapporte 4 000 francs par mois) a permis à François Mitterrand de gratifier momentanément des femmes aussi différentes qu'Isabelle Thomas — décidément choyée —, Geneviève Delachenal, sa sœur cadette, Josette Berrier, la veuve d'un notable nivernais, Véronique Colucci, la veuve de Coluche, active responsable des « Restos du cœur », et... la chanteuse Georgette Lemaire !

Désespérée, à bout de ressources, la chanteuse venait de se faire expulser de son domicile, rue du Colonel-Fabien dans le XIXe, fin avril 1989. Elle avait écrit au président de la République pour lui demander un sursis. Mais l'appel au secours était apparemment resté lettre morte. Relogée chez une de ses fans, elle reçut pourtant coup sur coup, au début de juin, un appel de Laurent Catala, le maire de Créteil, qui lui proposait un quatre-pièces dans sa commune, et un courrier de François Mitterrand l'invitant à siéger au Conseil économique et social.

Ce RMI présidentiel fit ricaner les socialistes eux-mêmes et déclencha l'ironie de la presse, mais il en aurait fallu davantage pour faire revenir le généreux donateur sur sa promesse. Enfin, une bonne âme reconnaissante de sa princière générosité ! « Pour moi, déclarait-elle alors, émerveillée, à *Paris Match,* M. Mitterrand, c'est un dieu. Ça, on peut le dire, dites-le. » La chanteuse qui redoutait, semble-t-il, de se faire à nouveau épingler par la presse n'a guère assisté aux réunions de sa section. En revanche, le tapage médiatique l'a un peu relancée : quelques galas lui ont été proposés dans la foulée de sa nomination.

Sur deux cent trente et un membres du Conseil économique et social, quarante « personnalités qualifiées » peuvent être ainsi nommées selon le bon plaisir du président de la République. Mais celui-ci a tellement d'amis ! Restent heureusement les voyages officiels, ces mini-séjours à l'étranger qui permettent d'embarquer au milieu des bagages quelques invités méticuleusement choisis. Si l'on y rencontre plus d'hommes — dont pas mal de vieux compagnons de résistance — que de femmes, il n'empêche que François Mitterrand, là encore, ne les oublie pas. Il invite ainsi, entre autres, Hélène Carrère d'Encausse en Russie, Hélène Ahrweiller en Yougoslavie, Françoise Sagan en Colombie — d'où elle sera rapatriée en urgence pour cause d'œdème pulmonaire — et en Pologne, Marie-Claire Mendès France en Tunisie, etc.

L'invitée la plus sollicitée est sans nul doute Christina Forsne, une journaliste suédoise, totalement inconnue du grand public. Correspondante à Paris de l'hebdomadaire *Göteborg Pastel,* puis de l'agence FLT, elle a fait la connaissance de François Mitterrand en 1982 lors d'un voyage présidentiel en Scandinavie. De ce jour, cette grande jeune femme blonde, à l'allure sportive, est devenue l'une de ses plus fidèles admiratrices, et elle appartient à la « famille élargie ». Longtemps assidue aux dîners du dimanche soir, rue de Bièvre, « notre amie Christina », comme l'appelle le président, est également, lors du premier septennat, la voyageuse la plus sollicitée puisqu'elle visite également le Niger, le Sénégal et l'Inde. Lors du dernier voyage qu'elle fit dans la suite présidentielle au sultanat d'Oman, en février 1992, sa présence aux réceptions officielles détonna d'autant plus qu'elle n'était pas seulement présentée comme une journaliste mais aussi comme une invitée personnelle. Mais « Dieu » est au-dessus de ces contingences mesquines qui préoccupent le vulgaire. Ne distingue-t-il pas autour de lui qui il l'entend ?

Du ruban au circuit

Avec son amie nivernaise Jacqueline Bernigaud, la reconnaissance présidentielle va prendre d'autres proportions, franchement coûteuses celles-là, puisque les sentiments affectueux qu'il lui porte vont peu à peu se transformer en affaire d'État. Veuve de son vieil ami Jean Bernigaud, un éleveur nivernais qu'il a connu lors de son implantation politique dans le département, elle s'inquiète en effet, à la fin des années 70, de l'avenir du petit circuit automobile qu'elle possède à Magny-Cours, près de Nevers.

Ce circuit, c'était le hobby de son mari, Jean, un éleveur passionné de sports mécaniques, qu'il a créé en 1960 sur des terres non cultivables de la propriété.

« Dans le désert du sport auto français de l'époque, c'est une première, notent Claude Askolovitch et Sylvain Attal dans *La France du piston*[3]. Le circuit automobile devient assez vite un rendez-vous de passionnés. De petites courses sont organisées. Une école de pilotage s'y installe. Tous les grands noms du volant français y feront plus tard leurs premières armes, René Arnoux, Jacques Laffite, Alain Prost. »

Après la mort de son mari, en 1971, Jacqueline Bernigaud se retrouve avec un circuit automobile sur les bras, plus un golf attenant qui périclite. François Mitterrand la prend sous sa protection et, heureux hasard, le département reprend justement le golf en gérance... Reste le circuit automobile, ce « berceau du sport automobile français » dont les charges commencent à lui peser. Miracle de la « filière nivernaise » : après mai 1981, Edwige Avice est venue lui remettre en voisine la médaille de la Jeunesse et des Sports au nom du ministère qui vient de lui être confié. Elle lui suggère de faire racheter le circuit par le département. « Ah oui, François l'avait déjà dit à mon mari ! » répond négligemment Jacqueline. L'affaire, pourtant, en reste là jusqu'en 1986.

Pierre Bérégovoy, élu en 1983 à la mairie de Nevers, sollicité par l'omniprésente veuve, garde ses distances. Il n'entend rien au sport automobile et il se méfie. Il ignore encore qu'un « lobby mitterrando-automobile » s'agite en coulisse. En effet, le constructeur de Formule 1 Guy Ligier, le chef du cabinet du « Château », Jean Glavany, et Michel Charasse, à l'époque conseiller écouté à l'Élysée, concoctent le grand projet d'un circuit rénové, enchâssé au milieu d'une mirifique technopole industrielle. Obtenir l'accord du président leur semble être une simple formalité tant ils savent pouvoir jouer de l'attachement qui le lie à la veuve Bernigaud.

Cet attachement-là remonte à l'époque du « beau François », quand un député de la IVe à l'étoile montante se prend d'amitié pour un couple de jeunes éleveurs. Jean Bernigaud devient le « poisson-pilote » de François Mitterrand dans le département. Après l'affaire de l'Observatoire, les Bernigaud sont parmi les rares personnes de son entourage à lui conserver leur amitié. « Jean a appuyé François dans sa campagne sénatoriale — la parole de l'éleveur, maire de son village, a pesé chez les notables... Il l'a envoyé se faire élire maire à Château-Chinon[4]. » Il en a fait aussi le parrain d'un de ses fils, Christophe, qui naît en 1960 et sur lequel le président veille avec une attention particulière.

Le lobby Ligier-Glavany-Charasse sait de quel poids d'amitié pèsent tous ces souvenirs. De son côté, Jacqueline Bernigaud considère que le jeune député a contracté en ces années-là avec sa famille une sorte de dette sentimentale. Aussi est-elle parfaitement à l'aise au « Château » où elle a, dès mai 1981, ses entrées. Elle tutoie « Danielle » et « François », et cela se sait.

Quand ses antennes élyséennes la préviennent que le département de la Nièvre est prêt à racheter son circuit, elle se démène pour ne pas être lésée. En vérité, le risque est faible. Conseillée par le préfet auquel l'a recommandée Gilles Ménage, le directeur de cabinet du président, elle en obtient cinq millions de francs. Une bonne affaire : l'hectare est payé dix fois son prix, assure *Le Canard enchaîné*[5]. Un peu plus tard, elle revendra d'autres terres autour de la piste puis la ferme familiale. François Mitterrand peut être rassuré : la veuve de son ami Jean jouira d'une confortable retraite.

Depuis, le modeste bout de bitume encerclé par les vaches est devenu un magnifique circuit de F1 que cent mille personnes sont venues inaugurer le 7 juillet 1991 pour le

Grand Prix de France. Certes, « la folie Magny-Cours » est une réussite. Mais à quel prix ? 540 millions, d'après *Le Canard enchaîné,* pour une tribune de 45 000 places, un réseau télé, des stands de presse, trois déviations routières et un lycée agricole déménagé à quelques kilomètres.

En effet, de 1986 à 1991, les prévisions budgétaires n'ont cessé d'exploser. Le maire de Nevers, réticent au début, a fini par se convaincre que Magny-Cours pouvait enfin sortir la Nièvre de l'ornière économique dans laquelle la droite l'a enfoncée un peu plus encore pendant la cohabitation. Et puis l'idée de voir la Nièvre accueillir la Formule 1 plaît tellement au président !

Celui-ci, qui avait au début laissé agir ses affidés, accepte d'intervenir personnellement auprès de Jean-Marie Balestre, alors président de la Fédération internationale du sport automobile, pour que Magny-Cours soit agréé officiellement comme circuit de F1. Il intervient une seconde fois à l'automne 1990 à la demande de Martine Bernigaud, la fille de Jacqueline, qui travaille dans les nouvelles structures du circuit. Ce jour-là, François Mitterrand déjeune pour la dernière fois à Bardonnet, la ferme familiale. C'est qu'il a tenu à ce déjeuner nostalgique très intime : en effet, le bâtiment va être absorbé par le chantier. Après le déjeuner, Martine, encouragée par sa mère, entreprend le président sur une histoire de crédits bloqués — 100 millions, une misère ! — par le Fonds interministériel d'aménagement du territoire. Une semaine plus tard, les crédits sont disponibles.

L'attachement de François Mitterrand à son passé est tellement réputé que ses proches eux-mêmes en voient des signes partout. Ainsi, quand en février 1992 il nomme Noëlle Lenoir, une juriste de quarante-trois ans, au Conseil constitutionnel, l'entourage du « Château » a son idée sur cette brillante promotion. Il se trouve en effet que cette spécialiste de la bioéthique, ancien directeur de cabinet du ministre de la Justice, Pierre Arpaillange, en 1988, est maire d'une petite commune du Val-d'Oise, Valmondois, dont l'une des plus célèbres résidentes n'est autre que... Marie-Louise Terrasse, alias Catherine Langeais, l'ancienne fiancée du président.

Celui-ci connaît bien « Les Hérissons », la propriété de la famille Terrasse, pour y être allé à plusieurs reprises l'été 1939 avec le vélomoteur prêté par François Dalle, depuis la caserne de Lourcine, boulevard de Port-Royal, où il se languissait de sa belle. Or, François Mitterrand, au cours d'une visite début 1992 dans le Val-d'Oise, s'est arrêté à Valmondois, a salué son maire, Noëlle Lenoir, et s'est enquis de savoir ce qu'était devenue la propriété des Terrasse. Peu de temps après, on apprenait la promotion de celle-ci, première femme à être nommée au Conseil constitutionnel.

Comme cette nomination prestigieuse surprend et même agace certains — maître des requêtes au Conseil d'État au tour extérieur sur décision élyséenne, elle a déjà brûlé des étapes —, quelques jaloux expliquent, sans rire, qu'il ne faut voir dans cette décision que la conséquence d'une visite nostalgique à Valmondois... En fait, l'Élysée, plus prosaïquement, « cherchait une femme »... Ce fut Noëlle Lenoir, chaleureusement recommandée par Michel Charasse, un de ses meilleurs amis.

Ce président fidèle — car il l'est assurément et c'est même là une qualité unanimement reconnue y compris par ses adversaires — le serait-il jusqu'à l'entêtement ? « Désavouer un ami ou une amie, remarque un proche, c'est, à ses yeux, non seulement se renier mais admettre qu'il a pu se tromper. Impensable. Souvenez-vous de son compagnon Roger-Patrice Pelat qu'il a défendu à " 7 sur 7 " en évoquant leur captivité commune. Il lui en a coûté ce soir-là d'avouer publiquement qu'il serait contraint de rompre une si belle amitié si ce qu'on lui reprochait était vrai. » Celui-ci était en effet soupçonné d'avoir été l'un des principaux « initiés » dans l'affaire du rachat, en 1989, de la société américaine Triangle par Pechiney — entreprise publique et donc sous tutelle de l'État — et d'avoir acheté des actions avant qu'elle soit conclue. Ces soupçons seront confirmés par l'enquête menée par le juge Édith Boizette.

Abandonne-t-on un membre de son clan ? De toutes « les femmes du président », Georgina Dufoix, qui n'est pas parmi les plus intimes, est probablement celle qui a pourtant le plus éprouvé son inaltérable sens de la fidélité.

Même Pierre Bérégovoy, exégète averti de la pensée mitterrandienne, y a perdu son latin. Avec Paul Quilès, ministre de l'Intérieur, il a demandé, à plusieurs reprises, au président de libérer l'ex-ministre des Affaires sociales, ex-porte-parole du gouvernement, ex-présidente de la Croix-Rouge, ex-chargée de mission de l'Élysée pour les problèmes de la drogue, de son poste de déléguée interministérielle à la lutte contre la toxicomanie.

Le Premier ministre estime en effet, depuis l'hiver 1992, qu'il n'y a pas lieu de tergiverser. Il n'a plus le cœur à goûter cette pensée de sainte Thérèse d'Avila — « vous trouvez Dieu dans les casseroles de votre cuisine » — que le ministre des Affaires sociales, plus mystique que jamais, citait dans une interview au *Journal du Dimanche* en 1985. Lui pense que Georgina a accumulé assez de casseroles comme cela avec l'affaire Habache, celle du sang contaminé et, pour finir, cette sombre histoire de commission sur marché public de scanners qui aurait servi à financer sa campagne électorale de 1986, accusation qu'elle réfute catégoriquement avec son mari. Trop, c'est trop, explique en substance « Béré » à un président totalement sourd à ses injonctions.

Déjà, au moment de l'affaire Habache — le leader palestinien de l'OLP avait été autorisé à venir se soigner dans un hôpital de la Croix-Rouge sans que Georgina Dufoix avertisse l'Élysée —, François Mitterrand n'avait pas accablé la distraite présidente de l'association humanitaire. Au contraire, après qu'elle lui eut présenté sa démission, en le suppliant de garder François Scheer, le secrétaire général du Quai d'Orsay, il avait souligné sa « noblesse de sentiment », dans un communiqué officiel. Pourtant, ils se connaissent peu : elle n'a jamais fait le voyage à Latche et n'a même jamais, assure-t-elle, déjeuné en tête à tête avec lui. A l'époque où elle était porte-parole du gouvernement, elle le rencontrait tout de même chaque jour pour de brefs « briefings » en compagnie de Jean-Louis Bianco, secrétaire général de l'Élysée.

Modeste, elle est alors persuadée qu'il l'ignore, elle, « petite fourmi gouvernementale ». Et elle est tout étonnée de l'entendre citer son nom lors d'une conférence de presse en 1985. Il n'empêche qu'en 1988, ayant échoué aux élections législatives, elle se voit privée de ministère, tandis que Roger Bambuck et Bernard Kouchner, qui sont dans la même situation, conservent leurs maroquins...

Estime-t-il, depuis, avoir une dette à son égard ? Ou, plutôt, lui conserve-t-il son amitié en dépit de tout, par fidélité à la mémoire de Georges Dayan ? Il n'ignore pas qu'en 1967, lors de l'installation dans le Gard de son vieil ami, candidat aux législatives, la famille Nègre (c'est le nom de jeune fille de Georgina Dufoix) lui a apporté un solide appui politique, pour ne pas parler de l'intendance. Peut-être estime-t-il aussi avoir une part de responsabilité dans les errements de cet ancien ministre, chaleureuse et sincère mais inexpérimentée, imprudente et propulsée trop vite de surcroît dans un monde inconnu pour elle.

De la même manière, il reste tout à fait insensible aux critiques à peine voilées de Jack Lang à l'encontre de l'ancienne secrétaire générale adjointe de l'Élysée, Michèle Gendreau-Massaloux. Nommée, après un bref passage à la Commission nationale de la communication et des libertés (CNCL), à la tête du rectorat de Paris, elle continue à bénéficier de la mansuétude présidentielle.

En juin 1992, le nouveau ministre de l'Éducation nationale décide de remettre de l'ordre dans l'organisation du rectorat et de recentrer ni plus ni moins les pouvoirs entre les mains du directeur d'Académie, aux dépens de Mme le recteur. Celle-ci paie en effet une situation catastrophique dans la gestion des salaires de centaines d'instituteurs, nouvellement nommés dans la capitale et qui, trois mois après la rentrée scolaire, attendaient toujours leurs émoluments...

Ce scandale qui suscite deux rapports, un de l'inspection des Finances et un autre de l'administration de l'Éducation nationale, ne remet tout de même pas en cause le statut de Michèle Gendreau-Massaloux. D'ailleurs, Jack Lang n'ose pas s'attaquer de front à cette hispaniste distinguée qui, sans appartenir au cercle de ses familiers, poursuit avec un président lettré de savantes discussions sur la littérature sud-américaine et se préoccupe de rechercher pour lui les héritiers des amis anglo-florentins de Violet Trefusis.

« Avoir servi le président de la République vous confère un droit à la reconversion, sauf si vous l'avez trahi, lui personnellement », avertissent Catherine Demangeat et Florence Murraciole, auteurs de *Dieu et les siens*. Ce « droit » est quasiment devenu un acquis social pour les loyaux serviteurs de l'Élysée. Pour la plupart d'entre eux, un passage au Château se révèle être un formidable tremplin. Premier à appliquer à la lettre la loi sur l'égalité professionnelle entre les sexes votée à l'initiative d'Yvette Roudy, il est d'une équité absolue à l'égard de ses anciennes collaboratrices dont la plupart, il faut le reconnaître, sont parfaitement à la hauteur de leurs nouvelles attributions. C'est le cas, entre autres, d'Isabelle Bouillot, conseillère économique à l'Élysée de 1989 à 1991, ancien membre du cabinet de Jacques Delors, nommée en 1991 directeur du Budget, l'un des postes les plus convoités de toute l'administration, ou de

Caroline de Margerie, conseillère diplomatique, nommée, elle, au Conseil d'État.

François Mitterrand, reconnaissent ses amis, aime rendre service et il préfère encore par-dessus tout qu'on lui soit redevable. « Au point, s'amuse un de ses conseillers, qu'il n'a toujours pas compris le refus de son ancienne attachée de presse Nathalie Duhamel à qui il proposait ni plus ni moins un poste de préfet ! » Celle-ci a en effet préféré se chercher une nouvelle voie toute seule. Elle occupe depuis janvier 1992 un poste beaucoup moins honorifique et moins lucratif : directrice de la communication à l'AICF, une organisation humanitaire.

De même, il n'a pas envisagé sans réticence qu'Edwige Avice, que Pierre Bérégovoy n'a pas renommée dans son gouvernement, veuille entreprendre une nouvelle carrière dans le privé (elle travaille désormais dans une société financière liée au ministère de la Défense). Bien qu'elle ait décidé de se représenter en mars 1993 dans la 5e circonscription de l'Isère, elle a pris ses distances avec un « père-président ». « François Mitterrand a représenté pour moi un père spirituel, assure-t-elle, j'ai été marquée par son courage, son habileté politique, son intuition des gens, sa créativité, j'ai de la reconnaissance pour lui, de la fidélité mais, avec le recul, je réalise qu'il faut faire très attention à ne pas avoir d'allégeance intellectuelle. »

Éternel piège dans lequel sont enfermées les femmes qui veulent se lancer dans la politique. Comment faire carrière en dehors du sillage d'un homme ? Pygmalion par tempérament, François Mitterrand a, à l'évidence, encouragé cette dépendance. En même temps, tout le monde s'accorde à reconnaître, même si Valéry Giscard d'Estaing fut le premier président de la République à ouvrir la brèche en nommant, à des fonctions gouvernementales importantes, entre autres, deux femmes d'envergure, Simone Veil et Françoise Giroud, qu'il « a donné sa chance aux femmes ».

Cet investissement sera-t-il durable ? Difficile d'en préjuger tant la percée féminine, spectaculaire dans la plupart des milieux professionnels, demeure fragile dans un monde politique particulièrement « macho ». Seule certitude, la postérité retiendra l'image d'un « président qui aimait les femmes » et qui a été largement payé de retour.

Notes bibliographiques

1.
« LE BEAU FRANÇOIS »

1. Catherine Nay, *Le Noir et le Rouge,* Grasset, 1983.
2. *Le Matin de Paris,* 20 janvier 1984.
3. Charles Moulin, *Mitterrand intime,* Albin Michel, 1982.
4. *Actuel,* décembre 1987.
5. Ali Magoudi et Jean-Pierre Jouve, *Portrait total,* Carrère, 1986.
6. Catherine Alric, *Leur toute première fois,* Éditions du Rocher, 1988.
7. Robert Mitterrand, *Frère de quelqu'un,* Robert Laffont, 1988.
8. Épisode relaté par Catherine Nay dans *Le Noir et le Rouge, op. cit.*
9. Pierre Ordioni, *Tout commence à Alger, 1940-1944,* Stock.
10. Robert Mitterrand, *op. cit.*
11. Édouard Bonnefous, *Avant l'oubli,* Nathan, 1987.
12. Plutarque, *Des principes et des mobiles secrets d'un illustre président.* Albin Michel, 1987.
13. Charles Moulin, *op. cit.*
14. Catherine Nay, *op. cit.*
15. Cité par Danielle Molho, *Le Point,* n° 444, 23 mars 1981.
16. *Libération,* 19 mai 1987.
17. Violaine de Corbon, *Vivement les femmes,* Balland, 1987.
18. Guy Chaussinand-Nogaret, *La Vie quotidienne des femmes du roi,* Hachette, 1990.

2.
LA ROUTE DES SALONS

1. François Mitterrand, *L'Abeille et l'Architecte,* Flammarion, 1978.
2. Ali Magoudi et Jean-Pierre Jouve, *op. cit.*
3. Marc Dachy, *Notes personnelles inédites,* Béon, 17 juillet 1987.
4. Jean Chalon, *Chère Natalie Barney,* Flammarion, 1992.
5. Cécile Wajsbrot, *Violet Trefusis,* préface de François Mitterrand, Mercure de France, 1989.
6. Violet Trefusis, *Instants de mémoire,* Christian de Bartillat, 1992.
7. Duc d'Harcourt, *Regard sur un passé,* Robert Laffont, 1989.
8. Cécile Wajsbrot, *op. cit.*
9. Violet Trefusis, *op. cit.*
10. François Mitterrand, *La Paille et le Grain,* Flammarion, 1976.

3.
LES BONNES FÉES

1. Catherine Demangeat et Florence Murraciole, *Dieu et les siens,* Belfond, 1990.
2. *L'Express,* 19 juin 1981.
3. Thierry Pfister, *La Vie quotidienne au temps de la gauche,* Hachette, 1985.
4. Franz-Olivier Giesbert, *Le Président,* Le Seuil, 1990.
5. Robert Mitterrand, *op. cit.*
6. Françoise Sagan, *Répliques,* Quai Voltaire, 1992.
7. Thierry Pfister, *Les Socialistes,* Albin Michel, 1977.
8. Marie-Claire Mendès France, *L'Esprit de liberté,* Presses de la Renaissance, 1992.

4.
LES FEMMES VOTENT AUSSI

1. Gisèle Halimi, *Le Lait de l'oranger,* Gallimard, 1988.
2. *Idem.*
3. Marie-Thérèse Guichard, *Les Égéries de la République,* Payot, 1991.
4. Jeanine Mossuz-Lavau, *Les Lois de l'amour,* Payot, 1991.

5. Jacques Derogy et Jean-François Kahn, *Les Secrets du ballottage,* Fayard, 1966.
6. Gabriel Matzneff, « Un déjeuner stendhalien », *Combat,* 3 décembre 1965.
7. Franz-Olivier Giesbert, *François Mitterrand ou la tentation de l'histoire,* Le Seuil, 1977.
8. Jacques Derogy et Jean-François Kahn, *op. cit.*
9. Jeanine Mossuz-Lavau et Mariette Sineau, *Enquête sur les femmes et la politique,* PUF, 1983.

5.
« MIGNONNES, ALLONS VOIR SOUS LA ROSE... »

1. Thierry Pfister, *Lettre ouverte à la génération Mitterrand qui marche à côté de ses pompes,* Albin Michel, 1988.
2. Édith Cresson, *Avec le soleil,* Jean-Claude Lattès, 1976.
3. *Idem.*
4. Thierry Pfister, *Les Socialistes, op. cit.*
5. Yvette Roudy, *A cause d'elles,* Albin Michel, 1985.
6. Gisèle Halimi. Interview *Le Monde,* 2 octobre 1982.
7. Colette Piat, *La République des misogynes,* Plon, 1981
8. *Idem.*
9. Édith Cresson, *op. cit.*

6.
LA FEMME DE FRANÇOIS

1. Franz-Olivier Giesbert, *François Mitterrand ou la tentation de l'histoire, op. cit.*
2. Michel Picar et Julie Montagard, *Danielle Mitterrand, portrait,* Ramsay, 1982.
3. Franz-Olivier Giesbert, *François Mitterrand ou la tentation de l'histoire, op. cit*
4. Robert Mitterrand, *op. cit.*
5. Michel Picar et Julie Montagard, *op. cit*
6. *Idem.*
7. Danielle Mitterrand, *La Levure du pain,* Éditions n° 1, 1992.
8. Roger Gouze, *Les Miroirs parallèles,* Calmann-Lévy, 1968.
9 Michel Picar et Julie Montagard, *op. cit.*

10. Plutarque, *op. cit.*

11. Robert Lechêne et Louis Luc, « Deux heures d'entretien avec François Mitterrand », *L'Humanité Dimanche,* 28 novembre 1965.

12. Michel Picar et Julie Montagard, *op. cit.*

13. *VSD,* 23 octobre 1992.

7.
LES REINES DE TONTON

1. Violaine de Corbon, *op. cit.*
2. Catherine Demangeat et Florence Murraciole, *op. cit.*
3. Edwy Plenel, *La Part d'ombre,* Stock, 1992.
4. Michèle Cotta, *Les Miroirs de Jupiter,* Fayard, 1986.
5. *Idem.*
6. Clemenceau, *Lettres à une amie,* NRF, 1970.
7. Catherine Demangeat et Florence Murraciole, *op. cit.*
8. *Politis,* mai 1992.
9. *Elle,* 27 mai 1991.
10. Guy Chaussinand-Nogaret, *op. cit.*

8.
« FIDÈLE, IL EST RESTÉ FIDÈLE... »

1. Dominique Mehl et Monique Dagnaud, *L'Élite rose,* Le Seuil, 1982.

2. Revue *Autrement,* juin 1982.

3. Claude Askolovitch et Sylvain Attal, *La France du piston,* Robert Laffont, 1992.

4. *Idem.*

5 « La famille Tonton », *Les Dossiers du Canard,* octobre 1991.

TABLE DES MATIÈRES

Achevé d'imprimer en mai 1993
sur presse CAMERON,
dans les ateliers de B.C.A.
à Saint-Amand-Montrond (Cher)
pour le compte des éditions Robert Laffont
6, place Saint-Sulpice - 75279 Paris Cedex 06

Dépôt légal : avril 1993
N° d'édition : 34820. N° d'impression : 93/343